设计企业战略透视

PERSPECTIVES ON STRATEGY

（第二版）

李福和　等著

中国建筑工业出版社

图书在版编目（CIP）数据

设计企业战略透视 = PERSPECTIVES ON STRATEGY / 李福和等著. -- 2 版. -- 北京：中国建筑工业出版社，2025. 4. -- ISBN 978-7-112-30972-6

Ⅰ. F426.9

中国国家版本馆 CIP 数据核字第 2025HH8696 号

工程设计行业是独特的，是传统的，也是与时俱进的。本书作者通过多年对工程设计行业的发展进行综合细致的分析，与读者一起透过纷繁复杂的表面，透视工程设计行业深层次的实质和未来的走向。本书共分为 6 篇 16 章，包括：透视行业、透视战略、透视业务、透视组织、透视团队、展望未来。书中选取内容重点突出，言简意赅，具有较强的启发性和指导性，可供工程设计行业管理人员参考使用。

责任编辑：张 瑞 王砾瑶
责任校对：张惠雯

设计企业战略透视

PERSPECTIVES ON STRATEGY

（第二版）

李福和 等著

*

中国建筑工业出版社出版、发行（北京海淀三里河路 9 号）
各地新华书店、建筑书店经销
北京建筑工业印刷有限公司制版
北京云浩印刷有限责任公司印刷

*

开本：787 毫米 ×960 毫米 1/16 印张：17½ 字数：273 千字
2025 年 4 月第二版 2025 年 4 月第一次印刷
定价：**65.00** 元

ISBN 978-7-112-30972-6
（44711）

《设计企业战略透视》
（第一版）
参与人员名单

撰　写：李福和　蔡　敏　赵　伟　张世杰　丁宇佳

审　稿：（排名不分先后）

成正宝（中国联合）
蔡玮良（三峡上海院）
曹永振（上海核工院）
陈日飙（香港华艺设计）
戴　旻（中汽工程）
丁小军（中交一公院）
段　林（同圆集团）
郭庆华（中煤天津院）
郭松波（北京市建筑院）
郝荣国（中电建北京院）
侯　伟（山东省建筑院）
黄　超（铁五院）
蒋　齐（天华集团）
蒋应红（上海城建总院）
李缠乐（赛鼎工程）
李　飞（水发设计集团）
李广厚（铁三院）
刘　源（中电建集团）
欧阳小伟（中电建集团）
时雷鸣（中电建华东院）
宋　晖（中交公规院）
孙忠成（中铁十九局）
汪祖进（中国勘察设计协会）
王树平（中国勘察设计协会）
王文军（北京勘察设计协会）
王　建（中钢国际）
王　健（同济大学建筑院）
王伟江（广州市设计院）
向建军（湖南省交通院）
项明武（中冶南方）
忻国樑（上海勘察设计协会）
邢　军（中交一航院）
修　龙（中国建筑学会）
徐惠农（深圳交通中心）
徐全胜（北京市建筑院）
薛　巍（中国煤科重庆设计院）
杨剑华（中南建筑院）
杨卫东（华设集团）
尹志国（北京城建设计集团）
张宝岭（中冶京诚）
张文斌（中能建集团）
张　勇（华东联席会）
钟　明（基准方中）
钟　毅（华蓝集团）
周文连（中国勘察设计协会）
周赢冠（中石化南京工程公司）

第二版说明

离《设计企业战略透视》第一版出版过去五年了。

五年来，行业的外部形势和市场竞争、企业的经营和管理方式、客户的技术要求和从业者的心态等，都发生了巨大变化。这些变化相互交错，让人感觉“混沌”和困惑。对于这些变化，五年前我们撰写第一版时有方向性的预计，要让《设计企业战略透视》适应变化，我们只能用版本更新的方式来跟上变化，这是我们再版的第一个原因。

《设计企业战略透视》第一版出版后，受到了行业人士的广泛关注，很多设计企业的经营管理者给我们进行了反馈，有认同也有质疑，有鼓励也有批评。基于反馈的机会，我们跟行业人士反复探讨，也把这些反馈一一记录。一本书的出版发行，就如同一个生命融入社会，这些反馈就是这本书“生命的呼吸”，不断修订和完善，是书籍生命的延续，这是我们再版的第二个原因。

《设计企业战略透视》第一版出版前，我们邀请了近五十位行业资深人士审稿，这些人有近三分之一退休。行业各方面都在新陈代谢或者快速迭代，每个时间点，我们都需要传承，也需要续新。“新生代”在实践中成长，也需要不断理解和透视我们这个行业，这是我们再版的第三个原因。

由于勘察设计行业细分市场多、从业企业商业模式差异大、企业层级与管理方式各不相同，在剧烈变化的当下要探寻内外部变化的主线和企业应对的规律并不容易，再版时的修订，我们遵循“变”与“不变”的逻辑分类，寻找变化中企业关注的共性因素。

第二版修订的主要内容包括：

一是结合过去五年行业环境变化和企业实践的与时俱进，做了部分观点更新；

二是在企业管理变革、数字化转型、AI 设计等领域做了内容新增；

三是基于行业最新发展做了数据更新；

四是对第一版出现的文字和语句做勘误。

这次修订主要由李福和与秦川负责，从对第一版的审视、修订的原则和策略探讨，到章节内容和文字的调整，探讨近两年，集中修订半年。虽然我们竭尽所能，第二版依然有很多不足之处，希望收到读者的反馈，不断进化。反馈是这本书“生命的呼吸”，不断修订和完善，是书籍生命的延续。

序：行业的使命

我国工程设计企业在长期的实践中凸显了自身的价值，逐步形成覆盖工程建设全过程和工程全生命周期的业务体系。在工程投资决策阶段，工程设计企业承担了产业研究、市场机会研究、概念设计、工程选址、规划设计、可行性研究报告、经济社会影响评价报告等工作；在工程建设阶段，承担了工程设计和现场服务，甚至工程项目管理或工程总承包工作，通过设计方案优化、精准设计、精细管理，来实现工程建设目标；在工程运维阶段，可以提供对标和使用诊断、参数和控制优化、技术改造等服务，来实现工程竞争力和效益持续提升；在工程生命周期结束阶段，可以提供工程再利用或拆除循环回用方案。由此可见，工程设计企业在工程投资、建设、使用中发挥着先导和灵魂作用，决定了工程投资的成败。工程设计企业必须具备集成创新能力，在研判技术的先进性和可靠性、研判市场趋势和社会发展理念的基础上，提出当代最优方案，使得工程投资始终具有后发优势，工程运维效果是检验工程设计质量的唯一标准，为了实现这一目标，工程设计企业必须做到技术密集和管理密集。

我国经济高质量发展的进程，将对工程的作用、使用价值和效益提出更高的要求，作为工程全生命周期的技术服务单位，这既是挑战，也是机遇，对工程设计企业服务能力提出了高要求，工程设计企业应当持续实施业务创新、技术创新、管理创新，不断提升优化设计方案、精准设计、精细管理、智慧运维四方面的能力，提升为工程服务的价值和效率。

根据行业的统计，2020 年中国勘察设计行业年营业收入超过 7 万亿元，从业人员 460 多万人，从业企业近 3 万家，在发展规模和发展质量上，都在不断提升。但我们也要认识到，大而强的企业数量还不多，企业的市场化程度还有待提升，企业应该进一步深化体制机制改革，不断提升企业的核心能力。没有企业核心能力的建设，就没有行业的进步。

如何推动企业核心能力的建设？这是企业都关心但又不容易解决的问题。我们高兴地看到，除了行业从业人士在思考和实践，专业服务机构也在为此努力。作为专注于工程建设行业研究、帮助工程建设企业提升管理水平的专业管理咨询公司，攀成德一直在为推动行业进步而孜孜以求，撰写《设计企业战略透视》这本书，就是他们所做的努力之一。

作为如此复杂行业的企业，我们都深知企业战略管理的重要性，本书从行业发展、市场价值、业务定位、企业管理等方面进行了深入浅出的分析，对行业企业进行了多维度、多视角、多方位的透视，很多问题都是行业企业长期关注和关心的，提出了很多有价值的观点，值得行业人士关注和品味。

比如书中提到，从市场角度看，行业市场由固定资产投资决定，所以企业应该去研究投资的趋势、区域分布和密度，市场的竞争会从井田法则走向丛林法则；企业经营的策略是推进市场和服务客户；企业在业务转型、模式转型、区域拓展上急不得、停不得，应该绵绵用力、久久为功；企业的组织承载企业所有的资源，有如汽车的底盘，应该认真研究，来提升服务品质和效率；企业在新的时代背景下，人力资源端的竞争将更加激烈；未来是数字时代，企业应该以更大的勇气面对未来的挑战。整体读来，逻辑比较严谨，很多段落在文字上也特别精彩，通透且有感染力！

当然，有些观点也是值得商榷的，比如用“被动行业”来描述勘察设计这个专业服务行业，认为行业存在七个“壁垒”的看法是否正确，“院长”重要还是“院士”重要是不是一个伪命题。我认为，一个行业的进步总是需要思考者，有思考就有不同的观点，有不同的观点就需要探讨，坦诚和开放的探讨应该成为我们行业进步的动力。从这个角度看，本书的意义在于呼吁全行业共同创新，赋予传统行业新的价值和新生命，希望大家以此为契机，开展广泛研讨，有更多的思考者，就有勘察设计行业的更快进步。我一直认为，为国家强大、时代进步和人民生活水平提高奉献智慧、作出贡献，这是行业从业者的使命。

去年底，我参加了攀成德举办的“预见2021，大时代的融合与蜕变”，一句话给我印象深刻：“一种智慧可以启迪另一种智慧，一份激情可以激发另一份激情，一种力量可以催生另一种力量，一群人的信念和信心，可以带给一个行业信念和信心”。

“路漫漫其修远兮，吾将上下而求索”，与全体行业人士共勉。

施　设

中国勘察设计协会　理事长

2021 年 6 月

前言：与时代同行

2002年初，攀成德开始为设计企业提供管理咨询服务。那时候，广西华蓝集团还是事业单位；那时候，天华才成立五年；那时候，钟明先生才刚开启基准方中。十八年过去，华蓝已经成为上市公司，天华和基准方中都超过了6000人规模。

攀成德为设计企业提供服务，是从懵懂开始的，我们并不知道有21个细分行业，不知道细分行业的划分如此清晰，不知道细分行业的壁垒如此之高，不知道设计企业与客户信任的建立需要很长时间，不知道三峡这个超乎想象的工程需要筹划一百年，更不知道发达国家的设计咨询公司是如何经营和管理的。

是伟大时代给了我们学习、体验的机会，是行业给了我们思考、实践和进步的舞台，是设计企业用信任和包容给了我们前进的勇气和成长的养分；而我们的团队，在这条温暖的河流中，心怀感激，奋力前游，试图去追求大海的宽广。我依稀记得，当年为华蓝改革薪酬体系的艰难；我依稀记得，在太阳岛为天华设计管理团队做培训讲课时的青涩；我也依稀记得，在中部某未改制水利院讲完课后有设计师送给我的“二百五”称号；我更清楚记得，当年在西北电力院对其招待所管理的“愤青”言论，并由此和他们结下深厚情谊。近二十年来，我调研过很多设计企业，也服务过很多设计企业，和众多管理者有过争论，也因此刻下思想激荡的印痕，我也深深体会到服务的法则：过程重于结果，求真重于技巧，忠诚重于能力。华蓝集团雷翔董事长给我留言“你是华蓝上市的大功臣”，合立道公司张慧莲董事长责备我“你的调研怎么把老朋友给忘记了”；当十多年后，再次见到修龙先生的时候，他已经头发斑白，成了中国建筑学会的理事长，但他还记得我——那个当年在秦皇岛和他一起开过会的年轻小伙子，笑言“你已经满脸皱纹，却依然充满青春的激情”。

是时代哺育了设计行业和设计企业，是时代哺育了攀成德和我自己；行业和企业有很多问题，而时代给了我们机会，让我们能够看到、体验、思考这些问题，也让我们有机会去努力解决这些问题，正是基于这种考虑，我和我的同事，试图从研究者的角度来透视“设计”这个复杂的行业。

设计行业是独特的，历史久远而又历久弥新；规模巨大而又分割重重；需要承担巨大责任而商业回报不高。设计行业是传统的，技术难度大而商业模式传统；人员素质高而管理变革难；需要与时俱进而又前路坎坷。设计行业也是与时俱进的，数字化新技术涌现，需要不断学习以跟上时代步伐；价值链融合是必然趋势，需要在商业模式变革中承担更大风险；竞争壁垒消失，需要承受从知识型专家向知识型民工降级的心理折磨。

二十年来，我们与设计企业不断沟通、探讨甚至争论，正是企业、企业家们的困惑、思考给了我们机会和养分，让我们有勇气撰写这本书，来探讨这个古老而又全新、底蕴深厚而又需要颠覆、人才辈出而又略显保守的行业。

我们知道自己的阅历、见识，并不具备承担透视这个行业的巨大责任，所以我们心怀忐忑；我们也知道透视行业、预见未来非常艰难，所以我们诚惶诚恐。但我们相信“一份激情可以激发另一份激情，一种力量可以催生另一种力量，一群人的信念和信心可以带给一个行业信念和信心”，正是这种信念，让我们有勇气把这本书呈现在您面前，希望这些散点式的文字能成为你我交流的起点，希望这些青涩的观点能抛砖引玉，引发您的思考。与您探讨行业问题和探索行业未来，既是个人的使命，也是大家的使命，因为行业是我们的衣食父母，行业进步是我们的共同追求。

历史的潮流，如一江春水，滚滚向前；我们愿与您一起拥抱她，从参与行业到推动行业进步，既是时代赋予我们的机会，更是时代赋予我们的责任。

李福和
上海攀成德企业管理顾问有限公司　董事长
2021 年 6 月

目录

第1篇

透视行业：被动行业，顺势而为

改革开放四十多年来，经济的腾飞使得为建设环节提供技术服务的设计行业实现了大发展，市场规模的增长也为设计企业提供了施展能力的大舞台。我国经济快速发展的四十年，也是投资快速增长的四十年，1981 年城镇固定资产投资 710 亿元，2000 年城镇固定资产投资 2.6 万亿元，到 2020 年城镇固定资产投资已经达到 44 万亿元，不考虑通货膨胀，近四十年复合增长率约 17%，近二十年复合增长率达到 16%。在可以预见的未来，投资依然会是推动我国经济增长的重要力量，这意味着设计行业仍有一定的发展空间。与此同时，政府也在努力塑造行业管理的规范性，为设计企业提供良好的发展环境。

但设计企业面临的挑战更大，整个工程建设市场的规模已经到了顶峰区间，行业从增量时代过渡到存量时代。在增量时代，由于市场在增长，企业各自做好自己的“一亩三分地”就能生存下去，但在存量时代，市场总量基本稳定，企业要增长，就必须做得更好，去抢占其他同行的市场或者去价值链上下游猎食；随着市场的变化，细分行业和设计企业都将出现分化，且分化不断加剧，下行行业的设计企业和竞争力较弱的中小设计企业，生存的压力将会越来越大，马太效应、龙头效应将更加明显；市场化将推动行业壁垒、区域壁垒的逐步消除，市场竞争将从“井田规则”转向“丛林法则”；城市化后半程，新型城镇建设更关注城市群发展、城市质量、产城融合、民生问题等，要求设计企业提供更专业、更综合、更高质量的服务；国际环境的不确定性，也将给龙头设计企业“走出去”带来更大的挑战。

每一个企业都不可能脱离社会和市场环境而存在，因此我们以外部环境为起点，来透视设计行业。

1　看行业：底层逻辑，追本溯源

建筑业是一个源远流长的行业，设计咨询和施工建设是一个完整过程。1949年后，我国学习苏联模式，把设计和施工环节分开，而如今在欧美，遵照工程自身的特点，设计施工一体化的趋势越来越明显，逐步朝大工业、大土木、大建筑的工程总承包模式转变。未来我国设计行业也会发生很大的变化，我们预计设计企业将从提供单一设计环节服务转变为提供覆盖工程建设全过程的服务，建筑设计、土木设计企业将以提供全过程咨询、高品质设计咨询等服务为主，工业领域的设计企业将逐步演变成工程公司。这些都促使我们去思考：把设计咨询和施工分开的行业定义是否合适？设计行业和建筑业有着怎样的关系？设计企业到底是满足政府职能需求的事业单位还是经营性的企业，是设计院还是有限公司？同样是技术服务型行业，在设计行业和通信行业（如华为）中，技术的力量有什么差异？在这个智力密集型行业中，企业延续发展的最核心能力是什么？这些都是企业需要思考或正在思考的问题。大时代、大行业、大企业，不能是思想的荒原，设计行业需要有人提出问题，更需要行业的实践者寻找问题的答案。

1.1　社会和经济发展视角下的设计行业

1.1.1　从演化看行业

从历史角度来看，在农业社会，社会分工比较简单，工程的设计和施工并没有明确的界限，建设的组织者往往也就是设计者和建设者。以建筑技术较为成熟的清朝为例，清朝两百多年间主持皇家建筑设计的雷氏家族，负责建筑物（群）的选址、规划、样式／模型设计、建造及后续的修复工作，建筑物最后的呈现即为最初的设计构想。

从现状角度来看，随着社会的发展，工程在建设环节和专业分工两个方面被分解得越来越细，这种变化适应了项目专业化、大型化、高效率的特点。但也因此，行业内的壁垒越来越多，细分行业壁垒、价值链环节壁垒纷纷出现，在提升专业性的同时，也让我们忽视了项目全生命周期的整体性、建造的整体性、成本的整体性、功能的整体性，追求每一个环节的局部最优，整体却难以令人满意。

从发展角度来看，在社会需求和政策的推动下，建筑业呈现出如下趋势：行业壁垒和区域壁垒成为行业高质量发展的障碍，必须逐步降低；多专业、多领域融合正成为发展趋势，综合型项目、绿色工程、智能工程建设将成为趋势，尤其在大土木行业内，融合的趋势将使企业的业务领域变得更宽；大型设计企业逐步进行全国化布局，甚至向海外拓展，成为打破区域壁垒、赢得国际竞争的基础；价值链环节融合，前后端分别向投资策划和工程运营延伸，将提升服务城市、服务产业、服务家庭的质量和水平，也使投建运一体、工程总承包、全过程咨询等逐步成为行业发展共识，提升行业的服务价值；品质提升成为趋势，设计企业需要在工程建设过程中保障设计的高品质，逐步淘汰低品质和劣质设计。

1.1.2 从产品看行业

设计行业作为知识型、服务型、项目型行业，有以下三个方面的特点。

首先，作为知识型行业，设计咨询业务可以分为三个层级：金字塔顶端的业务是“专家型业务”，具有研究性、创造性、高附加值的特点，如大型公建的方案创作；金字塔中端的业务是“经验型业务”，对企业的创新意识、创造能力要求不高，向客户出售的是知识、经验和专业判断力，如常规的桥梁设计；金字塔底端的业务是“程序型业务”，企业通过成熟的标准规范完成工作，向客户出售的是程序、效率和时间，如住宅施工图设计。不同层级的业务，项目的收费模式和人员配备要求不一样，“专家型业务”必须通过高收费水平或者依照工作成果的价值收费，需要配备大量的资深设计人员，初级设计人员投入时间最少，人员杠杆率低。“经验型业务”按人员工时的投入收费，初级设计人员将有更多机会参与其中，人员杠杆率有所提高。“程序型业务”通常为固定价格合同，一般可由初级设计人员承担大部分工作，人员杠杆率最高。

其次，作为服务型行业，对设计行业来说，完成了施工图只是完成技术服务的一部分，施工企业人员的技术能力有限，对施工图的理解存在不足，所以设计企业有大量需要在现场解决的问题，图纸上无法表达的或图纸上出现错误的、不符合实际需要的，都需要在现场结合工程实践来解决，所以设计行业是一个服务性很强的行业，服务质量是产品品质很重要的组成部分。

最后，作为项目型行业，设计行业的细分行业多，企业的业务类型多、业务专业性强、项目个性化强，这些都导致业务很难标准化，难以产生明显的规模经济效应。为什么设计企业不太谈商业模式，而互联网企业言必称场景和商业模式呢？原因就在于设计企业服务的标准化程度低，难以塑造高效的商业模式。少数建筑设计企业找到了服务的标准化之路，在短时间内实现了规模的突破，例如天华、基准方中。但设计企业寻找标准产品或服务的商业模式还需要市场有一定的容量，在建筑设计行业，由于市场容量足够大，只是截取市场的某一块，就能产生年设计收入达数十亿元、员工规模达数千人的大型设计集团，在水运、冶金、化工等市场容量较小的行业则很难产生这样的企业。

1.1.3 从投资看行业

设计行业的收入与国家固定资产投资关系紧密。从行业总体层面来看，过去十年设计行业总收入呈现稳步增长的趋势，我们计算了收入与固定资产投资的比例关系，行业总收入相对于城镇固定资产投资的比例也越来越高，从 8% 增长到 18%，其中设计咨询收入是固定资产投资的 1% 左右，而近年来建筑业总产值是城镇固定资产投资的 60% 左右（表 1-1）。

设计行业的收入与国家固定资产投资的关系　　表 1-1

指标	2013 年	2014 年	2015 年	2016 年	2017 年	2018 年	2019 年	2020 年	2021 年	2022 年
城镇固定资产投资（万亿元）	27	31	34	36	39	41	43	44	46	49
设计行业总收入（万亿元）	2.1	2.7	2.7	3.3	4.3	5.2	6.4	7.2	8.4	8.9

续表

指标	2013 年	2014 年	2015 年	2016 年	2017 年	2018 年	2019 年	2020 年	2021 年	2022 年
设计行业总收入 / 城镇固定资产投资	8%	9%	8%	9%	11%	13%	15%	16%	18%	18%
设计咨询业务收入（万亿元）	0.3	0.4	0.4	0.4	0.5	0.5	0.6	0.6	0.7	0.7
设计咨询收入 / 城镇固定资产投资	1.1%	1.3%	1.2%	1.1%	1.3%	1.2%	1.4%	1.4%	1.5%	1.4%
建筑业产值（万亿元）	16	18	18	19	21	23	25	26	29	31
建筑业产值 / 城镇固定资产投资	59%	58%	53%	52%	54%	56%	58%	59%	62%	63%

注：1. 设计咨询业务包含工程设计收入和其他工程咨询业务收入；

2. 其他工程咨询业务收入包含前期咨询收入、招标代理收入、工程监理收入、项目管理收入、工程造价咨询收入、境外其他工程咨询业务收入。

数据来源：国家统计局、住房城乡建设部、勘察设计行业协会。

从行业内部来看，不同细分行业、不同区域、不同企业受投资的影响各不相同。行业总体上很好不一定每一个企业都很好，国家投资对设计行业的拉动，不同细分行业拉动的比例不同，不同细分行业人均完成的投资额不同，人均产值也有明显的差异。从区域来看，区域设计咨询业务总量总体上可以用区域城镇固定资产投资的 1% 来估算。

2013 ～ 2022 年，设计行业的收入中，设计咨询收入占比由 14% 逐步下滑至 7%，说明设计企业逐步从技术服务企业转变为以技术服务为支撑的多业务、多模式的新型企业，与资金是否到位的关联度越来越紧密。

攀成德长期为设计企业提供咨询服务，我们也深刻体会到，行业投资波动对设计企业的影响，与企业自身竞争力强弱的影响同样深远。从这个角度来看，有志于做强做大的企业，既需要思考组织能力的建设，也需要寻找有相当规模的行业市场，二者皆不可废。

1.2 政府管理和需求视角下的设计行业

1.2.1 资质的力量

从业企业需要资质和资质多头管理是我国设计行业的一大特点。没有资质，设计企业就不能从事相关业务，哪怕是一家大型设计企业，如果没有资质，就连简单的猪圈也设计不了；而资质发放，则由众多的部门分别管理，国家发展改革委管理工程咨询资质，住房城乡建设部管理全国勘察设计资质，商务部管理涉外工程设计和工程承包资质，其他资质由国资委和未撤销的几个专业部委（如水利部、交通运输部等）及各省、市、自治区分别对各自所属的工程设计企业进行归口管理。管理体系复杂的原因在于沿袭了计划经济体制下的条线管理，这种做法在过去有一定的合理性，但也因此使行业政策、法规、标准、企业资质、个人执业资格等政出多门、相互交叉，阻碍了政令发布的统一和执行的效率，影响整个行业的发展。

多头管理产生了复杂的资质体系，导致设计行业资质分类多、等级多、管理复杂。资质作为市场准入的门槛，是人为设置的行业壁垒，但资质对设计企业而言，其重要性不言而喻，有的大型设计企业有七八十项资质，企业不得不为资质付出高昂的维护成本。

1.2.2 行业的壁垒

1. 细分行业壁垒

按照最新的资质改革方案，设计行业以资质为标准分为 14 个细分行业。不同细分行业之间，由于历史发展的原因，存在很高的行业壁垒。

14 个细分行业大致可以归为建筑设计、大土木工程设计、专业工程设计三大领域。这三大领域的壁垒是不一样的：（1）建筑设计领域的进入壁垒最低，资质相对容易获得，市场容量大、客户类型众多，市场相对容易进入，所以很多大土木、专业工程设计企业，在业务转型时都选择进入建筑设计领域，无论企业规模大小、能力强弱，都可以从建筑设计领域或多或少分到一杯羹。（2）大土木工程领域的壁垒居中，很多专业设计企业把这个领域作为未来转型的重点方向，如中冶京诚、中冶南方、中冶赛迪等企业，他们的主业在冶金领域，正在大举进军市政、水环境业务。（3）专业工程设计领域的进入壁垒最高，想要进入，既存在专业资质的难题，也存在专业技术、专业团队、客户资源积累等难题，所以建筑、大土木设计企业想要进入专业工程设计领域很难。一些特殊的专业领域，几乎很难有新进入者，如有色领域的铜冶炼和加工、铝冶炼和加工，都是少数专业设计企业的地盘，这是专业技术和行业业务模式带来的门槛。专业工程想要进入建筑、大土木设计领域也很难，难在市场竞争能力和盈利能力。

另外，三大领域内的业务融合程度也不同。大土木工程设计的6个细分行业，包括市政、公路、铁路、港口与航道、民航、水利水电，它们之间呈现出业务融合的趋势，如公路行业的一公院、二公院已经进入市政领域。专业工程设计的7个细分行业，包括电力、煤炭、冶金建材、化工石化医药、电子通信广电、机械军工、轻纺农林商物粮，它们之间的壁垒则相对较高，极少会进入彼此的领域，如化工企业做电力不容易，水电企业进入火电领域的可能性也不大。

2. 区域壁垒

区域壁垒产生的原因很多，我们认为主要有两个方面：企业经验和地方保护。企业经验表现为过往工程资料、区域市场内的地勘资料、对区域市场地理人文的熟悉以及业主关系等，这种现象在各个行业领域都普遍存在，在全世界皆然，我们认为这是正常的市场现象。地方保护主要出现在市政、基础设施和公共建筑等领域，表现为地方政府业主对当地企业的保护，这种区域壁垒是人为的因素，不符合国家政策的导向，也影响了行业的健康发展。从各个较大的行业来看，除部级院之外，各地均有多个领域的省级院，典型如省公路院、省水利院，大多是由当地交通厅（局）、水利厅（局）等政府下属事业单位改制而成的地方国有设计企业，多数的地方省级院仍然获得了一定程度的地方保护，这相应地阻碍了市场竞争，影响了行业的健康发展。

正是由于过多的壁垒影响了行业的发展，中央政府多管齐下，试图打破这些壁垒，一些优秀的企业也在区域发展上付出了很大的努力，区域壁垒正在被加快突破。

在政策层面，住房城乡建设部发布的《关于推进建筑业发展和改革的若干意见》明确要求进一步开放建筑市场，要求各地严格执行国家相关法律法规，废除不利于全国建筑市场统一开放、妨碍企业公平竞争的各种规定和做法。在企业层面，并购的案例正逐渐增加，外延并购有利于消除区域壁垒，使企业实现跨区域经营或者跨业务经营，华建集团、华设集团等大型设计企业都有很多并购的案例。

3. 专业技术壁垒

设计行业的技术壁垒广泛存在于不同细分领域之间、高中低端市场之间、区域市场之间。不同领域的行业壁垒，很大程度上是技术壁垒，这在工业工程领域最为典型。高中低端市场之间也存在技术壁垒，尤其是在技术性较强的行业，如在大型水电领域，基本上只有传统的 7 家部级院才有能力设计，行业内的其他水利水电设计企业基本不具备这个技术能力。区域市场之间也存在部分技术壁垒，尤其是极端自然地理条件下，如高原冻土技术，基本上只有深耕西部和高原的大型区域设计企业才能掌握该项技术，铁一院、一公院在高原铁路、高原公路上的技术优势就非常明显。技术壁垒在某种程度上是良性的，促使企业通过技术积累提升竞争优势，同时也促进了行业的发展。

4. 价值链壁垒

由于历史原因，过去设计、施工两个环节相互独立，形成了价值链壁垒，这种现象对行业的健康发展越来越不利。在市场需求和自身发展的双重驱动下，大中型设计企业普遍朝业务的上下游延伸，虽然尝试的企业远远多于成功的企业，但经验在不断增加，决心在逐步增强，资源配置和组织调整的速度也在加快。整体来看，除少数设计企业在部分延伸业务上获得了成功之外，多数企业要完成一项业务的成功转型，还需要经历较长时间的磨炼和沉淀，因为上下游业务往往具有很强的专业性，能力转型向来不易。

但行业高质量发展是大趋势，提供价值链环节融合服务是设计企业比较理想的发展方向，这对于大中型设计企业而言，既是满足市场需求、提升竞争力的最有力手段，也是提升收费标准和盈利空间的最佳选择，但这又注定是一个漫长的过程。

1.2.3 改革的方向

改革的方向之一，是行业管制改革，其管制思路是进一步市场化。中共十八届三中全会提出了“市场在资源配置中起决定性作用”的改革方向，设计行业也会不断深化“放管服”的行业管制思路，不断推进行业管制思路市场化，在放宽市场准入、建立统一开放的全国市场、淡化企业资质、改革工程造价体系等方面均有政策推动，虽然还存在多部门管理、利益调整难等制约因素，但总的方向是明确的，无非是改革步子的快慢而已。相应的，行业管制市场化的改革，也要求设计企业树立市场化的管理理念，在竞争中提升能力和服务品质。未来一定是企业的市场化程度越高，竞争力就越强；而竞争力越强，又会使员工收入越高、企业效益越好；而员工收入越高，企业又越具有资源端的竞争力，如此形成设计行业和设计企业的良性循环。

改革的方向之二，是专业融合，专业和业务领域壁垒将会降低。从 21 个资质调整为 14 个资质，意味着细分行业的缩减，行业壁垒数量的减少。我们认为以最新行业资质划分的 14 个细分行业也不会持续多久，未来还会进一步融合，比如交通、市政、铁路、水利、水运等行业会逐步融合为大土木领域，即使不融合为一个大土木行业，围绕市场需求，各专业间的壁垒也会逐步降低，多专业融合一定会成为行业发展趋势。同时，在社会发展新需求的驱动下，数字化、人工智能、绿色环保等新技术，产城融合、智慧城市、万物互联等新模式，也会促进设计行业不同细分领域的融合。除大土木的融合，建筑设计、专业设计领域的设计企业也会朝综合化和专业化两个方向发展，综合的更综合，专业的更专业。综合甲级资质不再对设计企业跨行业有太多限制，就是专业融合的制度例证。

改革的方向之三，是业务融合，价值链融合和全生命周期服务。传统的建设模式普遍是设计与施工环节分离，对质量、进度和成本都造成显著的不利影响。在市场和客户价值力量的推动下，价值链融合是大势所趋。在融合的趋势下，设计企业抢施工企业的活，施工企业反过来抢设计企业的活，成为行业的新现象，我们已经看到设计企业和施工企业同台竞技。与施工企业到底是竞争还是竞合？设计企业需要重新定位自己的角色。除此之外，设计企业需要更多地从价值创造和全生命周期管理的角度来思考工程。显然，任何工程都要服务于社会经济的发展需要，工程的规划、运营比工程建设更为根本。价值链融合的制度例证是全过程工程咨询、工程总承包模式的推广，以及越来越多的设计企业被批准获得施工资质。

1.3 中外对比视角下的设计行业

1.3.1 发达国家的设计行业

大多数国家的城市化进程大致可以分为三个阶段：初期阶段，城镇人口占总人口比例30%以下；快速阶段，城镇人口占总人口比例为30%～70%；成熟阶段，城镇人口占总人口比例达70%以上（图1-1）。

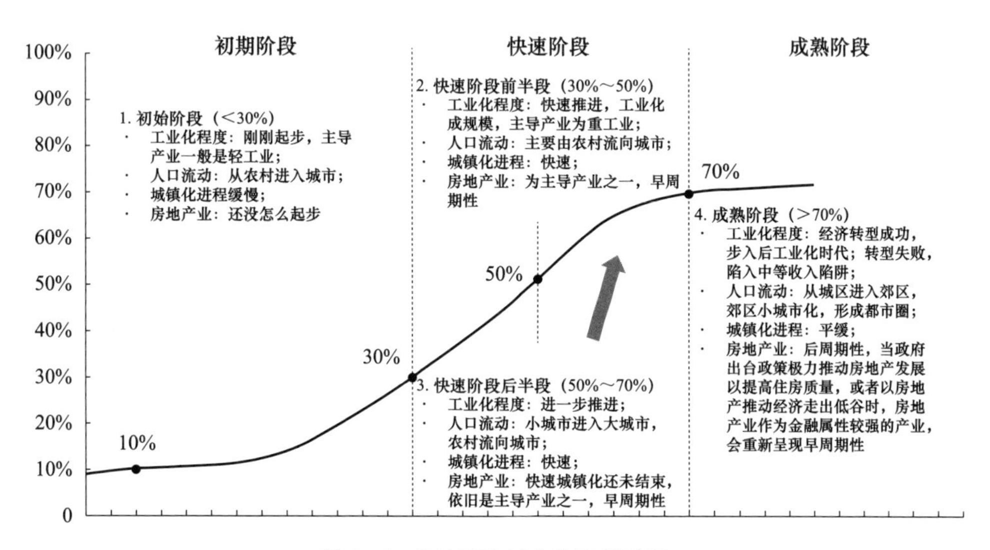

图1-1 发达国家城市化发展进程

注：周期划分标准是产出缺口，辅以政策变化。

资料来源：招商证券

发达国家的城市化起步早，城市化水平高。近几十年来，主要发达国家的城市化基本处于同一水平，工程建设市场也比较稳定，市场需求成熟且稳定，这是发达国家设计咨询公司或工程公司发展的市场环境，一定程度上也决定了工程建设市场的政策管理、企业主体的成熟和稳定。

研究发现，在行业政策和政府监管方面，从政策导向、政府职能和管制思路来看，发达国家的设计行业几十年以来变化小、总体稳定。由于政治体制和行业成熟，发达国家的行业协会作用非常大，行业管理规范且相对稳定，这与发达国家近几十年的城市环境和工程建设市场的相对稳定相吻合。

企业层面，近代发达国家的工程企业经过工业革命后数百年的发展，竞争格局、业务模式、管理手段已非常成熟。正是在这样的背景下，发达国家设计咨询公司和工程公司具有业务领域宽、组织结构健全、重视技术开发、全过程服务、人员结构合理、项目数字化水平高等特征，其发展已经越过了“做大、做强、做优”的口号式发展阶段，在企业发展周期、产业发展周期、经济发展周期的各种波动中，找到了应对的策略，能从容地处理各种可能出现的情况。

1.3.2　对比给我们带来的思考

发达国家建筑行业和企业在充分适应市场后所形成的发展思路、业务模式和管理方式，是我国行业和企业未来发展的样板。建筑业是传统行业，我们既可以借鉴发达国家的经验，形成后发优势，也可以利用我国工程建设规模巨大的优势，在新技术上形成某些优势。

在工程建设模式上，发达国家的实践值得我国设计行业借鉴，也是我国设计企业向国际惯例靠拢的必由之路。为什么国家政策要推工程总承包、全过程工程咨询、建筑师负责制？我们常说这是国际通行的做法，但这并没有真正回答这个问题，根本原因在于过去的平行发包造成了很多劣质的工程产品。今天，我国政府在提倡采用这些模式，虽然模式转型还存在方方面面的问题，例如律师看到了法律不配套的问题，甲方看到了承包单位能力不足的问题，施工和设计企业看到了甲方不信任和不及时付款的问题；但只要这些模式能为工程建设项目带来价值，就会成为一个大的趋势，而种种问题在发展和实践中都将不是问题，行业一定有能力解决这些问题。目前出现的问题，只是我们在偿还原来价值链分割所欠的账，分割模式在大多数领域都将走向终结。

不管是工程总承包，还是全过程咨询、建筑师负责制，基本的原则是让专业的人做专业的事，在工程品质、造价、性价比等方面获得最佳的结果，其着眼点都是行业的高质量发展。同时，随着国家产业结构调整和升级，建筑业既需要发展好自身，也需要更好地服务于宏观经济的发展和产业结构的调整。行业的高质量发展和服务方式的改变，使得碎片化的行业现状满足不了需要。通过对比发达国家的同行，在行业发展、企业能力和行业监管方式上给我们以下三点启示：

其一，行业必须朝高质量方向发展。有数据显示，英国的住宅统计寿命近130年，欧洲大多数国家接近100年，美国以木结构为主的住宅统计寿命约80年，日本50年，而我国建筑物平均使用寿命仅30年，农村地区的住宅甚至只有十多年。工程寿命的差异，折射出国家之间经济发展阶段、政府管理方式、民族文化的不同。我们常有这样的困惑：为什么我国经历了建筑业高速发展的几十年，建设了全人类有文明史以来数量最多、规模最大、类型最多的工程，有如此之丰富的工程经验，有5000万人这样最庞大的行业从业者队伍，有如此之多的技术大师、院士，建筑领域却没有诞生名气大的、公认的、耳熟能详的思想家？也许平行发包模式是罪魁祸首之一。

其二，设计企业服务能力必须进一步提升。目前国内设计企业在项目前期策划阶段的高端咨询、工程全生命周期整合服务、带动行业发展等方面还存在明显的专业能力不足的问题。单纯从服务的角度，我们依然可以看到与发达国家的显著差距。兰州的中山铁桥有110多年历史，1909年由德国泰来洋行修建，钢材、水泥均从德国进口，铁桥设计的保固期是80年，1989年保固期满后，兰州市政府接到了德国设计师家族的来信，信中提示铁桥的80年保固期已到，在询问铁桥状况的同时，申明合同到期。2007年兰州市政府再次收到了德国设计师家族的来信，信中称该桥100年的设计使用年限将到，提醒城市管理部门维护保养，还在信中附了油纸包，里面有铁桥部分维护零配件的样品。类似的案例还有武汉景明大楼、上海外白渡桥等。行业内很多有识之士都对这种现象进行过深入的反思，但解决问题的进展却很缓慢。虽然有行业整体的原因，涉及国家管理体制、行业历史形态、企业自身经验和能力、取费标准等，但作为行业的建设主体，设计企业需要深入思考自身的责任和义务。

其三，行业管制必须进一步调整。过去，国家在行业政策和管制措施上已经做了很多调整，包括法律法规、资质改革、招标投标与造价体系等。未来，国家在政策的系统性、新模式的政策环境、产品和技术标准、工程造价和取费标准等方面，还会有更多的改革措施。同时，我们也清楚，国家政策和管制措施，与行业实践、企业能力等密切相关、互相影响，难以“独善其身”，如果能够相对早地往前走一步，或许就能发挥推动行业进步的作用。从几个具体的方面来看，国内设计咨询的取费标准为什么远比国外低？国内监理被认为“在现场是一个摆设”，为什么国外的监理地位很高？为什么国外低价中标是健康的，到中国低价中标就是病态的？方方面面的行业怪现象，行业人士有目共睹，又都无能为力，这个困境如何破局？行业管制调整或许是一个切入口和助力点。

当然，在学习和借鉴的同时，我们也要认识到，我国和西方发达国家的政治体制不同，行业发展模式不同，发展的路径不同，我们需要学习和借鉴“可以学习和借鉴的东西”，需要基于我们的实际做取舍。

攀成德研究万喜十多年，显然万喜的经营模式是大多数企业希望学习的，但我们认为，万喜诞生于特定的时代和环境，如果天时地利不再，就不可能产生第二个万喜。反光镜里看不见未来，在学习借鉴的同时，我们更需要基于实践去创新。

2　看投资：关注趋势，寻找价值

有投资才有设计行业的市场，研究投资就是研究市场。如何研究投资，需要从投资的体量、趋势、分布区域和密度等多个维度来分析，也需要从过去、现在和未来趋势的时间维度来分析。

2.1　大建筑业与国家经济是什么关系

我们把设计和施工看作大建筑业的两个部分或者前后环节。总体来说，建筑业是我国经济发展的一部分，是我国经济发展的受益者和推动者。建筑业增加值在国内生产总值（GDP）中的占比，在一段时间内相对稳定，表明建筑业的发展和经济发展基本同步。经济的繁荣会带动建筑业的发展，建筑业的发展也在促进经济的进一步繁荣。

经济发展会推动城镇化进程，城市建设意味着需要基础设施、房屋建筑。经济发展也必然伴随产业发展，农林水利、科教文卫等领域的发展带来了相应的工程建设需求。一方面，经济发展提供了各类固定资产的投资资金，投资与经济发展相互促进，形成良性循环。另一方面，经济的长期持续发展也在促进需求和产业升级，而扩大再生产、产业升级又提供了巨大的工程建设市场。随着社会经济不断发展，人们对文化娱乐、生活环境、工程品质的需求也会不断增长，由此也带来了持续的工程建设需求。

建筑业是基础产业，为三大产业提供了发展的基础和保障，三大产业的新增、升级、更新都需要建筑业提供工程基础。近年来，建筑业增加值占 GDP 的比例在 7% 左右，是名副其实的支柱型产业。建筑业自身的发展也是促进经济增长的一大因素，比如大建筑业为社会提供了 5000 余万人的巨大就业市场，带动了相关产业链发展。建筑业增加值在建筑业总产值中的占比约有 25%，另外的

75%来自建材、机械、能源等的消耗和贡献，可以说，建筑业除自身的增长外，还为经济发展提供了3倍的额外贡献。

在经济发展的不同阶段，建筑业需求会有所不同。如工业工程，在经济发展早期是重工业和简单、初级的工业品，随着经济发展，简单、初级工业品逐渐减少，高技术工业产品逐渐增加，相应的工程建设需求也在不断变化。在经济发展的不同阶段，工程建设也在随客户和市场需求变化而变化，比如重工业，在经济发展初期、当前和未来都会存在，但重工业的具体产品和生产产品的工厂本身都在逐步变化，工程建设的功能、技术品质和环保要求也在变化。同样，随着经济的不断发展，科技水平也在不断提升，影响到具体的工程建设，当前如数字化、智能化技术的发展，正在催生出智能工程、智慧城市建设。面向未来，随着我国经济转型升级的推进，产业结构调整、国民生活品质提升、高科技技术应用等还将继续影响未来工程建设的需求。

如果经济持续蓬勃发展、产业转型升级持续推进，未来建筑业的发展可期，方向和规模也基本可预测。如果经济发展和产业转型未达预期，建筑业的发展也会受到相应的影响。

我国未来经济发展的主要趋势和关键因素有哪些?

首先，我国经济已由高速增长阶段转向高质量发展阶段，对建筑业发展的主要影响是：经济增速进入中等增速阶段，固定资产投资增速相应放缓，建设量增长降低；经济增长动力发生转变、产业结构调整，相应的工程建设结构也将发生变化；社会经济的发展提升了对工程品质的要求，品质与性能提升、绿色环保、智能技术都将影响具体的工程建设；如果财政政策相对宽松，未来一段时间建筑业仍将在高位发展，虽然增速下降，但不会有明显的建设规模萎缩。

其次，“中国制造2025”规划将推动中国由制造业大国向制造业强国转变，其中的重点是“一条主线、两个制造、十大产业”。一条主线是信息化与工业化深度融合，这既影响工程产品本身（工程企业需要提供数字化工程产品），也会影响工程企业自身的管理（工程企业需要完成数字化转型）。两个制造是智能制造与绿色制造，指企业在行业数字化基础之上，发展行业智能建造和绿色建造。十大重点产业领域包括信息技术产业、数控机床和机器人等，对工业工程影响较大。

再次，中美摩擦升级，未来可能会对我国经济的发展造成深远影响，影响出口、影响科技进步，也将间接影响我国建筑业的发展，对工程企业的国际业务产生影响。

最后，人口结构变化一方面会影响经济的可持续增长和后续潜力，进而影响到建筑业。另一方面，年轻人口减少将对“用工大户”建筑业产生直接影响，在用工压力下，建筑工业化、建筑智能化的发展未来可期。

2.2 “被动行业”是底层逻辑吗

建筑业的使命和责任是固定资产投资的物化和努力保障项目全生命周期的正常运行。从性质上来看，业主投资后，建筑业帮助完成投资的物化工作，所以只有当各个领域有固定资产投资需要，才会有建筑业的市场。从这个角度看，建筑业可以称为“被动行业”。设计行业是大建筑业中的技术服务环节，其本身也具有被动特性，在过去、现在和将来都难以改变。

设计行业的本质是现代服务业。按照我国行业的分类标准，设计行业归属专业服务行业，是生产性服务业的支柱产业。建设工程设计活动，是固定资产投资转化为现实生产力的前导性工作。所有的工程建设项目都必须经过工程勘察和工程设计，绘制建设蓝图后才能实施。工程设计水平的提高，对于工程建设项目质量水平和固定资产收益的提升具有重大甚至是决定性的影响，因此，设计企业必须为客户提供高水平的服务，为客户、为社会创造价值。

被动行业的特性、设计行业壁垒的客观现实，让我国设计企业的生存和发展形成了一种潮汐现象。细分行业好，则企业好，细分行业差，则企业差；细分行业投资波动带来的影响，远超过企业自身竞争能力强弱带来的影响。这种案例在设计行业举不胜举，铝镁领域的沈阳、贵阳铝镁设计院，船舶工业领域的中船九院等，它们是细分行业的绝对垄断者，像一头狮子占领一片山林，水草丰厚、草食动物众多，狮子可猎食的对象众多，日子很好过，但一旦行业形势变化，则是另一番景象。行业壁垒永远是一把双刃剑，好的时候别人进不来，坏的时候自己也进不了别人的行当。

设计行业的被动特点，意味着设计企业在选择和努力两个方面都很重要。一个设计企业，如果选择或者被动选择了一个狭窄的细分行业通道，要改变命运，必须付出加倍的努力，做强做大，必须改变通道。目前，煤炭设计行业鲜见卓越的企业，这与行业赛道的关系很大，这样的细分行业还不少。当然，也有从既有细分市场突围、努力改变命运的案例：我国联合从机械行业的设计咨询进入房屋建筑、基础设施领域，中冶南方、中冶京诚等冶金设计企业进入市政、环保领域，中电建华东院进入基建等众多领域。

好在，我们看到行业壁垒正在逐步崩塌，这对优秀企业而言是好事，增加了企业的生存空间，因此企业需要加大对不同细分行业的项目特点、技术、客户、市场的研究；这对行业发展而言也是好事，增强了行业的竞争程度，提升了行业的效率和服务水平。

2.3 如何研究投资

2.3.1 研究维度

被动行业里的企业和领导，需要全面、系统、深入地研究投资，通过研究投资，来寻找企业生存和发展的土壤。

从总体投资来看，影响投资的因素主要是三个：宏观经济、城镇化进程、工业和基础设施的升级。近年我国国民经济高速增长，带动城镇化水平快速提升。城镇化率提升最快的时期，每年提升约 1.3%，有约 1700 万人进城，带动房屋建筑、市政基础设施等建设领域快速增长。同时，工业 4.0 和传统工业部分搬迁、改造，带来工业建设需求；以“铁公基”为代表的基础设施持续建设和升级，带来了基础设施建设的需求。

我国的固定资产投资有自己的特点，既不同于其他的发展中国家，也不同于发达国家。以中国和美国的对比为例，总量上，中国和美国的国民经济都很好，投资都很大。在结构上，中国的城镇化快速提升，美国的城镇化已经完成，中国的投资领域全面，房屋建筑、基础设施投资量远大于美国。在具体的工业和基础设施升级方面，美国以高科技立国，对基础设施的依赖较小，投资以高科技为主，一般工业和基础设施的投资量要比中国小很多；中国以工业立国，各层次工业和全国各类基础设施的投资巨大。

从投资领域来看，可以从四个角度来研究。

第一是行业大、中、小的角度，如铁路和城轨一年投资 1 万亿元多，市政一年投资 2 万亿元多，公路一年投资接近 3 万亿元，房屋建筑一年投资 10 多万亿元，这些都是大行业。中等规模行业如电力、水利，小规模行业如冶金、水运、民航等。作为被动行业，其规模的大、中、小存在一定的动态变化，与时代需求密切相关。

第二是行业投资量上升、持平、下降的角度，随着大行业增量的整体见顶，总体来说投资上升的行业越来越少、下降的行业越来越多。行业走向对于企业战略决策有极大的影响，如果行业投资是上升的，就可以把资源配置上去，适度超前；如果某个细分行业的投资趋势是下降的，那么通过收购等方式进入这个行业肯定不是明智的决定。

第三是投资持续时间的角度，有的行业持续时间依然会很长，有的持续时间适中，有的持续时间短。现在能看得出来，轨道交通投资还能持续比较长的时间，而高速公路投资时间只能算中等，有很多地方已经建得差不多了。所以要研究细分行业的投资究竟是短期，还是中期、长期的趋势，这种趋势决定了企业的资源应该如何配置。另外是投资的稳定性和波动性，有些细分行业虽然整体趋势是增长的，但是波动性非常强，企业做决策时，更要谨慎。

第四是投资区域、强度、主体的角度。

从投资区域来看，尽管总体投资量大，但投资分布并不均衡。决定区域投资的主要因素有两个：一是区域经济振兴政策，例如西部大开发、东北老工业基地振兴等，这类影响有，但不是主要的；二是战略性的、市场化的经济带发展，包括城市、都市圈、城市群、经济带等，对经济带最简单的解释就是胡焕庸线，胡焕庸线以东的地区占有全国 95% 的经济份额，投资肯定是投向经济发达的区域，这方面的影响是主要的。

从投资强度来看，不同项目、不同区域的投资强度差异很大。投资强度可以按单位空间内的总投资额来衡量，按投资强度不同可以分为三类：高投资强度区域市场，例如大城市的投资，在北京中心地带、上海陆家嘴的投资，几十亩地要投资一两百亿元，高科技工厂、川藏铁路总体上也都属于超强密度投资；中等投资强度区域市场，例如小城市的投资；低投资强度区域市场，例如美丽乡村、家装市场（3 万亿元投资分布在 1000 万套房子里）。

从投资主体来看，未来的投资主体依然是企事业单位、政府、地产开发商。设计企业和施工企业都不要试图用投资来解决自己的业务问题，原因在于，一方面受到企业专业能力的局限，设计企业、施工企业长期从事的工作是工程设计、工程物化，企业所拥有的专业能力局限于工程项目管理，而项目投资、项目运营所需要的能力已经超过了多数企业的能力范围。另一方面受到企业轻资产的资源能力局限，设计和施工业务都是轻资产的业务，设计企业和施工企业也是轻资产企业，大部分资产的流动性很强，在重资产业务和重资产运营方面欠缺能力，从轻资产变成重资产将会导致流动性迅速下降，企业容易陷入流动性陷阱。

2.3.2 研究城市

固定资产投资中，超过 90% 投资于城市和城市的连接，所以城市和城市群是工程企业未来的主战场，城市发展趋势值得深入研究。

研究城市总体上有两条主线：传统的城市建设、新型特色城镇化建设。

在传统城市建设方面，城市建设发展阶段决定了其重点发展的产业，通常可以分为三个阶段：第一个阶段是城市的总体规划布局和基础设施建设，在这一阶段，建筑、建材、钢铁、工程机械、水电通信等行业将发挥重要作用；第二个阶段是城市生产活动的大规模开展，一些贸易、物流行业快速发展，在这一阶段，城市的港口、公路、机场等设施将会进入到大规模的建设阶段；第三个阶段是在城市基础建设完成之后，随之而来的消费服务行业的快速增长，在这一阶段，酒店、房地产、零售、医药等行业将蓬勃发展。每一阶段都会有一些重点的受益行业，相应的细分行业也将面临巨大的机遇。当前，我国仍会延续传统城市建设投资的逻辑，具体的投资主要表现在房屋建筑、市政基础设施和工业领域。其中，房屋建筑、市政基础设施投资预计将趋于平稳，工业领域投资转向中高端产业，投资还将不断增长，但低端工业和重工业投资会不断下降。

新型特色城镇化建设既是在老问题中寻找新答案，也是新时代的新要求，其投资侧重点可以总结为四个方面：关注民生、注重质量、产城融合和城市群发展。

以人为本，注重民生，是新型城镇化的价值取向。《中共中央关于制定国民经济和社会发展第十四个五年规划和二〇三五年远景目标的建议》中提出要推进“以人为核心”的新型城镇化。在投资方面，“以人为核心”意味着这一轮新型城镇化的推进建设将不会局限于过往的大规模基建投资，会着重于城市更新、保障性住房建设、市政公共设施、环境治理、教育、医疗、养老等涉及民生安全的领域。

集约式高质量发展，是新型城镇化的发展方式。现阶段我国经济“多期叠加”，“多期”即增长速度换档期、结构调整阵痛期、前期刺激政策消化期。这是多年来积累的深层次矛盾爆发的必经阶段。在这样的背景下，国家提出经济社会高质量发展，经济发展从高速增长向高质增长转变。新型城镇化也是在这样的背景下提出的，其“新”也在于对“多期叠加”的化解，通过优化城镇功能定位和产业布局，提高城市综合承载能力。在投资方面，突出体现为以科技为引领的智慧城市建设，具体涉及大数据、通信、物联网、人工智能、新能源等领域。

产城融合，是新型城镇化的实现路径。产城融合是指产业与城市融合发展，以城市为基础，承载产业空间和发展产业经济，以产业为保障，驱动城市更新和完善服务配套，进一步提升土地价值，在产业、城市和人之间形成有活力、持续向上的发展模式。2014 年国家新型城镇化综合试点方案中，“产城融合”出现了 33 次，2015 年出现 96 次，2016 年出现 247 次，可见产城融合越来越成为新型城镇化发展的着力点。在投资方面，涉及城市多中心建设、片区开发、以公共交通为导向的开发模式（TOD）投资等领域。

城市群引领，城乡统筹，是新型城镇化的发展重点。城市群作为我国新型城镇化的重要形态，一方面将通过人口和资源集聚助推城市职能升级延展，另一方面在城市圈内优化城市定位和经济、产业布局。城市群建设的决定性因素之一是其内部交通的便捷程度，因此相关城市内 / 城际间的交通联动将加强，这也将成为一项投资重点。另一项投资重点是城市定位和经济、产业布局调整带来的相应投资，需要针对具体城市群中的具体城市开展研究。

在我国乃至全球范围内，人口持续向城市、大城市、城市群内集聚，城市和城市群成为投资总量最大的区域，而城市投资具有规模大、密度高、时间长的特点，所以研究投资，就要研究城市和城市群。分类来看，建筑、市政设计企业的传统业务是紧密围绕人和城市需求的，需要对城市发展趋势做深入研究。以公路、铁路业务为主的交通类设计企业，不仅要关注城市本身，还要深度研究城市之间、城市群之间的连接。

2.4 关注哪些投资态势

2.4.1 国家总体投资态势

从近十年我国城镇固定资产投资的总体态势来看，一是总量趋于平稳，二是增长速度从 2013 年的 17% 下降到 2023 年的 3%（图 2-1）。现在整个建筑业已经慢慢从增量时代过渡到了存量时代。

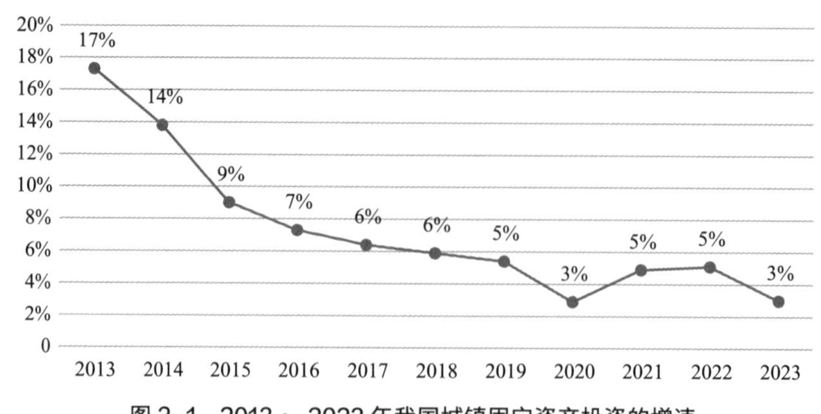

图 2-1　2013 ～ 2023 年我国城镇固定资产投资的增速

数据来源：国家统计局

虽然增速下降明显，但设计企业也不要太过悲观，因为总量规模已经为行业和企业提供了足够的生存空间。从建筑业物化的建材角度统计，目前我国每年物化的钢材、水泥、玻璃都超过全球用量的50%，而我国人口不到全球人口的20%，这个比例之高，为设计企业的生存和发展提供了巨大的空间。

除了关注国内总体投资态势之外，开展国际业务的设计企业，关注国际总体的投资态势也是其基本功课。从长期来看，国际投资依然保持着良性的增长，在这方面我们可以关注联合国贸易和发展会议每年发布的《世界投资报告》。

2.4.2 细分行业投资态势

设计咨询市场细分行业的好坏由细分行业的投资决定。根据中国勘察设计协会的年度分析报告，我们大致测算了当前各个细分行业的人均完成投资额，铁路及城市轨道交通行业平均每人完成8000万元左右投资额的工程量设计，民航、公路行业都是平均每人完成4000万元左右，但是冶金、水运行业平均每人仅完成1600万元左右，电力行业平均每人仅能完成1000万元左右，核工业平均每人只能完成650万元。将人均完成投资额通过设计收费比例转换为人均产值，差异很大，铁路及城市轨道交通行业人均设计产值高达160万元，民航和公路行业在100万元左右，而冶金、水运行业仅50万元左右，电力行业甚至只有30万元左右。从这些数据可以非常明显地看到，行业之间人均投资差异带来了人均经营收入的差异。

预计，未来投资还会增长的领域主要与经济高质量发展相关，土木领域如城市群交通（公路）、水资源与生态环境（水网建设、生态修复、水土保持）、地下管廊（海绵城市）、新基建（智慧城市）等，房建领域如工业建筑、建筑工业化、高端公建等，其他还有城市更新、三大工程、新能源和新型储能等。

未来投资相对平稳的领域包括铁路、城市道桥与轨道交通、公共建筑等，投资预计下降的领域包括火电、煤炭、冶金、有色、低端工业、住宅等。因此，思考并寻找“下行趋势里的上升机会”是每一个企业领导必须面对的重要课题。

2.4.3 区域投资态势

从国内市场看，区域投资与区域经济发展紧密相关，明星市场集中在经济发达地区。攀成德对2023年全国各地区的市场规模和潜力进行了测算(图2-2)，矩阵图所显示出来的情况与行业从业者的直觉判断基本上是一致的。

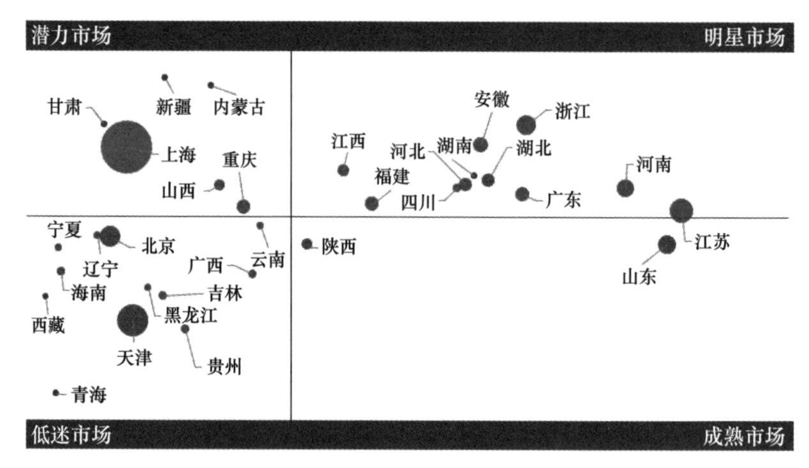

图2-2 全国各地区市场规模与潜力矩阵图

注：横轴为各地区2023年固定资产投资额，纵轴为各地区2018～2023年固定资产投资年均复合增速，圆圈大小表示单位面积的投资额。原点是2023年全国固定资产投资的平均值2.8万亿元、2018～2023年全国固定资产投资年均复合增速3.7%。

数据来源：国家统计局

从区域的角度来看，城市群具有显著的发展优势，五大城市群以47%的人口贡献了60%的GDP（表2-1），资源的集中将带来投资的持续快速增长。

2023年五大城市群发展情况　　表2-1

五大城市群	面积（万 km^2）	GDP（万亿元）	占全国GDP比例	常住人口（亿人）	占全国人口比例
粤港澳大湾区	6	14	11%	0.9	6%
长三角城市群	36	31	24%	2.4	17%
京津冀城市群	22	10	8%	1.1	8%

续表

五大城市群	面积（万 km^2）	GDP（万亿元）	占全国 GDP 比例	常住人口（亿人）	占全国人口比例
长江中游城市群	33	12	10%	1.3	9%
成渝城市群	19	8	7%	1.0	7%
合计	116	75	60%	6.7	47%

数据来源：公开数据。

从国际市场看，我国建筑企业的重点市场不在发达国家，而国际市场本身也存在阶段性的市场热点。未来一段时间，围绕国家“一带一路”倡议、区域全面经济伙伴关系协定（RCEP）和中欧投资协定等带来的机遇，国际市场发展可期。有四大区域值得关注：一是东南亚，紧抓 RCEP 签署的机遇，关注越南、马来西亚、柬埔寨、印尼、新加坡等国家市场；二是非洲，重点关注北非市场，并关注国家在西非、东非、南非重点国别市场的投资方向；三是中东，关注阿联酋、科威特、卡塔尔、沙特等海湾国家市场；四是欧洲，重点关注中国对欧盟的可能投资领域，包括新能源、房地产、数字电子三大投资领域。

3　看市场：寻找规律，拥抱竞争

对企业而言，市场是企业生存的基础。设计企业的市场，既受到经济发展周期的影响，也受到行业发展周期的影响。设计企业要把自身的发展融入经济发展周期和行业发展周期的变化中去。在观察行业总体变化的同时，也需要研究客户需求的变化，在细微的变化中寻找规律，使自身能力、技术投入、资源匹配等与市场变化的节奏吻合，好的吻合能使企业发展事半功倍。这就是本章想跟大家一起探讨的内容。

3.1　总体市场如何变化

3.1.1　市场规模到顶

2000 年以后，我国建筑业的发展进入年增长 20% 的高速发展阶段，这一阶段维持了十余年，直到 2012 年，建筑业总产值的增速进入 20% 以下区间，尤其是 2015 年开始进入个位数增速区间（图 3-1），建筑业总产值的增长“牛市”已经结束。

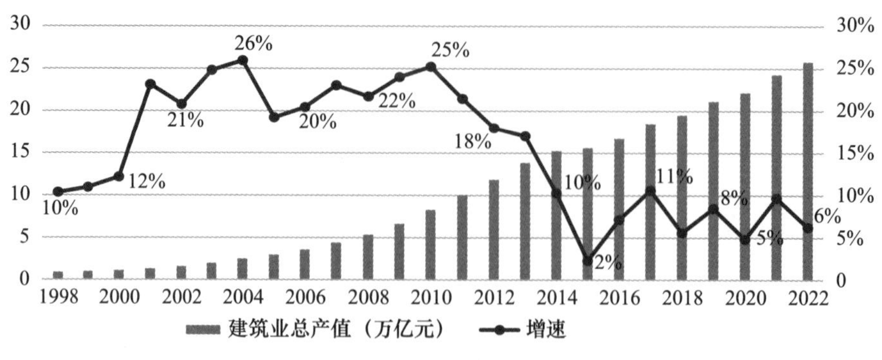

图 3-1　建筑业总产值（万亿元）及增速

数据来源：国家统计局

从数据来看，我国建筑业一直处于增长态势，但是，这个观点显然有点局限，我们不妨从建材用量、行业领域、投资、工程生命周期四个角度来进行分析。

从主要建材用量来看，近几年基本稳定或者下降。比如水泥消耗量最高峰2012年37亿t，2013年骤降至24亿t，之后经过几次波动，这两年慢慢稳定在24亿t；从37亿t到24亿t，下降了近35%（图3-2）。

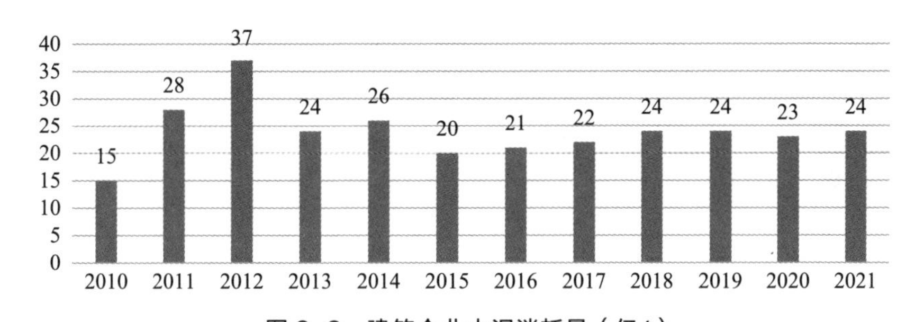

图3-2 建筑企业水泥消耗量（亿t）

数据来源：国家统计局《中国建筑业统计年鉴》

从主要行业领域来看，最大的房屋建筑市场近几年增速放缓。房屋建筑市场占建筑业产值和营业收入超过60%，目前房建市场处于建设高位，并已经开始下降。这里看两个主要指标：一是房屋建筑业的产值，虽然每年都在增长，但增长率其实已经下降到了比较低的水平（图3-3）；二是房屋建筑的新开工面积和竣工面积，近年来新开工面积逐年下滑，竣工面积保持稳定（图3-4）。

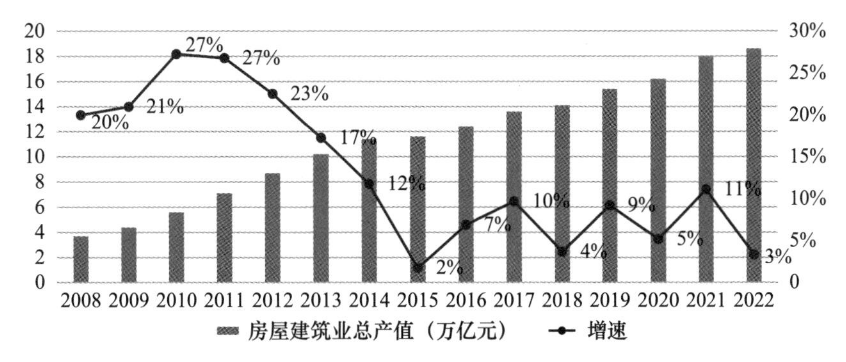

图3-3 房屋建筑业总产值（万亿元）及增速

数据来源：国家统计局《中国建筑业统计年鉴》

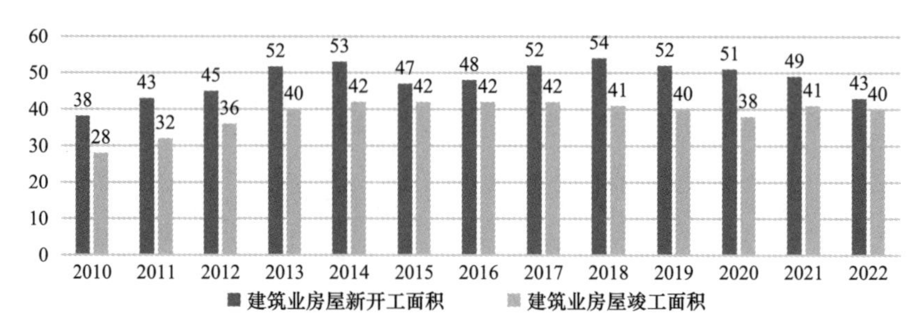

图 3-4　全国建筑业房屋建筑新开工面积、竣工面积（亿 m^2）

数据来源：国家统计局《中国建筑业统计年鉴》

基础设施工程作为主要市场之一，这几年的增速明显回落。基础设施建设市场受国家宏观经济政策和固定资产投资影响大，呈现出波动情况，近几年总体上增速回落（图 3-5）。究其原因，一方面，中国经济正在从高速增长阶段转向高质量发展阶段，固定资产投资在过去高基数的基础上继续保持快速增长的空间和条件有限；另一方面，受地方债务控制、PPP 管制以及金融政策收紧等多重因素的叠加影响，基础设施投资市场观望情绪浓厚，特别是资金方参与动力不足。

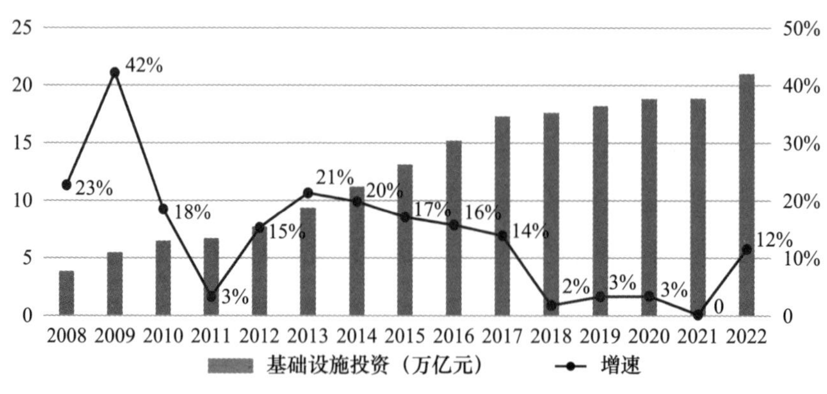

图 3-5　基础设施投资（万亿元）及增速

数据来源：国家统计局

同样作为主要市场的工业工程领域，整体上已经处于负增长阶段，“升级”将逐渐成为主旋律。一方面，传统工业产能过剩、需求减少。重工业的建设如钢铁、水泥、机械，由于这些领域的产能过剩，有的细分行业开工率只有 70%，未来建设空间将越来越小；基础的标准工厂建设基本饱和，而高精尖工业工程逐步成为建设的方向；简单“设计＋施工”的工业工程建设需求不断减少，对工业工程总承包的需求仍然存在。另一方面，新型工业工程业务增长，但建设环节已经不是核心，装备、控制、物联网的投入越来越多，要求越来越高。总体上，我们对工业工程的判断是，产业转型升级将使新型工业企业的核心竞争能力向信息化、装备、物联网、数字化等方向转变，在高端的工业投资中，设备等投资占比会越来越大，工程企业可以获得的建设投资比例将不断下降。

从固定资产投资来看，未来很难有大的增长，且转化为建筑业产值比例差异很大。我国整个城镇固定资产的投资中，制造业、房地产和基建加起来占 75%，其中制造业的投资占固定资产投资的 1/3，房地产和基础设施投资各占 20% 多。而且，这三个领域的投资，对建筑行业的推动也是有差别的，制造业投资除了建厂房，还要买很多装备，大概有 1/3 的投资额转化成了建筑业产值；房地产投资大概 40% 转化为了建筑业产值；基础设施投资的转化比例较高，大概为 50%～55%。这三个领域的投资如何，决定了我国建筑业的未来市场。2023 年，制造业投资增速为 6% 左右，房地产行业为 −10% 左右，基础设施投资增速为 6% 左右，总体看，都很难为建筑业带来较高速度的增长。

从工程生命周期来看，行业也逐步进入存量时代。工程存量规模庞大，2020 年底我国存量建筑约 700 亿 m^2，根据国家规划，2030 年我国城镇化率将达到 70%，城镇人口约 10 亿人，按照发达国家的人均房屋建筑面积 85m^2 进行测算，2030 年底存量建筑约为 850 亿 m^2，2021～2023 每年新增加的建筑面积约 15 亿 m^2。作为对比，当前每年竣工面积约 40 亿 m^2。当然，新增并不是新建总量。800 亿 m^2 建筑，按四十年平均寿命来算，每年需要拆旧建新 20 亿 m^2。因而，相比而言，存量建筑面积越来越庞大，行业开始进入存量时代，随之而来的则是维保市场的兴起。

综上所述，无论是从建材使用量、业务类型、投资，还是从工程生命周期的角度来看，建筑业的大增长时代已经结束了。对于人们都充满希望的基础设施领域，未来也未必是一片光明。

为什么增量时代会结束？我们可以从几个角度来做分析。

首先是“后城镇化时代”到来，城镇化增长进入 1% 时代。1996 年我国城镇化率约 30%，1996 ～ 2010 年是我国城镇化速度增长最快的时期，平均每年增加约 1.4%，到 2010 年城镇化率已经接近 50%，“十二五”开始城镇化增长逐渐放缓，近 10 年平均增加约 1.3%（图 3–6），未来随着农村人口的减少，每年城镇化人口的数量可能进一步下降。北京、上海、广州、深圳、合肥、武汉这样的城市，房价涨上去以后，城镇化的速度也会被抑制，生活成本太高，进城难度加大，速度会进一步下降。

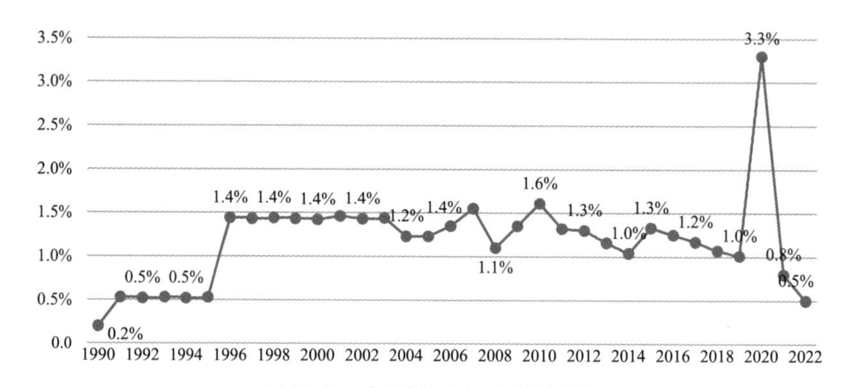

图 3–6　中国城镇化率增长情况

数据来源：中国社科院《城市发展报告》

其次是固定资产投资领域的投资效率和投资回报率持续下降。投资的目的是赚钱，如果投下去不赚钱的话就没有人愿意继续投。研究显示，过去 10 年，我国固定资产的投资回报率在持续下降，因而投资意愿也在不断降低，相应的投资增速不断下降，甚至转为负增长。

最后是市场需求弱于供给。以房屋建筑为例，房屋建筑包括住宅、办公楼、医院、工业建筑等。从城镇住宅存量来看，2020 年末已达到 700 亿 m^2，其中住宅面积约 340 亿 m^2，城镇人口约 9.0 亿人，人均房屋建筑面积约 $80m^2$，人均住宅建筑面积约 $40m^2$，都已基本满足需求，人均住宅面积与发达国家已经比较接近（图 3–7），市场需求减弱，未来供给会迅速回落。

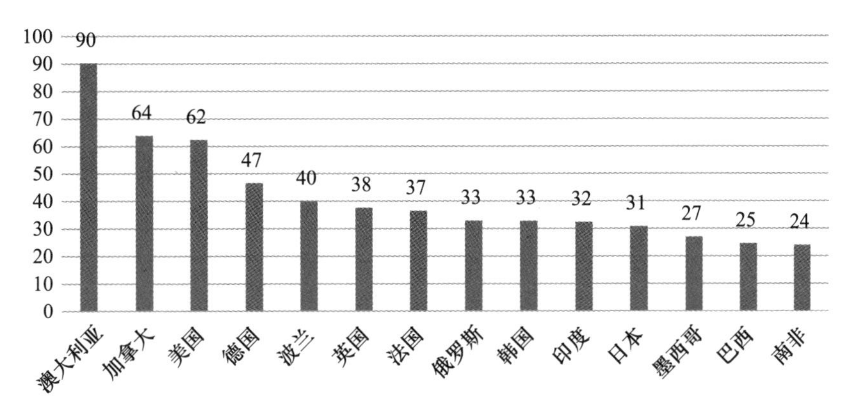

图 3-7 2021 年各国人均住宅面积（m^2）

数据来源：世界银行，国联证券研究所

从未来角度看，工程建设将从重视增量转为重视质量。以城镇住宅为例，2020 年人均住宅面积达到 $40m^2$，已接近发达国家水平。未来的住宅需求，主要是新进城人员和拆旧建新的需求，增量需求降低。质量方面，人均住宅建筑面积 $40m^2$ 的住宅中，拥有地下车位、人车分流、小区花园的“现代化住宅”只占 1/3，人均现代住宅面积约 $13m^2$。同时，住宅在科技含量（如五恒住宅、智能住宅）和设计理念（如城市综合体理念）等方面还在不断进化，未来市场的需求会不断注重品质，大量住宅会因为质量而重建。

行业发展趋势就是企业未来的发展方向，工程建设市场的变化趋势对企业的发展方向和资源布局至关重要。仍以房屋建筑为例，当前是否为房屋建筑市场的顶点？这对以建筑设计为主业的设计企业在未来的战略规划的影响是比较大的，是企业各方面配置资源、进行价值判断很重要的一个假设前提。同时，房屋建筑内在结构的变化、产品质量和品质的要求，对建筑设计理念、人员配置和竞争策略都会产生深远影响；尤其是人员配置方面，人员数量、人员结构和人才需求都会因具体的业务目标、业务结构、产品定位而变化。

3.1.2 市场加速“分化”

建设市场的“分化”既是未来行业发展的特征，也是社会发展到一定阶段和社会进步的必然，分化不是坏事，面对市场的“分化”需要有正常的心态，而应对“分化”的市场，则是企业与时俱进的体现。那么大建筑业又是如何“分化”的呢？

首先是细分建设市场正在加速“分化”。细分市场发展的差异与细分行业投资态势的差异基本一致。公路、水资源与生态环境的投资还在增长；城市道路桥梁、铁路的投资基本平稳；房屋建筑市场不再增长，稳中缓降是大趋势；电力（特别是火电）、港口、航道、矿山、化工、机械等细分市场的投资开始快速下降，市场也会随之急剧下行，且难以见到反弹的可能，去产能领域的新建需求不会再有太多空间，除了改造和维保的需求。

其次是企业走向分化。由于行业壁垒和技术壁垒的存在，不同细分行业间的企业出现分化，这方面的分化既与细分市场的分化相关，也与企业的竞争力相关。行业造成的分化，企业体会很深；而在行业内的竞争分层，以及不同企业因竞争能力不同而造成的分化，在未来的市场里会越来越明显。在行业增速下降时，大型企业会侵蚀中小企业的市场，大型企业仍能保持增长，但中小企业的发展会陷于停滞，甚至会发生业务萎缩。行业内大型企业和中小企业之间的总体格局会出现龙头效应和马太效应。龙头效应是大型企业获得更好的发展机遇；马太效应是优秀企业越来越强，落后企业越来越差。

以优秀企业和落后企业的分化为例，优秀企业和落后企业的竞争格局慢慢开始固化。重视能力建设的企业，会关注发展、注重规划，重视人才和技术水平，重视基础的管理提升和机制优化，努力提升企业的活力和竞争力。这些企业在多年的坚持中，正向效应不断加强，并逐步成长为优秀企业。显然，优秀企业是长期进步的正累积，落后企业则是长期能力停滞的负累积，只是累积的速度和特点不一样。在设计这个传统行业，一般很难出现突破性的剧变，数字化转型、智能制造的升级都需要时间和艰苦的实践，但时间越长，越能看到优秀企业和普通企业竞争格局的固化。

最后是竞争态势逐渐分化。在普遍增长时代，大中小型企业之间存在明显的错层，大家都有自己的生存空间，正面竞争大致可以避免。而随着业务复杂程度加大，企业间实力分化，大中小型企业之间的业务也会进一步分化，大型企业占据高端业务，与中小企业之间慢慢形成了一定的错位竞争。我们预计，大型企业和中小企业之间会逐步形成总分包关系，在某些设计行业，已经出现了一些案例，大型设计企业做高端和总包，把事务性的施工图分包给中小设计企业，既有利于大型设计企业承担更多的任务，做好高难度的工作，也给了中小企业生存的机会，新的行业生态正在逐步形成之中。

3.1.3 市场新趋势

工程建设市场价值链环节融合的趋势在加快。工程建设价值链融合，首先出现在工业工程领域，EPC 工程总承包和全过程工程咨询已有三十多年的实践。近十年来，土木领域、房建领域也都出现了明显的设计施工融合的趋势，在具体业务模式上，既有工程总承包模式，也开始出现全过程咨询模式。同时，部分业主的需求更丰富，希望工程企业在建设阶段之外，再提供建设前的规划咨询、项目策划和建设后的运营、运维服务，希望工程企业提供工程全生命周期的专业服务。

工程建设市场多专业、多领域融合趋势明显。城市更新、片区开发、综合体等业务比例越来越大，工程复杂化趋势明显，要求融合多个专业领域才能做好服务。同时，随着科技发展，绿色环保、数字化、智能化、物联网等技术在工程中的应用已经比较明显，以工程建设为核心，横跨多种新技术、新设备、新网络多个软硬件领域的融合趋势在丰富和加强。未来，随着数字时代万物互联的深入，随着更多智慧工程和智慧城市的建设，多专业、多领域的融合趋势还将持续。

工程建设品质和科技应用提升趋势明显。过去的工程建设相对单纯，单一的路桥、单一的建筑，质量要求也相对明确；现在和未来的工程则会出现新的要求，从文化、功能、技术、环保等各方面都有迭代和升级，工程品质已不再单纯表现为过去的硬工程质量，还在于场景体验的软工程质量。

从上述三类需求的趋势性变化，可以看到建筑业的部分痛点以及企业能力上的部分不足：设计与施工分离带来的工程浪费和工作质量不高，工程复杂化与行业资源碎片化之间的矛盾，行业效率和企业效率不高等问题长期存在。

从能力上看，设计行业的主体企业依然是国有企业，由于体制和机制的约束，大型设计企业的活力不足、效率不高，最终都会影响企业的能力提升。

从设计企业与施工企业的竞合关系上看，设计和施工是前后端的关系，共同服务业主，共同接受业主的管理。但随着工程复杂化、工程品质提升和科技应用的要求，作为非专业方的业主，更需要工程企业发挥专业智囊的作用。由于过去长期积累的资源、能力存在显著差异，要做好工程，设计企业和施工企业都存在能力不足，未来的业务关系到底是竞争还是竞合？如何从竞争走向竞合？设计企业需要有更多的思考，采取更主动的态度，并由此成为推动竞合和行业进步的动力。

现实的状态如何？工业工程领域的业务分工基本合理，也达到了成熟状态，未来设计企业和施工企业之间的业务格局基本不会有明显的变化。土木和房建工程领域的业务分工还存在不够合理的方面，部分工程的施工图设计业务如果和施工环节合并，可以做到既不损害工程本身的品质和质量，同时又可以适当降低工程造价，尤其是住宅这类常规工程、“标准化”工程，设计企业负责方案设计和初步设计，施工企业负责施工图设计和施工（DB 工程总承包），这在发达国家是常见的做法。另外，部分复杂工程或重点工程，设计企业提供到施工阶段的延伸服务，如开展项目管理、工程总承包等，理论上可以更好地保障工程品质和质量，更好地实现设计意图，设计企业也可以在施工建设环节扩大自己的业务范围。

3.1.4 行业新高度

2023 年，设计行业总收入 9.4 万亿元，从业总人数 483 万人，人均营收 195 万元。2012 年，设计行业总收入 1.6 万亿元，从业总人数 212 万人，人均营收 76 万元。近十年来，行业收入年均复合增长率 19%，人均营收年均复合增长率 9%。

2023 年设计行业收入中，工程勘察收入 1086 亿元，工程设计收入 5641 亿元，工程总承包收入 4.5 万亿元，其他工程咨询业务收入 1071 亿元。2012 年设计行业收入中，设计业务营业收入 2715 亿元，工程咨询（含前期咨询、招标代理、造价咨询等）业务收入 362 亿元，工程总承包业务收入 1 万亿元。

从近十年的数据可以看到行业的进步，但也能看到一些问题，我们更需要通过数据来思考行业未来的前景。

问题在于，在行业条块分割的历史下，设计企业能力相对单一，对工程建设掌握不够，尤其是工程施工、工程运营两个阶段和造价成本、分包分供商资源两个方面。设计企业在行业中的地位不断下降，设计企业不但面对同行的竞争，也面对来自施工企业的竞争，在行业需求发生变化的情况下，有可能发展为行业资源整合者，但也可能面临被整合的风险。

工程企业之间的竞争，根本上是人力资源的竞争。由于施工企业的技术型人力资源显著弱于设计企业，且自身业务性质也在限制人才的专业发展和能力积累，未来高端的专业性业务大概率还是归属于设计企业，设计企业可以凭借高端业务完成业务的转型升级，并提升收费标准。对此，设计企业应该看到这个基本格局，找准自己的定位，持续地积累、提升专业能力，不断调整资源布局。

面向未来，设计企业也不必太悲观。我们可以畅想一下未来大建筑业的蓝图和竞争格局。有一批专业的设计企业，作为工程专业服务领域的资源整合者，提供工程建设方面多专业多领域的专业智囊服务、全过程工程咨询服务、全生命周期咨询服务等。也有一批优秀的施工企业，作为工程建设领域的资源整合者，提供工程建设方面的设计工程总承包、施工总承包、运营维保等服务。还有少量的投建运一体化企业，作为工程全生命周期服务的整合者，提供管理型的工程投资、建设、运营等服务。在这样的行业大生态下，设计行业的生态也相对清晰，大型设计企业发展为整体服务者和资源整合者，中小设计企业聚焦专业服务领域，为领域内业主或大型设计企业提供服务。

3.2 区域市场探秘

中国是一个大国，大国不仅在于区域大，更在于区域的差异大，所以，我们试图从区域和城市群的角度来探讨我国的建设市场。

3.2.1 七大区域市场

按传统区域划分，市场可以划分为七大区域市场：华东、华北、华中、华南、西南、西北、东北。七大区域的经济、人口、人均GDP、投资量和设计行业都存在显著的差异。

华东地区是我国省、区、市最多，综合技术水平最高，经济文化最发达的地区，不仅拥有我国最大、最发达的城市上海，还有全国GDP排名第二、第三、第四的江苏省、山东省、浙江省。2019年，华东地区GDP总量38万亿元，约占全国的40%，人口4亿人，约占全国总人口的30%，人均GDP高达9万元，比排名第二高的华南地区高1.3万元。无论是GDP总量、固定资产投资额总量还是增长态势，华东地区都独占鳌头，不可撼动。我国有1/3的设计企业集中在华东地区，企业数量的增速也是最快的，从2010年的4800多家增至2019年的8000家，从业人员228万人，占行业从业人员总数的50%。2019年华东地区设计行业营业收入2.5万亿元，新签合同额也达到2.2万亿元。

华北地区是我国北部最有活力的经济体，有首都北京市、直辖市天津市。2019年，该地区1.8亿人的常住人口创造了12万亿元的GDP。近十年来，华北地区的人口增速一直疲软，在2017年，固定资产投资额也出现断崖式下跌，由于缺少固定资产投资的支持，如今已从全国规模第二经济体的位置滑落至第四，被华南和华中地区后来居上。目前，区域内设计企业数量在3400家左右，从业人员60万人。2019年设计行业规模跨入万亿元门槛，营业收入和新签合同额均达到1.3万亿元。华北地区和华东地区占据了全国设计行业市场的半壁江山。

华中地区有武汉、郑州两个国家中心城市，历史底蕴深厚，矿产资源丰富，水陆交通便利，是中国工农业的心脏与交通枢纽。2019年，共有常住人口2.2亿人，实现GDP总量14万亿元，是经济规模与人口规模第二大的地区，尤其是其固定资产投资额，十年里增长了近4倍，是增长幅度最大的地区。区域内设计企业数量在3000家左右，从业人员44万人。2019年华中地区设计行业营业收入和新签合同额分别为8500亿元、6000亿元，这一规模跟华南地区规模相当，但是华中地区的后劲更足，早期落后于华南地区，2017 年开始超过华南地区。

华南地区拥有毗邻港澳和东南亚的地理优势，乘着改革开放的东风，成为中国特色社会主义经济理论的成功实践者。过去十年里，华南地区的 GDP 一直与华中地区齐头并进，虽然固定资产投资额不及华中地区那样强健，但人均产值明显高于华中地区。更引人注目的是其人口增速，自 2013 年以来一路稳步攀升，而其他地区多处于波动状态。区域内设计企业数量在 2300 家左右，从业人员 63 万人。2019 年，华南地区设计行业营业收入 8300 亿元左右、新签合同额 5800 亿元左右，总体与华中地区相当。

西南地区是中国西部大开发战略的重要区域，也是有色金属工业发展的腹地。在西部大开发战略实施二十年里，它的发展高歌猛进。重庆、四川、云南和贵州 GDP 高速增长，地区 GDP 在全国占比也从 2010 年的 8.5% 增长到 2019 年的 11.3%；虽然 GDP 不及华北、华南和华中地区，但固定资产投资额已超过华北地区，位列全国第三；加上每年 0.5% 的稳定人口增速，可以预见，西南经济的发展有足够的动力持续下去。区域内设计企业数量在 2800 家左右，从业人员 34 万人。2019 年，西南地区设计行业营业收入和新签合同额分别为 4000 亿元、4200 亿元。

西北地区深居内陆，海拔较高，气候干旱，覆盖着广袤的沙漠与戈壁滩，并不是人类居住生活的理想环境，但却带来了丰富的特色农业、特色矿产与旅游资源。西北地区的地理面积最大，占全国的 45%，但由于生态环境脆弱、基础设施落后，这里的人口数量和经济体量很小。2019 年，该地区 1 亿人的常住人口创造了全国 6% 的 GDP 产值（5.5 万亿元），过去十年，西北地区的经济发展一直处于落后水平，虽然没有明显的人口流出。区域内设计企业数量仅 1800 多家，从业人员 21 万人，仅占全国的 4.5%。2019 年西北地区设计行业营业收入和新签合同额均未突破 3000 亿元。

东北地区位于我国最北部，依靠俄罗斯边境的丰富资源和日本遗留下的先进工业模式，曾有明显的经济优势。新中国成立初期，拥有全国 15%、约 1.2 亿的人口，但人口持续流失，自 2014 年以来，已经连续五年出现负增长，如今 1 亿左右的人口数仅占全国的7%，东北地区的经济也随之进入寒冬。近五年，无论是固定资产投资还是GDP总量连续跌入“滑铁卢”，2019年，东北三省实现GDP总量5万亿元，甚至低于2015年的5.8万亿元。设计企业数量仅1700余家，从业人员12万人，是七大区域中最少的，仅占全国的3%。2019年东北地区设计行业营业收入和新签合同额均未突破1000亿元。

总体而言，华东地区设计行业的发展水平最高，在企业数量、从业人员、新签合同额、营业收入和利润总额等多方面都处于领先位置，华北地区紧随其后。华中、华南和西南地区发展相对平稳，而西北和东北地区比较落后。行业的发展与当地经济、人口和固定投资的情况都密不可分。无论是GDP、固定资产投资额还是人口基数，华东地区都占据明显的优势，不仅设计行业，其他行业的发展也水涨船高，而西北和东北地区的总体经济发展较为滞后，很大程度上抑制了各行各业尤其是设计这类重知识、重技术行业的发展（图3-8）。

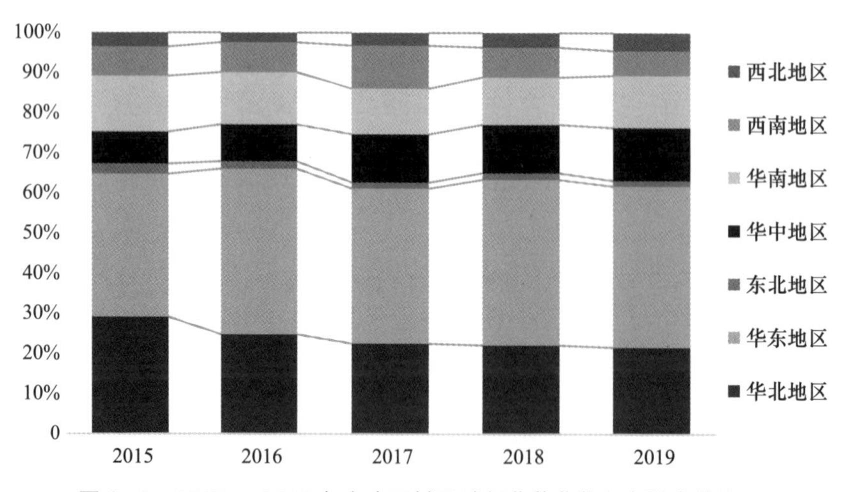

图3-8　2015～2019年七大区域设计行业营业收入占比变化情况

3.2.2　19大城市群市场

按“十四五”规划，国内19大城市群为：长三角城市群、珠三角城市群、京津冀城市群、山东半岛城市群、粤闽浙沿海城市群、哈长城市群、辽中南城市群、中原城市群、长江中游城市群、成渝城市群、关中平原城市群、北部湾城市群、山西中部城市群、呼包鄂榆城市群、黔中城市群、滇中城市群、兰州－西宁城市群、宁夏沿黄城市群和天山北坡城市群。相比七大区域，19 大城市群之间的差异与特色更为鲜明。19 大城市群覆盖了全国 257 座城市、75% 的人口，创造了全国 85% 的 GDP 产值，也面临着不同的问题和挑战。

通过 19 大城市群的常住人口、总人口占比、GDP、GDP 贡献率、人均 GDP、城镇化率等关键数据对比，按区域成熟度、区域发展潜力两个指标，评估 19 大城市群所处的发展阶段和发展现状，可以大致分为明星、成熟、潜力、低迷四类市场（图 3-9）。

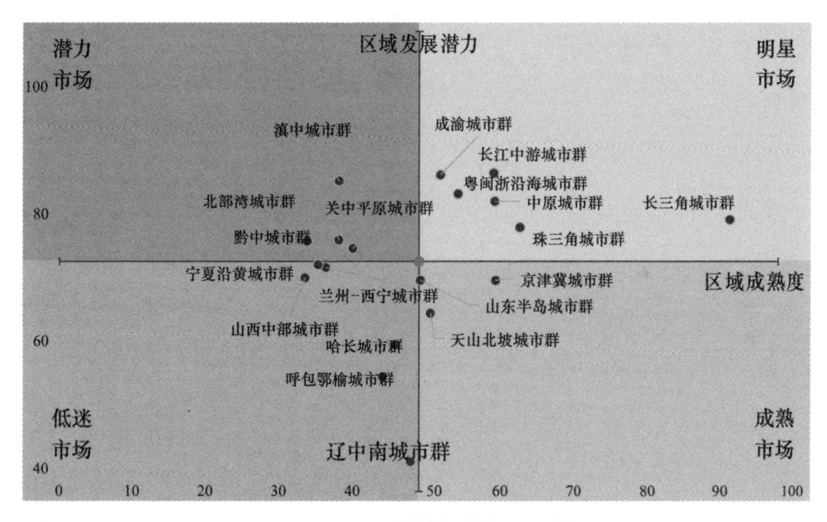

图 3-9　19 大城市群发展评估

设计企业的分布、业务的拓展都是紧密围绕城市群的，行业市场的集中度很高，80% 的市场集中在长三角、京津冀、长江中游和珠三角城市群，尤其是长三角和京津冀城市群。2019 年两个区域营业收入分别达到 1.8 万亿元、1.3 万亿元，聚集了全国超过 30% 的企业和 40% 的从业人员，大型设计企业更是集中分布在大型城市群，目前全国 92 家综合甲级企业中，有 55% 左右分布在长三角和京津冀地区。

3.2.3 粤港澳大湾区新机遇

粤港澳大湾区占地5.6万km^2，常住人口约8700万人，2023年实现GDP约13.8万亿元，与我国两大先锋城市群长三角和京津冀城市群相比，粤港澳大湾区的面积仅有它们的1/4，但人均GDP与地均GDP产值却名列前茅。粤港澳大湾区的崛起绝非偶然，实属必然，因为9个成员城市，各具特色、产业分工明确、城市功能多样且互补。随着城镇化进程加速、人口持续增加、区域一体化发展和产业一体化升级，粤港澳大湾区将给设计企业带来无限可能。

粤港澳大湾区未来的工程建设市场预计将保持相对较快、较持续的增长。2023年该地区常住人口约8700万人，从人口预测来看，预计到2030年，常住人口将达1亿人，净增约15%。庞大的人口增长预示着将会产生庞大的工程建设市场需求。

人口的快速增长将带来大量建筑设计市场的需求，城市群建设阶段对建筑设计的需求有两大特点：第一是需求多样性，包括新建房屋建筑（如商品房、保障房、长租房），存量市场更新（如城市更新、现有建筑改造），美丽乡村和新农村建设，一体化发展平台、企业总部建设等。第二是技术创新将为建筑设计市场带来新的机遇，粤港澳大湾区是全国高新科技的摇篮，该地区的设计企业也将成为建筑信息模型（BIM）技术、装配式技术、互联网技术、大数据／人工智能技术、绿色节能建筑、智慧城市建造等的开拓者。

城市群的发展也会带来大量交通基础设施建设的市场需求，一方面来自人口的增量，另一方面来自城市间的互联互通，将会是粤港澳大湾区建设的重要载体和主要内容。近年来大湾区不断加快交通基础设施建设，给土木设计企业带来发展机遇。

制造工业也是粤港澳大湾区经济社会发展的重要支撑，大湾区的工业制造业种类丰富，生物制药、电子信息、化工石化、冶金建材产业和汽车制造尤为强劲，更有佛山、东莞等典型的以电子制造为主导的工业城市，这些都是专业工程设计领域的业务来源。大湾区未来的工业工程将会有两个新需求：产业重新布局带来的建设需求、工业升级带来的高端工业工程建设需求。

同时，粤港澳大湾区走在国内城市群的前列，从行业前沿来看，会呈现出三大领先性的特点，即：新领域建设、新技术应用、新模式尝试。新领域方面，随着粤港澳大湾区的发展和城市发展的成熟，新型城镇化的新需求也会集中出现，如生态治理投入加大，城市更新加快，保障性住房建设，大数据、通信、物联网、人工智能、新能源等新领域建设，片区开发、TOD投资等产城融合建设等等。此外，由于城市定位和经济、产业布局的调整，对房屋建筑、工业工程以及基础设施建设都有新增需求。新技术应用方面，BIM技术、物联网技术、人工智能技术、绿色环保技术等，会在各个工程领域得到广泛的应用。新模式方面，符合市场化方向、符合工程建设特点、符合未来发展方向的新模式都会被尝试，包括新的融资模式、建设模式、运营管理模式、特许经营模式等。这三大领先性特点，既是市场机遇，也是设计企业获取未来竞争优势的契机。

3.3 从井田规则到丛林法则会成为现实吗

过去的21个资质以及投资、政府机构的条线式管理，使设计行业形成了条块化分割市场；改革开放以来，工程建设市场快速发展，各个行业、区域市场都在发展，各个设计企业在自己的市场内发展，行业竞争格局没有大的变化。随着行业、区域市场之间出现分化，部分企业不得不跨行业、跨区域拓展，条块分割的市场开始出现变化，这个变化在过去几年演绎得全面而充分，未来这一趋势还将更为明显，设计行业也将在这一趋势推动下，逐步过渡到成熟状态，设计行业的井田规则将逐步被丛林法则取代，并最终演变为相关领域内寡头竞争的局面。

3.3.1 细分市场竞争加剧

对主要的细分市场，正如我们前面的判断，有的市场未来波动会加大，有的市场在新规划、新政策出台后将在高位维持一段时间，有的市场因为基础量大而整体相对稳定。但随着增长的压力和竞争的加剧，细分市场之间的渗透会持续，设计行业内竞争的丛林法则将愈加明显。

设计企业已充分感受到了细分行业投资波动的加剧，为了获得持续发展，纷纷转型进入新的赛道。例如，原来的铁路设计企业转型设计公路，公路、市政设计企业开始设计房屋建筑，各类设计企业在新能源、储能、生态环保等方面都有着超乎想象的热情，大家都在寻找新的赛道、进入新的赛道。这样的情况，将打破原来设计行业“画地为牢”的局面，“井田制”的行业规则正在瓦解，设计行业正逐步走向充分竞争的“丛林法则”。

设计企业普遍感受到市场的变化和竞争压力的增大。压力增大的原因有三个：一是横向之间院与院的竞争在加大。二是从纵向来看，施工企业在施工图设计业务，甚至整体的设计业务上，对设计企业形成了竞争压力，压缩了设计企业的业务空间。三是从业主方来看，由于自身能力不够、资金实力有限等原因，业主方现在不太愿意直接跟设计企业谈合作；房建领域以开发商业务为主体，而大型开发商往往具备非常强大的工程建设管理能力，他们在设计咨询方面的能力往往高于大部分建筑设计企业，尤其是高于中小设计企业，他们强势而专业，对设计企业的压力越来越大。

3.3.2 行业壁垒如何

设计行业是少数市场化程度较低的行业，究其原因在于种种壁垒，如资质壁垒、区域壁垒、投资主体壁垒、技术壁垒、价值链壁垒、资源壁垒、客户价值壁垒等，这些壁垒中，技术壁垒、客户价值壁垒是促进行业发展的良性壁垒，其他的多数都是阻碍行业发展的壁垒，尤其是行政类的壁垒对行业的发展最为不利。

一看资质壁垒，建筑施工行业和设计行业，对企业的资质都有比较明确的要求，无相应资质或超越资质范围是承揽不到项目的，这就是资质壁垒。大土木领域的大型设计企业，为了实现业务领域的拓展和转型，纷纷申请综合甲级设计资质，这一现象在垄断性细分领域未能进入主赛道的设计企业表现得更为明显。2020 年 3 月 1 日起实施的《房屋建筑和市政基础设施项目工程总承包管理办法》，明确了我国工程总承包设计和施工“双资质”制度，只有具备“双资质”才能承接工程总承包项目，所以大型设计企业纷纷在申请施工资质。

二看区域壁垒，设计行业区域壁垒体现最明显的细分行业是规划、市政、水利、公路等基础设施领域，在这些细分领域内，竞争主体多是地方企业。在建筑、工业工程领域，区域壁垒相对较小，市场化竞争相对充分。区域壁垒主要与业主有关，地方政府业主会带来一定程度的区域壁垒。

三看投资主体壁垒，投资主体是指从事投资活动的法人或自然人，包括中央政府投资主体、地方政府投资主体、企业投资主体、个人投资主体等。基础设施建设领域常见的大型投资主体是各省/市的地方政府投资平台（如城投、交投、能投、铁投等）、大型央企和地方国有企业；房建领域的投资主体通常是大型地产开发企业；工业领域的投资主体则是生产制造型企业。与区域壁垒类似，投资主体壁垒往往也就是业主壁垒，主要存在于政府业主领域。

四看技术壁垒，技术壁垒指某些企业通过掌握其他企业没有的技术、资料，从而获得某个领域业务的垄断地位。例如，中交一公院由于掌握了冻土技术，独立承包青藏公路，并建立了寒区道路工程国际标准体系，“一带一路”沿线的铁路、公路，以及基于公路修建的石油管道、天然气管道等涉及冻土的领域均由他们负责。很多省市一级设计企业，依靠过去在当地服务的经验和资料，以及对属地市场的熟悉掌握，也形成了准技术壁垒。这是中小设计企业过去积累的优势，也是未来业务经营策略的一个优选思路。

需要说明的是，传统的、区域的技术壁垒有历史累积的原因，未来更多的技术优势，将源自设计企业自身的研发投入，技术壁垒是一种正当的、市场经济鼓励的竞争方式。设计企业在技术研发方面，要敢于投入、敢于拉开差距，一旦看准方向要坚定地往前走，长期坚持不懈地努力才更有可能在技术方面形成竞争优势。攀成德多年前曾经服务过一家西部地区的设计企业，当时这个设计企业才有100多人，就已经设立了一个20多人的BIM设计所专门从事BIM技术的引进、吸收和工程应用，长期的坚持获得了良好的效果，今天，这个设计企业在区域内已经是BIM技术一流的设计机构，并在一些标志性项目上击败了当地的央企大院，形成了自身的特色品牌。

五看价值链壁垒，价值链壁垒是指在某些特殊领域，企业由于介入价值链前端（勘探、规划环节）形成的优势，由此带来价值链后端的某个环节上（方案设计、施工图设计）具有垄断优势，其他设计企业很难进入。例如，中电建成都院自1950年即承担着西南地区水力发电的使命，完成了100多条大中型河流水力资源普查、复查任务，普查的水能资源占全国的54%，积累了大量的地质水文资料，他们在承接西南地区的项目上就具有很大的优势。

六看资源壁垒，资源壁垒指基于人脉、政府利益关系形成的垄断。在交通设计领域，人脉资源壁垒更加明显，一般来说，省交通设计企业的领导班子和省交通厅的领导班子可能存在一定的工作调动关系，省交通设计企业的院长常常会调任至省交通厅任职。

七看客户价值壁垒，设计行业内的某些企业，由于服务好、客户满意、工程设计的综合质量高，对其他企业进入形成价值型垄断。只有那些能真正解决用户问题的企业才能够存活，并在发展的过程中构建起价值壁垒，保持长盛不衰。

细分行业之间、区域之间存在的以上种种壁垒，对设计行业和大型设计企业自身的发展到底是好还是不好？一方面，由于行业的分割，大型设计企业之间很难进入彼此的行业，给垄断竞争的细分行业设计企业筑起了保护的高墙，这些企业不需要有很强的经营能力、管理能力，甚至技术能力，也能实现人均产值超100万元，也能达到人均三四十万元的净利润，也能让他们的银行账户上趴着100多亿元的现金存款。但是，他们的外部市场竞争力和内部管理的市场化程度都很低，因此一直在事业单位管理和完全市场化竞争管理模式中摇摆，未来随着行业发展步入成熟期，市场化终究会成为推动企业战略转型的核心力量。

从企业间竞争的角度来看，上述各种壁垒对大中小型设计企业的利弊并不均等。对大型设计企业来说，各种壁垒利弊均有，总体上弊大于利，阻碍了大型设计企业的业务拓展，但对中小设计企业而言，往往是利大于弊，壁垒于实力较小的企业而言往往意味着是一把保护伞。换个角度来说，各种壁垒对优秀企业是弊大于利，对落后企业是利大于弊。未来，随着各种壁垒被削弱，甚至被完全打破，大型企业、优秀企业的业务份额会扩大，市场会清出一部分低效的落后企业。

3.3.3 探寻壁垒原因

与产业链上下游的行业相比，我国设计行业壁垒高、市场化程度相对较低，主要源于以下八类原因（表 3-1）。

设计行业壁垒形成的八大原因　　表 3-1

原因	具体内容
政策原因	资质管理严格而又混乱，条块分割，行业利益分割，阻碍竞争
市场原因	细分市场分割且固化，形成市场的自然垄断，竞争在短期难以突破市场的隔膜
模式原因	工程项目的价值链长，服务复杂且建设周期长，服务内容涉及的范围广，一个环节的优势很难塑造整体的竞争优势，容易形成模式的壁垒
技术原因	细分市场的技术专业性强，项目的基础资料、信息需求多，资料和信息隔膜，形成技术垄断
资源原因	工程技术的资源（技术体系、专利、人员）流动性差，局部资源的流动难以形成气候，整体资源的流动靠兼并，容易形成资源壁垒
历史原因	历史惯性，大多数是事业单位出身，事业单位思维、身份情结重，忽视成本管理，分配机制传统，人际关系复杂
人才原因	行业技术人员和组织能力成长周期长；大多数工程技术组织能力更新速度慢，思想相对保守，对新进入者形成组织能力壁垒
机制原因	部分大型集团内部的设计企业，行业设计完全封闭，设计企业虽然看起来是利润中心，实则类似于成本中心；独立的设计企业由于行业相对垄断，利润丰厚，支付能力不存在问题，在分配机制上也偏于保守，较难出现奋斗者，更难做到以奋斗者为本

人为割裂产业链、多部门多层级混乱管理、行业资质壁垒和地区保护垄断等体制机制因素，设计行业逐步形成了“大行业小公司”的竞争格局，导致整个行业规模不经济，综合竞争能力较差。原有的机制也暴露出一些明显的弊病：一是高度集中的计划体制，抑制了设计企业和员工的工作积极性，阻碍了设计能力的提升；二是设计企业分属各地区和部门，缺乏自主权和开发工作新局面的主动性；三是设计企业职能单一，设计与科研、生产与施工相脱节，只对图纸负责，不能对整个工程负责，难以发挥设计的主导作用；四是长期处于封闭状

态，不能及时获得信息，难以吸收国外的先进技术，致使设计水平长期处于落后状态。目前，设计行业仍呈现出多头管理的局面，影响着整个行业的良性发展。总之，受到行业隔断、产业链割裂、地区保护等多种因素的叠加影响，设计行业整体较为分散，龙头集中度低，政府管理上如果没有大的调整，行业的竞争格局很难发生根本性的改变。

3.3.4 打破行业壁垒

设计行业内的部分壁垒有其合理性，如技术壁垒、客户壁垒等，因而会常态存在；但也有些壁垒是阻碍行业发展的，如区域壁垒、资质壁垒等。从国家政策导向、设计行业自身特点、企业竞争趋势来看，未来各种壁垒都会弱化，部分不合理的壁垒会趋于消失。

打破行业壁垒，建设主管部门增设综合甲级资质并取消部分专业资质，目的在于打破行业壁垒，在新的资质条件下，设计企业可以跨行业、跨领域承接任务，大大降低了资质造成的行业壁垒。综合甲级资质打破了细分行业的资质进入壁垒，促进部分设计企业从单个行业龙头走向多个细分行业，逐步加剧细分行业的竞争，打破原有行业垄断竞争格局，并可能形成类似 AECOM 这样的多专业、大规模、全国性的综合龙头企业，同时推动行业人力资源的市场化程度提升。

打破区域壁垒，部分设计企业通过母集团在业务、资源、投资等方面的支持，基于既有的技术和团队优势，逐步从区域龙头开始转向全国布局，逐步实现业务的全国化，并推动不同区域建设思维、建设能力、建设品质的均衡，帮助中西部地区城镇投资实现品质提升。与区域壁垒紧密相关的三方：地方行业协会、地方主管部门（如建委）、技术专家（尤其是评标专家、方案评审专家），事实上他们也都欢迎区域内的充分市场竞争，企业完全可以做通他们的工作。区域壁垒被打破，在建筑设计行业、市政设计行业，都显示出明显迹象，建筑设计行业区域壁垒打破的主要动力源自上游房地产企业的全国性拓展，已有大型建筑设计企业在全国 20 多个省级区域布局，且能做到业务稳定、团队稳定；而土木工程设计企业，可以通过母集团、技术优势、投资等，不断进入新区域，立稳脚跟、获得客户认可，打破既有设计市场的服务格局。

打破价值链壁垒，在其他章节已有描述，不再赘述。

打破市场分层壁垒，过去21个行业的大多数龙头都是国有体制或者国有控股企业，各个细分行业的分布态势是：国有设计企业居高端，民营企业居中端或者低端，国际公司得到部分顶尖项目的方案设计，各个细分行业呈现局部和不均衡的竞争，行业竞争态势基本凝固。但时间是最好的老师，建筑领域已经出现5000人以上的民营企业，交通领域已经出现60亿元以上营业收入的企业，机制的优势让这些民营企业获得良好的发展，同时，他们慢慢成为激活行业的“鲶鱼”，机制优势成为捅破行业竞争壁垒的利器之一。而部分观念领先的大型设计集团，在发展模式上率先试水，从设计咨询模式向工程总承包、全过程咨询，甚至投资运营领域转型，客户的价值、业务的成功、规模的发展、员工的认可、上级的肯定，形成多方共赢的局面，坚定了他们前行的信念，而这些典范企业通过模式的创新，也解放了设计企业只做设计的另一市场壁垒。

打破发展理念壁垒，有人说，设计行业缺乏血雨腥风的市场竞争洗礼，比家电、汽车等领域的市场化程度低很多，虽然这话未必全对，但也值得行业人士去思考。在整个行业的企业发展理念随波逐流时，我们看到部分率先改制、改革、进入资本市场的设计企业依然获得了超速发展，这些活跃的设计企业挑起了细分行业的竞争，改变了细分行业的竞争态势，影响了整个行业的心态。未来的竞争还会不断加剧，大多数细分行业的既有平衡会被打破。事实上，部分设计企业态度坚定地放弃沿用数十年的“研究院”名称，坚定地走向资本市场（截至2024年5月设计行业已有54家上市公司），显示出设计企业领导者发展的雄心、发展理念的突破，预示着只要各种壁垒逐步松动，一场腥风血雨的竞争将逐步到来，施工环节激烈竞争的今天，就是设计环节的明天。

打破人才流动壁垒，尽管在建筑设计领域，人才流动已经比较常见，展示出相当的市场活力，但是从设计行业的整体来看，尤其是在大型项目的设计中，人才和技术高度密集，群体工作、专业技术壁垒等限制了个人的价值，使人才流动困难，未来，大型设计企业的区域拓展有可能打开人才市场的竞争壁垒。

总体上，我们认为壁垒存在对行业发展没有好处，而打破壁垒，对行业发展有利，也是优秀设计企业和优秀行业人士体现价值的好机会。没有竞争，就不会有行业进步；没有竞争，就不会有优秀企业胜出；没有竞争，优秀人才就不会得到良好的价值回报。

我们用 3 章的篇幅与您一起来透视行业，希望能够看到这个行业的过往，更希望能够审视这个行业的未来，尤其希望能够看到最新的变化；无论是历史还是未来，设计行业的发展都和国家经济发展阶段、人们生活理念、区域经济发展、政策导向等因素紧密相关。

我们认为，行业正在发生立体式的变化，面对变化，设计企业既要研究市场、客户、政策，也要研究行业竞争态势；在各种变化中，寻找变化的方向、规律、节奏，再基于自身能力和外部机会，顺势而为。相比高科技和互联网行业，大建筑业外部环境的变化相对缓慢，可以找到相对可循的规律，能给那些善于研究、思考的企业领导者带来充裕的提前量，这是我们透视行业的价值所在。

没有企业的时代，只有时代的企业。我们认为，时代变化不会改变设计行业的技术服务属性，但市场需求将更加多样化、复杂化，这既给不同行业、不同定位的设计企业更多的发展机会，也对大家在战略管理、组织变革、能力建设等诸多方面提出了更大的挑战。

第2篇

透视战略：因势利导，经营为先

松下幸之助先生早年有过很经典的论述：小企业重点解决自己的生存问题，中型企业要对社会有所贡献，大企业是推动社会进步的动力。对此，我们的解读是小企业要务实，大企业要务势，这对大多数不同规模的设计企业如何思考战略很有价值。除了规模的不同之外，企业对于战略本身的理解，选取的基点不同，得出的结论也不同。唐僧西天取经，其战略是信念坚定的“向西，向西，一路向西”；解放战争时，其战略是气势磅礴的“打过长江去、解放全中国”；兵家常说“兵马未动、粮草先行”，其战略是良好的资源配置。战略是系统工程，需要思考，也需要行动，“未出隆中知天下三分”是战略的前瞻思考，“抬头看路、低头拉车”是战略的协同和调整，“一将无能累死三军”是战略失误的教训。总之，战略是全局的、系统的，需要解决的核心问题是如何做正确的事。

企业战略到底如何去思考？经验主义大师彼得·德鲁克把他对企业战略的思考总结为三个问题："我们是谁？""要到哪里去？""怎么去？"迈克·波特把他对业务发展的思考总结为竞争战略："在哪里竞争？""如何竞争？""何时竞争？"并由此提出著名的三大竞争策略：总成本领先战略（Overall cost leadership）、差异化战略（Differentiation）、目标聚集战略（Focus）。无论是彼得·德鲁克从企业层面的思考，还是迈克·波特从业务层面的思考，这些系统的思考对今天已初尝血雨腥风式竞争的设计企业十分有价值。

在知识爆炸的时代，战略管理的思想已经非常丰富，无论运用何种经典思想，设计企业都很难找到标准的、放之四海的战略答案。设计企业需要运用理论，但又必须从理论中走出来，避免格式化套用理论模型、把战略变为"口号"；需要基于市场和客户需要，基于自身能力，切实思考自己的市场定位、客户价值、商业模式、员工价值、股东价值，并通过有效的组织支撑去推进战略实施，才能找到战略的真实价值。

4 看大势明定位：运筹帷幄，决胜未来

近年来，设计行业延续已久的增长态势被打破，行业规模首次出现大幅度下滑，市场竞争已达白热化阶段，给设计企业带来前所未有的巨大冲击。在此“行业的分水岭、企业的岔路口”，企业战略的重要性迅速提高，设计企业需要重新定位战略，提升对战略价值、战略规划制定过程和推进策略的理解，让战略起到应有的作用。

4.1 战略是谋未来

4.1.1 战略的作用

企业为什么要做战略规划？做战略规划的目的是什么？想要解决什么问题？

实际上大多数企业都没有想清楚这个问题，不少企业的回答是“时间点到了”“上级部门做了，我们也要做一个战略规划”“国资委要求我们做一个战略规划”，这些当然是原因，但细究又不是做战略规划的根本目的。如果不思考企业战略的目的，企业会很容易陷入为什么放羊的循环：放羊是为了赚钱，赚钱是为了娶媳妇，娶媳妇是为了生孩子，生孩子是为了放羊。即使成为“放羊”世家、百年老店，也很难推动企业的进步。战略是为了企业生存，更是为了企业实现突破。

攀成德公司在为设计企业提供战略咨询服务的时候，咨询团队会反复和企业探讨“我们企业的战略规划到底要解决什么问题”，即使是管理水平比较高的大型设计企业，要系统、深入地回答这个问题，似乎也不容易。

企业的战略规划要做好，首先需要思考战略规划到底有什么作用，经典的战略理论认为，其作用有三个方面：

第一，统一思想、统一认识，起到战略激励的作用。

“人心齐、泰山移”是中国人常说的谚语，一般的理解是“人心齐”力量大，其实，也可以反过来看，“移泰山”这件事几乎不可能，可见“人心齐”难度之大。企业统一思想并不容易，不要说整个组织的思想统一，在很多大型企业内部，一把手、二把手、班子层面的思想都难以统一，更何况有些企业的人事变动频繁，在动态的环境中保持企业的思想统一更不容易。统一思想也不是开职工代表大会程序通过这么简单，即使程序过了，持续的动态变化也是挑战。可以说，统一思想既是整体的，也是过程的。在战略上统一思想，最好的方式是重视战略规划制定的过程，在过程中开放式探讨，寻找企业可能的发展路径和策略，构建企业各层级的战略思维，决策在高层，执行在中层。

统一思想主要有哪些方面的内容呢？主要是回答好以下几个问题：要成为什么样的企业？要做什么样的业务？路径是什么？分为几个阶段？资源怎么去匹配？管理政策怎么调整？在变化的环境里，没有哪个选择必然是正确的，但企业又必须做出选择。

如何一起去寻找答案？攀成德最近几年为设计企业提供战略规划服务的过程中，除了做分析和调研，我们也非常重视研讨会的组织，会组织各级人员、各条线人员开展不同主题的研讨，通过头脑风暴来统一思想、统一认识，寻找企业发展的路径，探讨组织变革和资源匹配等问题，即使找不到真理，也可以大致把道理讲清楚。

第二，指导具体行动并进行过程控制。

战略规划的内容中，很多问题都要做出选择，例如，企业选择什么发展方向？业务模式是什么？有限的资源怎么匹配？组织应该如何变革？有哪些明确的战略性行动（不同于战术性行动）？过程的风险如何控制？这些问题的选择，都会影响企业未来的经营、管理行为，指导职能和业务部门的具体行动。

战略规划对企业管理过程的控制表现在两个方面：其一，战略规划是企业各个年度职能计划的依据。其二，战略规划是各级绩效考核的基本依据，把战略规划中的结果性目标分解为驱动性目标，由上往下进行分解，形成组织的各个层级、各个条线的考核指标。绩效考核指标是管理的指挥棒，每个年度的考核指标都要来源于战略目标和各项发展指标。

第三，战略性配置资源。

企业的资源总是有限的，资源错配是企业运营中常见的问题。华为任总对资源配置有过经典的论述："我知道我们没有那么多力量，就把力量缩窄，缩到窄窄的一点点，往里面进攻，一点点进攻就开始有成功、有积累，我们觉得这种针尖式的压强原则是有效的，所以我们聚焦在这个口上。这三十年来，我们从几百人、几千人、几万人到18万人，只对准同一个'城墙口'冲锋，对信息传送领域进行冲锋，而且对这个'城墙口'每年投资150亿～200亿美元的力度。在科研投资上，我们是全世界前五名，聚焦在这个投入上，我们就获得了成功。"

战略规划不仅有利于集中资源办大事，也有利于实现最优的资源配置。寻找并抓住机遇，是中小设计企业的战略，原因很简单，小企业的资源是有限的，机会也不多，能够做出的资源组合很有限，要在"贫瘠"的土地上寻找未来，机遇就是一切。当然小机遇带来的效益往往可以使一个"食量"不大的企业生存得很好。大中型设计企业的资源更加丰富，由于他们具有更强的资源能力和更大的市场参与度，能够有更多的生存空间和机会，在众多诱惑面前，这些企业已经能够有所取舍，开始思考战略定位和方向，并逐步在企业运行中将战略传输到下属部门和关键人员。对于大型设计集团而言，丰富的品牌、资金、人才等资源成为其核心的竞争优势，大型企业能为未来投入，塑造未来的能力更强，在舍与取、进与退等方面的选择会随时产生，对于他们来说战略不仅要确定企业定位、业务的选择、与业务相配套的职能战略，还要有更进一步的战略分解实施计划。对于大型集团而言，他们所拥有的人力资源、财务资源、设备技术资源、信息资源、品牌资源的不同搭配，会产生显著的差异，战略对于他们来说不仅意味着对外部环境的前瞻考虑，更意味着思想文化的统一。

展望"十五五"，设计企业首先应当认识到战略的作用。战略的最高境界是引领企业发展，而现在和未来的设计行业，无论是市场、政府管理还是技术，都在急剧变化，因此企业在战略规划中需要考虑未来行业可能发生的变化。2024年，一些大型的设计企业开始对其"十三五""十四五"规划进行反思，部分企业成功地利用战略工具引导企业实现了快速发展，多数企业认为过去十年在战略上有很多失误，失去了许多好的发展机会。尽管如此，企业至少还在发展，这很大程度上是因为过去十年企业面对的主要还是增量市场，未来的市场将进入没有增量的竞争时代，如果企业的战略在未来五至十年出现较大的失误，对企业而言，将不仅仅是发展快慢的问题，而是关乎生与死、存与亡的问题。

中电建华东院在数字化转型上的实践，比较全面地诠释了战略规划的重要性。1954 年中电建华东院在新安江水电站建完之后，到 20 世纪 90 年代经营就已经非常困难了，加上水电行业当时已经成为下行产业，逼得企业不得不提前做多元化布局，寻找差异化的竞争优势。2003 年左右华东院开启了信息化转型之路，到 2016 年数字化业务才基本实现了盈亏平衡。十几年坚持投入，这期间尽管没有获得经济回报，但是间接效益是显著的。在数字化转型的过程中，企业的信息化管理能力和数字化三维设计能力也拉动了其他业务的发展，整个华东院得到了快速的发展，这也坚定了华东院对数字化业务的信心。如今，华东院的数字化业务开始大规模发展，团队规模也快速扩大，达到 1000 人左右，这在全国的设计行业中都是绝无仅有的。华东院现在的成功是基于过去二十年的战略思考和战略性投入，正是因为对数字化趋势的正确判断、团队思想做到高度的统一，才能在补贴十七年的情况下持续投入，战略性地配置相应的资源，实现了跨越式发展。

同样，西北电力院向工程总承包转型的实践，也比较全面地诠释了战略规划的重要性。2004 年，时任西北院院长的张文斌先生认为“火电建设的高潮不会持续，设计咨询业务难以让大型电力设计院获得持续发展，必须向工程总承包转型。”由此，开启了与攀成德长达十三年的合作。在合作过程中，西北院院长负责这一重大工作的总体设计，攀成德项目组配合做相关方案。由于当时火电设计咨询业务火爆，工程总承包业务推进非常困难，但因为主要领导坚定不移的信念，西北院的总包业务一直在电力顾问集团保持领先。2019 年，我们在西安碰到西北院的一位领导，他说：“今天的火电设计市场已经今非昔比了，要感谢当初领导们推进工程总承包的坚定信念，让西北院在下行的市场里，还能保持业务饱满，没有当时的耕耘，就不会有今天的成绩。”

4.1.2 行业环境的变化

“时代中的一粒灰，落在个人那里，可能就是一座山”。设计企业正面临着剧烈变化的外部环境，既有世界的，也有中国的；既有社会的，也有行业的；既有市场的，也有政策的。在为设计企业服务的过程中，我们能感受到从业人员的心理压力。行业正在发生哪些变化呢？在第1篇里我们曾做过分析，在此做一些总结。

首先是竞争加剧的挑战。更加激烈的市场竞争是“十四五”期间和未来设计市场的总体特征。与制造业相比，设计行业的竞争来得比较晚，从2001年底中国加入WTO至今，很多行业已经经历了世界级的竞争；有些行业则主要是国内企业之间的竞争，如金融、农业，开放程度相对比较低；而设计行业，由于各种壁垒和行业特征、项目属性，竞争并不充分。即使在竞争相对充分的建筑设计行业，也有院长说：“建筑设计行业在市场端的竞争并不算激烈，各有各的市场，各有各的边界。”攀成德有同事是某大型设计企业的独立董事，这家建筑设计企业所在区域的大多数公建项目都是这家大型设计企业设计的，但这家企业在全国建筑设计行业的地位并不突出。对待竞争，设计企业也许应该持更加开放的态度，当下有很多设计从业人员抱怨工作量大、收入与投入工作量不匹配，我们认为行业竞争越激烈，对人才的重视程度就越高，优秀人才的身价也会越高。所以，优秀的设计企业、优秀的人才，应该期待看到更激烈的竞争，无论是体育行业、家电行业、婴童行业还是汽车行业等都遵循这样的规律。从攀成德得到的数据来看，目前设计企业中，优秀的技术专家、院长身价都不是太高，其原因就是市场开放度还不够、竞争不够充分，人才市场还没有动起来。行业上下游的房地产行业、建筑施工行业都出现了比较常见的高层挖角现象，猎头的行动也比较常见，高级人才的流动活跃了人才市场、提升了人才价值。所以，我们认为企业之间竞争越激烈，行业进步速度越快，而政府要做的是制定公平的竞争规则、塑造公平的竞争环境。

其次是信息化和数字技术的挑战。信息化在设计企业中被探讨的时间已经很长了，企业信息化还在路上的时候，数字化时代扑面而来。有专注于建筑业数字化服务的从业人员告诉我们，目前还找不到成熟的数字化转型路径和策略，大家都在尝试；有的企业已经走在领先的路上，但也还存在诸多的不确定性。做好，可以带来一定的领先，但并不能成为企业的核心能力；不做，则一定落伍。在快速变化的社会，技术不会等待领导者、团队和设计企业。这部分内容，我们将在本书的第 6 篇中专门探讨。

第三是模式加速转换的挑战。模式转型也是设计企业长期探讨的课题，从 20 世纪 80 年代化工设计企业朝工程总承包转型，到“十四五”期间，很多大型设计企业加速朝工程总承包转型，全过程工程咨询和建筑设计企业的建筑师负责制也在探索前行，不管有多少问题和困难，在市场变化加速的大背景下，这样的转型必然成为设计企业求生存、求发展、求未来的选择，由此将带来组织、风险管理、资源组合等众多新挑战。“十四五”不仅是加速转换的时期，也许是转型的最后机遇期。

在本书的不同章节，我们反复提到过行业变化的挑战。“十四五”期间，设计企业的挑战将是综合的，面临着竞争、技术、模式的挑战，从外部看是客户价值和企业核心竞争力的塑造，从内部看是效率和服务品质的塑造，而这些既是设计企业“十三五”发展的提升，也是“十五五”发展的基础。

4.1.3 时代的挑战

时代变化给所有行业都会带来挑战，很多事情在我们身边早已发生，我们也习以为常。我们见证过“供销社”的消失，见证过“棉纺厂”的倒闭，见证过数百家“冰箱厂”的繁荣和衰落；中国的改革开放，让我们看到了时代的进步，看到了行业和企业的兴衰成败。曾经，这些对于设计企业和从业人员而言，都是其他人的“交通事故”，能看到、表同情，但很难感同身受。设计行业过去一直是“香饽饽”，最优秀的大学毕业生选择进入设计企业，进入设计企业的新人往往被师傅盯着，希望成为自己的“女婿”或者“儿媳妇”，为什么？行业社会地位高、工作环境舒适、收入也相对稳定和丰厚，这种待遇，作者李福和曾经有过体会，显然，这是那个时代的贵族待遇，进入设计企业，尤其是行业顶尖的设计企业，职业地位在全社会是比较高的。

然而，在时代面前，谁都不是局外人，我们看到设计行业正在经历着这样的挑战：

行业地位下降。时代在变化，“三十年河东、三十年河西”，互联网兴起、高科技发展，很多新兴的行业不断超车，比设计行业更具吸引力，更能引领社会潮流。有水电设计企业的领导告诉攀成德：“我们过去可以招清华大学的毕业生，现在几乎不可能。”有建筑设计企业的领导告诉攀成德：“我们也有建筑师转行去做互联网的。”社会从“三百六十行”到“三千六百行”，行业更加丰富，有很多行业的吸引力已经远超设计行业。

体制约束较多。大型设计企业的前身大多是事业单位，2004年前后，部分设计企业改制为民企，更多的设计企业转型为国有企业，要么成为大型建筑央企的二级企业，要么成为地方国资委所属的国有企业，总体来说，设计企业的机制约束比较多。某大型专业设计集团人均收入略超10万元，某厅级煤炭设计企业人均收入20万元，作为知识密集型企业，这样的收入水平，显然没有任何吸引力。没有体制机制的松绑，就不会有企业的发展活力，我们常听到设计企业谈“三项制度”改革，经过改革开放四十年的洗礼，设计企业依然在谈论这个话题，依然在探讨“三项制度”改革的艰难，这大致可以反映出受行业体制机制约束的严重程度，也反映出行业改革速度之慢。某行业协会的领导告诉攀成德：“至少二十年来，设计行业的组织结构、生产运作方式、人均营业收入，都没有多少变化。”在体制机制方面，设计行业相比证券、保险、消费品等行业已经大大落后；虽然比电力、水务等公共行业领先，但这些公共行业本身就具有自然垄断的属性。没有体制机制的松绑，就不会有行业生产力的释放，就不会有行业的快速进步，时代给设计企业提出了加快体制机制改革的要求。

资源端供给困难。对于新时代的挑战，我们大致可以从六个方面来观察：焦虑的社会，人口结构变化的挑战，劳动力人口红利逐步下降，互联网时代成长的“90后”“00后”对管理挑战，新择业观念和生活新模式的挑战，设计行业就业吸引力下降的挑战。这六个方面是如何挑战行业和设计企业的呢？总结起来是对管理提出了巨大的挑战：焦虑的社会环境，大幅提升了设计企业内部管理的难度；人口结构的变化和就业观念等方面改变，使设计企业在人力资源端的供给大不如前，即使能找到合适的人才，人员的快速流动，也会带来很多的管理问题；产品所承担的巨大公共责任需要有稳定的服务品质，好的服务品质需要有稳定的人才梯队，稳定的梯队需要人员沉淀，人员成长需要时间，在新的时代，这些都会成为巨大的挑战。

我们无意在社会和行业普遍焦虑的时候再贩卖焦虑，这既不是评价，也不是指责，更不是批评，我们只是做现象和事实的陈述。不管有多么大的挑战，生活需要持续，行业需要发展，社会需要进步，设计行业和设计企业在新环境、新时代需要寻找新的未来。

4.2 核心问题一：愿景和使命到底是什么

企业的发展是由使命推动的。

在探讨设计企业的愿景和使命之前，我们先摘抄几段名言：

“没有使命的地方，人会消亡。”——圣经

“企业并非由其名称、规章制度或公司章程来定义，而是由使命定义。企业只有清晰界定了使命和组织目的，才能制定明确和现实的企业目标。导致企业失败最为重要甚至唯一的原因，就是缺乏对企业使命的充分思考。”——德鲁克

“公司愿景可以集聚资源，指挥行动，激励员工，进而推动企业取得出色业绩。战略制定者的工作，就是识别和提出明确的企业愿景。”——约翰·凯恩

这些名人大家的论述，远比我们的文字来得清楚和权威，我们很难找到更好的文字来阐述愿景和使命的重要性了。

4.2.1 理解愿景和使命

愿景是什么？最通俗的解释是“希望看到的情景”，企业的愿景，可以简单地理解为企业的理想。使命是什么？通俗的解释是“存在的原因或者理由”，企业的使命，可以理解为企业为什么存在，为什么要去实现企业“愿景”。这里的文字描述有些简单，并非严格的学术定义，只是希望帮助读者理解这两个词的

含义。

陶渊明先生在《桃花源记》中描绘了他的社会理想，没有战争、安居乐业；傅立叶、圣西门试图建立他们期待的社会，这些是先贤们对社会发展的“愿景”，正是因为他们有这样的理想，才会在这种理想的驱动下产生使命感。

我国设计行业有490万左右的从业者，行业为社会服务，为社会创造价值，自然就会有行业的理想，这些理想需要由优秀企业、卓越人士的理想来承载、来践行。攀成德整理了2023年设计收入前30名设计企业的愿景和使命，这里摘录其中10家企业的愿景和使命（表4-1），供读者参考。

10家设计企业的愿景和使命　表4-1

序号	企业名称	愿景	使命
1	中电建华东院	打造具有工程全过程智慧化服务能力的一流国际工程公司	服务工程，促进人与自然和谐发展
2	华设集团	成为交通发展与城市建设的顶尖技术服务商	让世界更通达，让城市更宜居
3	同济建筑院	成为受人尊敬的具有全球影响力的设计咨询企业	用我们创造性的劳动让人们生活和工作在更美好的环境中
4	中国联合	国内一流，国际知名的科技型工程公司	为社会提供一流工程服务，为员工创造幸福美好生活
5	苏交科	成为全球领先的工程咨询公司	为客户价值持续创新
6	华东总院	成为行业领先，具备国际竞争力的国际化建筑设计企业	设计时代精品，引领美好生活
7	中交公规院	建设国内领先、国际一流的国际化综合性工程咨询公司	公平　包容　务实　创新
8	长江设计集团	国际一流工程咨询公司	规划美丽长江，慧泽世界江河
9	中国天辰	具有全球竞争力的科技驱动型创新平台公司	用工程智慧创造美好生活
10	北京院	成为国际一流的建筑设计科创企业	建筑设计服务社会，数字科技创造

从这些企业的愿景和使命中，我们看到了什么？只要静心做些阅读，就可以看到：高远的理想。“世界一流”是大型设计企业的普遍理想，而推动社会进

步、改善人类生活是大多数企业选择的使命。对于这些优秀设计企业的选择，我们既为他们点赞，也期待他们实现自己的理想。

4.2.2 确定愿景和使命

如何确定愿景?

这并不是一件容易的事情。愿景要基于现实，又要高于现实。为什么?基于现实，是要看得见。看不见的东西，员工可能不太会相信；高于现实，是要摸不着，摸得着的往往不具有挑战性。从这个意义上来看，愿景是激发团队前进的动力，是团队努力后可以看得见的现实。

如何确定使命?

有人对数百家“长寿公司”的研究发现，这些公司“长寿”的重要原因之一是在变幻莫测的环境中，其使命的基本部分像“定海神针”一样从未发生过变化，就是所谓的“初心”，解决“为什么去干”的问题，让它成为公司根本的、最有价值的、崇高的责任和任务。卓越的企业如何定义自己的使命?微软的使命是“创造优秀的软件，不仅使人们的工作更有效率，而且使人们的生活更有乐趣”。

设计企业确定自己的使命，就是要寻找企业自己的初心。初心不改，方得始终。我们摘录三家行业领先企业对愿景和使命内涵的诠释，从这些解读中，可以看到不同的品位和风格，可以看到设计企业的社会责任和使命中显示出的担当；同样，我们也需要思考，这些高大上的使命，以及企业自己给出的诠释，是否真正能引起各级人员的共鸣?是否能变成个人、团队和整个组织的前进动力?是否能引导企业一代代人为之奋斗?

企业一：铁二院

（1）愿景：国内领先，世界一流。

诠释：不断增强企业核心优势，发挥龙头企业示范带动作用，做中国建筑行业的领跑者；走全球发展道路，提升企业国际影响力，建设引领全球基础设施发展的综合型企业集团。

（2）使命：奉献精品，改善民生。

诠释：致力于在建筑业全产业链和相关多元化产业，奉献精品工程、精良产品和精益服务，持续改善交通环境、生活环境和物理环境，增进民众福祉、创造幸福生活、开拓美好未来。

企业二：苏交科

（1）愿景：成为全球领先的工程咨询公司。

诠释：提供工程咨询领域解决方案，通过创新、资本运作与跨境经营，成为有国际影响力的工程咨询公司。

（2）使命：为客户价值持续创新。

诠释：我们恪守对用户的承诺，热衷于为客户价值提供新技术，持续创新是苏交科生命价值的体现。

企业三：中建西南院

我们发现，中建西南院在愿景和使命上，直接采用了上级企业中建集团的愿景和使命，而中建集团的愿景和使命长期精雕细琢，内涵丰富，我们也摘录于此，供读者参考。

（1）愿景：最具国际竞争力的投资建设集团。

诠释：在投资建设领域，我们将发挥全产业链竞争优势，成为一家受人尊敬的最具国际竞争力的企业集团和公众公司。我们秉持自身优势，传承光辉历史，通过持续创新和系统营销提升竞争力，为顾客（政府、企事业单位、个人等）提供高品质、超值的产品和服务，为员工、股东、合作伙伴等利益相关方创造价值，为中国乃至全球经济发展贡献“中建力量”。

最具国际竞争力：体现在拥有高效的公司治理体系、先进的企业文化、优秀的人力资源、雄厚的资本积累、稳健的财务表现、科学的业务结构、领先的技术优势、清晰的区域布局、高效的运营组织以及合理的国际业务占比等方面。

投资建设：我们致力于在投资建设领域实现长期可持续发展。在投资领域，我们的主要投资方向为地产开发、基础设施、城镇综合开发等。在建设领域，我们的业务范围涉及城市建设的全部领域与项目建设的每个环节，具有全国布局的综合设计能力、建造能力和运营能力。我们通过强化内部资源整合与业务协同，打造全产业链竞争平台，为城市建设提供全领域、全过程、全要素的一揽子服务。

集团公司：我们本着“无设计不优、无建造不稳、无投资不富、无创新不兴”的理念，适时采用不同策略对各业务板块结构作出调整，有序配置各项优质资源，鼓励各成员企业高效协作，促进各主营业务融合发展，优化国内外一体化、勘察设计、建造、投资开发及新业务并举的业务布局，不断提升在投资、建设领域的全生命周期的专业能力，不断彰显全球最大投资建设集团的整体优势。

（2）使命：拓展幸福空间。

诠释：为客户、员工、股东、社会创造价值，“满意客户、成就员工、回报股东、造福社会”共同构成了我们使命的主旋律。

满意客户：我们将客户利益放在首位，充分发挥资源、资本、管理、技术和人才优势，为客户提供建筑一体化最优解决方案和综合服务。我们关注客户的近期和远期利益，尊重并坚定履行对客户的每一份承诺，持续满足客户要求，为客户提供最佳解决方案和最优服务。我们致力于获得客户的恒久信赖，构筑与客户间长远、共赢的伙伴关系。

成就员工：我们恪守以人为本的管理思想，营造平等、尊重的组织氛围，尊重人、关心人、成就人，依据员工的不同需求搭建发展平台，在全球范围内配置人才，促进人才的合理分布与流动，为员工成长提供全面的职业发展通道和广阔的发展空间，提升员工价值。同时，让员工充分享受企业发展带来的利益成果，促进员工与企业共同发展。

回报股东：我们关注股东长期、持续的收益和回报。我们致力于建立良好的投资者关系，真实、准确、完整、及时地披露企业信息，建立健全股东权益保护机制。我们不断提升盈利能力，强化风险防控，以良好的经营业绩保证股东价值的最优化和持续性。

造福社会：我们热心公益事业，营造绿色空间，为社会和谐稳定、持续发展奉献力量。我们在海外业务上坚持属地化经营，带动当地经济发展。我们积极执行国家的方针政策，恪守现代商业伦理和行业规范，以实际行动承担起国有企业的政治、经济和社会责任，做优秀的企业公民。

4.3 核心问题二：战略定位有多重要

知名营销专家特劳特非常重视产品的定位，我们这里探讨的战略定位跟特劳特探讨的产品定位有差异,但这并不影响“定位”的重要性。战略的核心问题，我们从“定位”开始探讨。

4.3.1 理解战略定位

战略定位（Strategic Positioning）是指让企业的产品、形象、品牌等在目标客户的头脑中占据有利的位置，从而让企业获取和保持经营优势，实现战略目标。明确企业的战略定位，就需要清楚地回答三个问题：企业从事什么业务？企业如何创造价值？企业服务哪些客户？

战略定位是企业经营管理者要回答的首要问题，是企业领导者的首要职责。企业战略定位的核心是“差异化”，差异化的战略定位，不但决定着企业的产品和服务能不能与竞争对手区别开来，而且决定着企业能否成功地进入并立足于目标市场。

有效的战略定位具有四个方面显著的特点：第一，有独特的价值链和价值诉求，在市场选择和客户需求切入等方面体现与竞争对手的差异，并建立成本优势，从而形成企业的核心竞争力。第二，战略定位要做清晰的取舍，有所为、有所不为，使企业集中精力于擅长的事，这样才能构建竞争优势。第三，战略定位要有长期性和连续性，并保持相对的稳定性，有效的战略通常要实施三到五年的时间。第四，战略定位要“与时俱进”，战略是连贯的但不是一成不变的，要反映时代和环境的特点。

有效的战略定位有哪些价值呢？第一，决定企业未来的发展方向。企业通过对战略定位三个问题的回答，可以明确“要做什么”和“不做什么”的问题，很多企业经营的失败都是由于发展方向不明确，不能将资源高效地集聚到目标客户和核心产品，耗光了资源也丧失了市场机遇；企业的发展方向不明确，也可能会让客户和合作伙伴对企业的专业性和发展的持续性失去信心；发展方向不明确，还可能导致员工难以获得成就感并离开企业。第二，决定企业的资源分配。

任何企业的资源都是有限的，必须将有限的资源集中到能产生最大回报的事情上，对于设计企业来说，尤其是品牌资源和人力资源的分配非常关键。市场定位决定了企业在市场营销环节的资源投入，产品定位决定了企业在研发和生产环节的资源投入，商业模式定位决定了企业在社会资源和产业链合作伙伴方面的资源投入。第三，决定企业的经营决策方向。明确的战略定位是企业其他一切决策的前提和基础，是企业的战略绩效之源。正确的战略定位有利于企业获得并保持持续的经营优势，以最优的战略路径实现企业的战略目标。

4.3.2　战略定位选择

确定战略定位，从文字的角度来看并不难，但在具体的市场环境中，往往又很艰难。选择一旦确定，资源的配置也就确定；而环境是变化的，如果选择错误，既可能失去机遇，也可能带来资源调整的困难，或者造成资源的巨大损失，要知道资源就是竞争力，资源就是成本，同时资源也有稀缺性，不是随便就能找得到的。

从大的定位来看，设计企业是定位于工程公司还是设计咨询公司？如果定位于工程公司，是专业性的工程公司还是综合性的工程公司？是坚守国内的工程公司还是国际型工程公司？如果定位于设计咨询公司，是某一专业市场的设计咨询公司还是覆盖众多领域的设计咨询公司？是定位于方案施工图的设计咨询公司还是全过程的设计咨询公司？

这和股民选股有差别吗？有，也没有。“有”的差别是，股民选股错了，可以快速换股，成本并不高，设计企业要改变自己的战略定位，“换股”成本往往比较高；“也没有”是一旦选择正确，坚持的时间越长，价值越大。随着行业发展到达“分水岭”，设计企业走到“岔路口”，设计企业战略定位面临巨大的挑战。

如何确定设计企业的战略定位，需要思考五个问题：

问题一：企业从事什么业务？

从细分行业看，过去设计大行业中有 21 个细分行业（现为 14 个），行业的规模差异很大，最大的建筑设计行业，年设计咨询市场数千亿元，最小的如民航设计行业，年设计咨询市场数十亿元，且大多数细分行业之间壁垒很高，彼此很难进入。

从行业地位看，我们大致可以分为：行业主赛道、行业辅赛道、边缘市场；区域主赛道、区域辅赛道、边缘市场等。“井田制”市场态势下，设计企业之间更多的是在赛道内竞争；随着未来的行业竞争走向“丛林法则”，跨赛道的竞争会越来越多。在竞争的初期，竞争主要还是赛道内企业之间的竞争，未来将逐步演变为赛道之间的竞争。即便如此，设计企业从一个赛道跨入另一个赛道，也有比较长的进化过程，想要在短时间内进入新的主赛道并不容易，即使对于大型央企设计企业也是如此。

从传统业务拓展的角度看，主流的是两种思路：一是业务不变，进行客户和区域的拓展，提升市场占有率，例如，天华、基准方中、华阳国际等都是聚焦于建筑设计行业，在客户层次逐步提升的同时，重点进行区域拓展；二是对业务做行业延伸，例如，苏交科、华设集团从公路设计咨询起步，逐步朝市政、水运、铁路、城市轨道、环境、航空、水利、建筑、电力等多行业的设计咨询业务延伸。当然，也有同时在区域、行业进行业务拓展的企业。

从价值链延伸的角度看，通常有三种思路：一是不延伸，以传统设计咨询业务为主；二是向价值链前端延伸，主要是向“投资”端延伸，但多数设计企业都受资金和投资管理能力的局限，成功的案例并不多；三是向价值链前后端延伸，主要是工程总承包和全过程工程咨询业务，化工、电力、机械等细分行业的设计企业在这方面起步较早。

问题二：市场如何定位？

汽车、服装、手表等消费品常常有清晰的产品定位，因消费群体明显不同。设计咨询业务的层次虽然不能做非常清晰的切分，但层次也是存在的。项目层次从投资额角度看有大、中、小之分，从技术含量和客户要求看有高、中、低端之分。比如在建筑设计领域，北京建筑院、中国院和华建集团主要聚焦于高端和中端业务，通过少量的高端项目来树品牌，通过大量的中端项目来赚利润；而基准方中和天华集团的业务主要是中端业务，他们以住宅类建筑设计为主，技术和管理高度标准化、流水线作业，对外重视产品和服务质量，对内重视效率，以赢得更大客户群、占领更大市场份额的方式来盈利。

攀成德对近几年服务的设计企业都会做经营情况的分析，根据业务类型来统计设计企业的项目数量、平均合同金额、中位合同金额。从分析的情况看，大多数企业的合同离散度非常大。以设计咨询合同为例，大合同的金额可达数千万元、数亿元，小合同仅几万元，且小合同的数量众多，与大型综合设计企业的定位明显不符；虽然有很多小合同是出于持续经营的目的，但更多的小合同是源自自身定位不清晰，“有生意就做”的小卖店思想。这些合同看似带来了收入，但实际上大大地消耗着企业的资源，降低了企业的运营效率。大型综合设计企业的资源都是高成本的，以“大炮打蚊子”的方式做经营，不是技术难题，是商业模式不匹配，成本难以覆盖，其成本不仅仅是技术人员的投入成本高，也给企业带来了巨大的管理工作量。

问题三：客户如何定位？

除了目标市场，设计企业服务哪些客户也需要做出选择。哪些是战略客户，哪些是大客户、哪些是鸡肋客户，需要做认真的思考。

我们可以从不同的维度对目标客户分类：从收入多少来看，可以分为战略客户、大客户、普通客户、潜在客户；从客户性质来看，可以分为 C 端客户、B 端客户、G 端客户（政府）；从关系来看，可以分为系统内客户、系统外客户。

不同设计企业拥有的资源和能力不同，需要对客户选择进行系统思考，对老客户、大客户、优质客户要有清晰的评判。对客户的清晰评判，是设计企业提升效率和效益的重要手段和途径。即使是传统的设计咨询业务，也有很多项目是亏损的。要么财务亏损，要么由于价格太低、服务不到位而伤害品牌，对于有长远发展思路的企业，这样的项目和客户选择都不可取。敢于舍弃，才能敢于得到。天华集团、基准方中在建筑设计行业的施工图品质、服务质量是得到客户认可的，这与客户、产品聚焦有很大的关系。

问题四：投资业务如何定位？

进入投资领域是大型设计企业业务拓展的新尝试。设计企业要努力“把投资当投资”来做，而不是账上有钱，去凑个热闹。所谓“把投资当投资来做”，首先是要认识到投资是很艰难的事。世界上最聪明、最大胆的脑袋在做投资，做投资既需要努力，也需要天赋。其次是要认识到投资是很专业的事。投资决策的过程，不同领域需要的专业知识，投资过程的操作，这些与工程技术的操作方式很不相同，都需要有专业的思考。

与轻车熟路驾驭设计咨询传统业务相比，大多数设计企业在投资领域的能力和经验都比较欠缺，所得教训和损失往往比投资收益更多。

问题五：科技如何助力定位？

部分设计企业把自己定位于科技型企业，科技既可以直接在产品端、服务端发力，也可以借助内部管理发力。在消费者和客户眼里，中国平安是金融企业，而中国平安自己把自己定位为科技企业。中国平安对自己的定位，值得大型综合设计企业借鉴。已经有企业尝到了技术投入的甜头，本书多次提到的中电建华东院就是典型案例，但大多数企业在科技方面取得的成绩并不明显，要么是投入多、基本没有产出，要么是一次投入、一次产出，市场应用场景太独特，缺乏推广的价值。

对于希望通过“科技领先”赢得核心能力的企业，有众多需要思考的问题：在提升产品和服务能力方面，研发投入的占比是多少？如何寻找具有市场价值的研发课题？如何做好研发管理？如何解决研发投入和产出的时间偏差？某大型设计企业的董事长告诉攀成德：“我们每年投入4000万元以上的研发费用，说没有作用不客观，说有作用又看不到很有价值的东西。”这也正是大多数致力于科技推动的设计企业的困惑。从目前总体情况看，整个行业在科技研发上的投入产出比都有待提升，研发如何从探索阶段进入到发展和成熟阶段，是企业未来面临的重大课题。

4.3.3 分水岭和岔路口的选择

“十四五”时期，攀成德的判断是设计企业到了面临“行业的分水岭、企业的岔路口”的时刻，所以战略选择尤其关键。

笔者在攀成德某一年的预见年会中谈到行业的六个分水岭：

第一是行业改革的分水岭。建筑业从2000年开始就有很多改革，行业从改革酝酿到今天的实质性推动，方向已经逐步清晰。《中华人民共和国建筑法》修法有可能进入实质性的推动阶段；资质改革方案已经出台，进入一年的过渡期，一次性砍掉了60%的资质，如果将来再来一次改革，制约就更少了，尽管这是一个非常极端的想法；造价改革制度已经出台，进入了启动阶段；建设模式也在改革，包括工程总承包、全过程咨询、建筑师负责制，从政策引导逐步进入实质性推进的阶段。总体来说，行业改革已经从酝酿到实质推动……

第二是产业政策的分水岭。我们有很多产业发展是靠政策外力推动的，未来产业政策这一外力推动的作用会逐步衰减，产业的发展将逐步靠内生动力……

第三是投资动力的分水岭。保持投资合理增长，合理增长意味着大水漫灌的机会是不可能再有了……中国过去巨量的投资，有很多投到了没有经济回报也没有社会效益的地方，比如市区的同一条路每年挖几次、空关的房子、没几辆车的高速公路……

第四是市场的分水岭。新增的时代基本结束了，而改造、维保市场才刚开始增长……

第五是商业模式的分水岭。建筑业的商业模式有五种，分别是2T、2G、2B、2E和2C。不是所有的企业都适合去做所有的业务，有的业务不适合做就不要强行去做，我见到有顶尖设计企业玩了几把投资后变成了一个苦不堪言的设计企业……

第六是发展动力的分水岭。建筑业传统的发展动力正在逐步衰减，新动力正在加速形成。新动力源自什么呢？可能要从企业的专业化、客户服务的产品化、建造的工业化、全生命周期的数字化这四个“化”里去找……

企业的六个岔路口：

第一是生存环境的岔路口。企业起步很难，做大很难，成功很难，但是失败很容易，因为这个时代变化很快。我们需要思考，这个时代、行业和客户到底需要什么样的设计企业？政府客户、制造型客户、房地产客户到底需要什么样的设计企业？总包到底需要什么样的分包企业？最终用户到底需要什么样的产品？工程这个古老的行业，让我们有太多的惯性思维，而时代需要我们有新的思维……

第二是战略的岔路口。时代给我们的新突破口越来越多，但企业的可选项越来越少，很多企业开始困惑，那么多新业务、新模式能否助推企业转型？别看有很多新业务、新模式，当企业真正去做的时候就不是那么回事，比如说设计企业做全过程咨询、建筑师负责制，进去以后才发现困难重重。在大型工程企业里流行三个词，叫“做强”“做优”“做大”，三者间到底是什么关系，是因果关系？还是并列关系？如果三者不能同时做到，要选哪两个？如果只能做到一个，选哪一个？“靠发展解决问题”，“发展”是什么意思？现在的外部市场已经不再支持高增长速度了，至少对大多数企业是如此，所以很多企业领导跟我说很焦虑……

第三是组织的岔路口。很多设计企业在组织上已经产生了严重的内卷，企业在不断做大，但组织的效率并没有提升，甚至出现了下降。企业能够生存，从外部看，是客户满意，从内部看，是组织有活力、效率高，但是现在设计企业要保持组织活力、组织高效很难。组织效率低的原因很多，比如人员的意识和能力跟不上时代和客户需求的变化；组织规模变大以后，纵向的组织层次不断增加、横向的组织部门越来越多，形成横向的组织隔膜和纵向的部门墙；高效的管理技术手段，如信息化在传统企业推进难度很大，指挥链依靠大量的制度、流程来支撑，要么导致指挥失灵，要么瞎指挥。在大型设计企业，传统直线职能制组织已经成为巨大的管理习惯和管理惯性，柔性化、扁平化组织的改革困难重重……

第四是项目管理的岔路口……

第五是信息技术的岔路口。信息技术更替快、不确定性强、风险大，只有起点、没有终点。很多新技术与人的年龄是如此对立，大多数“建一代”的领导对信息技术是很陌生的，既不懂，也不太用。面对瞬息万变、投入巨大且未必成功的信息技术，设计企业到底跟不跟？跟什么？怎么跟？跟未必能塑造优势，不跟则一定出局……

第六是变革的岔路口。在前面的五个岔路口做出选择，都需要以企业变革来支撑，变还是不变？真变还是假变？不变是很舒适的，变革是很痛苦的，谁会去选择吃苦？如果选择变革，选择多大力度？是大力出奇迹还是润物细无声？越大的变革动作，风险越大；如果要变革，动力到底来自哪里？国企来自哪里？民企来自哪里？有人说，不变是等死，变革是找死，陷入变与不变的矛盾……

总结一下，企业面临的挑战为：大建筑业正在进入空气稀薄地带。在空气稀薄地带，缺少氧气、气温低、天气变化很快、意外频发，同时在出了问题以后很难救援。有一位管理大师的话值得各级领导警惕“企业在成功的巅峰时往往最为脆弱”，很多企业已经到了很牛的阶段，但到了顶点该如何发展，是我们需要深度思考的。

同样，我们无意在此贩卖焦虑，但生于忧患、死于安乐，忧患意识永远是企业前进的动力。

4.4 核心问题三：如何确定目标

战略目标是战略定位的具体化，相对于战略定位，企业的战略目标更加具有操作意义。设计企业不仅应该有具体的战略目标，还应该努力建设基于战略的企业目标管理体系，通过这个工具来推进战略的实施。

4.4.1 数字目标

设计企业应该有战略目标，战略目标可以从企业地位（在行业/区域/集团内）、财务指标、人力资源发展、科技创新、业务结构、市场开发、投资风险控制、信息化建设以及企业内部的员工权益、文化建设等方面来设定。总体来说，战略目标的划分维度可以有很多种，可以从时间的角度划分（远期目标、中期目标、近期目标），也可以从管理职能的角度划分（愿景使命、经营指标、管理指标等）。

战略目标到底是具体好还是模糊好？也需要根据具体情况来决定。从时间角度来看，应该近期清楚，远期模糊或者概略；从原则来看，目标越明确越好，但环境是动态的，我们很难清晰地定义出未来十年、二十年后具体要做的事情；从内容角度来看，愿景、使命很重要，但只能是大致方向，会相对模糊，而经营指标以及支撑经营的管理指标就要具体明确，甚至要求落到具体的数字上。

具体而明确的战略目标，要尽量减少口号式的语言，阐述清楚目标设置的目的、可行性以及与之匹配的明确的实现时间表。同时，目标要可分解，要能在年度、业务、二级组织等层面进行分解，从集团层面到二级单位层面、部门层面，指标能逐步分解、层层推进。此外还要关注指标的可获取性和可考核性，很多指标看似可行、看似很重要，但在实际操作中，很难从绩效角度得到，或者得到的成本非常高、时间的滞后期很长，这些指标在实际操作中也会遇到困难。

4.4.2 目标确定

企业战略可以分为三个层次：总体战略、经营战略、职能战略。

企业总体战略，是企业最高层次的战略，作为企业的战略总纲领，指导和控制企业的一切行为。

企业经营战略，是企业为实现经营目标，根据自身的资源状况和所处的市场竞争环境，对企业的经济活动进行战略性规划和部署。企业经营战略要服从企业总体战略。

企业职能战略，是将企业的总体战略或经营战略分解、细化为具体的行动措施，落到执行层面，体现为营销战略、人力资源战略、财务战略、生产战略、研究与开发战略、品牌战略等具体战略。职能战略是为企业战略和业务战略服务的，所以必须与企业战略和业务战略相配合。

1. 目标体系

目标体系包括主要总体目标、经营目标、职能发展目标，这些目标，有的用文字来表达，有的用具体数字来表达。不同规模、不同发展思路的企业，目标内容有差别。我们以某土木设计企业的目标体系为例，该企业在“十四五”战略规划中提出了以下目标：

（1）总体目标：到“十四五”末，公司进入全国设计企业30强。（2）财务目标……（3）业务结构目标，到“十四五”末，在行业方面，综合交通类业务与城市建设业务新签合同额基本持平；区域布局方面，长三角、京津冀、两广、成渝四大核心区域新签合同总额保持80%以上，形成4个超20亿元以上规模的超级区域市场；经营质量方面，规划设计项目合同额超过500万元的项目比例达到 10%；特色打造方面……；海外业务方面……（4）科技创新目标……加大科技创新投入，保持科技费用不低于上一年度营业收入的 3%。力争获国家级以上科技奖励 50 项，省部级以上优秀勘察设计咨询奖 800 项……（5）人力资源目标，以实现老中青人才结构更加合理、各专业领军人才更加充足、人力资源管理体系更加全面、经营生产更具活力、人才收入更具竞争力为整体目标……（6）员工权益保障目标……（7）投资风险控制目标，“十四五”期间的投资手段主要采用跟投撬动主营业务的方式，整体投资规模将保持在 10 亿元规模以内……（8）质量安全目标，确保完成股份公司的安全质量要求……确保质量安全红线督查工作合格率 100%、优良率达 35% 以上……（9）节能减排目标……（10）信息化建设目标……

无论什么方式，目标清楚、切实、有激励性即可，遵循所谓的 SMART 原则即可，S 代表具体（Specific），指绩效指标要切中特定的工作指标，不能笼统；M 代表可度量（Measurable），指绩效指标是数量化或者行为化的，验证这些绩效指标的数据或者信息是可以获得的；A 代表可实现（Attainable），指绩效指标在付出努力的情况下可以实现，避免设立过高或过低的目标；R 代表相关性（Relevant），指绩效指标要与工作的其他目标具有相关性，绩效指标是与本职工作相关联的；T 代表有时限（Time-bound），绩效指标必须具有明确的截止期限。

如何选择目标确定的角度？

战略目标是战略思维的结果体现，企业通常有两种战略思维，一是站在现在看未来，企业需要基于目前市场和自身的实际能力来选择自身的发展目标，大多数传统业务、核心业务都是基于这样的思维来构建目标的；二是站在未来看现在，企业需要明确如何设定目标，如何构建资源能力，大多数转型业务需要用这种思维来构建目标。总体来看，传统行业、传统企业采用第一种思维的居多，他们既有业务和资源的惯性很大，既有思维的惯性也很大，很难跳出各种因素的限制；高科技企业、互联网企业、颠覆规则的企业，采用第二种思维的居多。对于处于行业分水岭关键节点的设计企业，两种思维都需要，只是孰多孰少的选择问题。

2. 目标是高好还是低好？

企业有自己发展的周期，也受行业发展周期和经济发展周期的影响，企业实际能取得的发展成果，受到这三个方面的综合影响。我国大建筑行业经历了史无前例的大牛市，从最新的行业统计数据来看，我们认为行业已经到了顶点。按照通常的思路，在行业增长不再的外部环境下，企业会选择相对谨慎的发展策略，设定比较保守的发展目标。然而，我们却发现，少数优秀的设计企业选择了快速发展的策略，提出了高远的发展目标。

显然，行业发展棋到中盘，对于佼佼者来说，挑战也很大，而企业内部对高远目标的争论也很激烈。多数人的困惑都大致相同：要达到这么高的目标，市场支持吗？到底是自己的底气还是满足上级的要求？即使能拿到这么多业务，履约的品质能保证吗？会不会在业务层面赢了战斗，在企业发展层面输了战争？企业的组织能力能支持吗？迅速扩大的业务，需要的人力资源怎么解决？即使五年的目标做到了，也只是发展中的一个阶段点，未来如何持续增长？追求高速增长，意义到底在哪里？

一系列的疑问，促使攀成德的咨询顾问和企业领导者们探讨，为什么要提出高目标？从他们的回答中，大致总结了四个方面的原因：

第一，高增长目标是严肃的，但又是笼统的。目标的严肃性，在于其表达的是坚定、持续的快速增长思想。发展是硬道理，企业有规模才有地位和话语权，企业经营要有一定的规模来支撑品牌，员工需要在有规模的企业工作。然而，目标又是笼统的，五年不能实现，七八年的时间能实现的话，对于企业发展而言，依然是收获。

第二，高目标是组织发展、能力提升的需要。企业在过去二十多年的发展中，虽然也经历过诸多困难，总体上发展还是顺利的，对于企业目前的状况，大多数员工是满意和自豪的，这固然是好事，增加了员工的忠诚度。但换个角度，对目前状况的满足，也如“温水煮青蛙”，致使大多数人停留在舒适区不愿意走出来，企业最大的风险不在外部而在内部。提出高目标，促使企业的组织群体从思维和行动的舒适区中走出来，即使将来只实现了目标的 70% ～ 80%，也比提出没有挑战性的目标要强。

第三，在追求高远目标的过程中，企业的文化和能力、员工的思想和能力都会得到极大的激活，这是实现目标过程中的附加值。提出目标、为目标去奋斗，即使没有实现，奋斗过程本身的价值已经出来了。“我们企业最大的竞争对手，不再是同行，而是企业自己，可以说最大的挑战是战胜自己”。

第四，高目标也是企业领导者的“人生新追求”。有企业的领导者告诉攀成德：“当初做企业的初衷主要是赚钱混口饭吃，这个行业哺育了我们。”几十年的良性发展，已经让这些企业的领导者实现了财务自由，为什么在衣食无忧的时候选择继续前行并接受更大的挑战？“奋斗才能找到人生的价值”，“除了做好企业，我还会做什么？”

对于不断追求新目标的企业和企业领导者，我们不会质疑，实现目标过程中的挑战和风险，企业领导者比我们这些旁观者更清楚。近 7 万亿元营收规模的设计行业和不断出现的新机会，也完全能容纳他们的梦想，而设计行业也需要有梦想的人。

4.4.3 从目标到行动

中国平安董事长马明哲先生说过一句广为流传的话“一流的战略、二流的执行，不如二流的战略、一流的执行”，可见马明哲先生对执行的重视。提升企业的执行力，是一个系统工程，企业无数改革的目的和目标都在于此，既要有激发个人潜能的策略（三项制度改革主要是解决这个问题），又要重视团队和企业的执行力建设。尤其是对于大型组织而言，提升团队和企业的执行力远比三项制度改革要复杂，管理专家们在这个问题的研究上花费了大量精力，也给设计企业提供了具有一定价值和操作性的管理工具。

简单实用的工具是目标管理体系。

经验主义管理大师德鲁克先生非常推崇目标管理这个工具，这个工具也是他本人提出来的，他称之为“管理中的管理”。目标管理简单实用，以目标的设置和分解、目标的实施及完成情况的检查、奖惩为手段，通过员工的自我管理来实现企业经营目的一种管理方法。有管理学者调研世界 500 强企业后发现，超过 60% 的企业在使用这一工具对企业战略目标进行管理，可见，即使管理基础好的企业，也喜欢简单直接的工具。

系统性的工具是平衡计分卡。

平衡计分卡由卡普兰和诺顿先生提出，被认为是最科学的战略实施管理工具，从财务、客户、内部运营、学习与成长四个角度将战略实施分解为可操作的衡量指标和目标值，比较有效地解决了制定战略和实施战略脱节的问题，堵住了所谓的“执行漏斗”。通过他们提倡的战略地图、平衡计分卡以及个人计分卡、指标卡、行动方案、绩效考核量表，来实现组织、团队和个人绩效之间的链接，形成组织的一致行动。

有人评价，从科学管理思想的确立到1992年平衡计分卡提出的七十多年历史中，平衡计分卡是最伟大的战略管理工具（图4-1）。

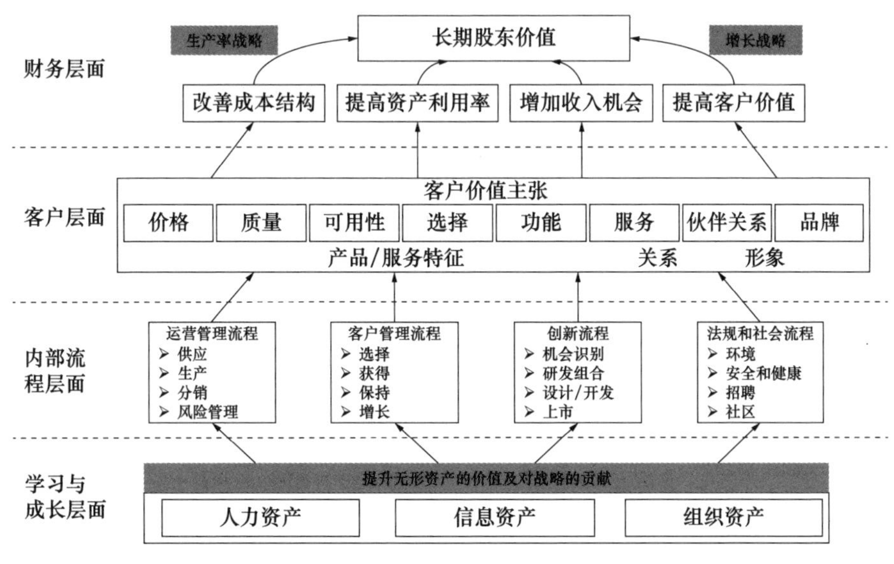

图4-1 平衡计分卡

管理学者调研世界500强企业后发现，排名第二的战略管理工具是平衡计分卡，它的科学性无可争议，但是复杂性也增加了它在企业推行的难度。

无论是采用目标管理体系还是平衡计分卡，都是组织绩效分解到团队和个人绩效的过程，通过有力的绩效管理，推动战略的落实。企业需要在使用这些工具的基础上，不断根据外部环境的变化，与内部资源进行匹配，通过时间段的分解，把目标细化为企业的计划和有效的行动举措。

把战略思想变为具体行动，是每个企业管理者的重要责任，也是组织进步、竞争胜出的关键，是一个持续、长期、艰难的过程，也是一个不断调整、完善、迭代的过程，设计企业的领导者需要对此孜孜追求。

5 看经营定策略：贴近市场，服务客户

设计企业的经营就是围绕客户做签约、履约和结算。签约需要找准市场，找对客户；履约要高效和保障品质；结算对于传统设计咨询业务并不难，早年很多设计企业没有“催钱”的习惯，甚至一些设计企业为了平衡收入，有意把收款往后延，但随着市场下行，这种情况几乎不复存在。此外，新模式工程总承包业务既带来了大规模的收入增加，也需要设计企业在签约、履约和结算环节改变思维和习惯，这些改变成为设计企业转型的经营新挑战。总体来看，看似简单的三个经营问题，要做好都是大学问，不同企业有不同的选择，不同的人去做也会得到不同的结果。

5.1 为什么要重视经营

1. 设计企业为什么要重视经营？

从外部环境来看：

细分市场波动增加。大建筑业已经进入总量稳定时代，且设计细分行业市场的投资波动性增加，给企业带来了经营的压力。以大基建行业不同的细分市场为例，过去十年公路建设市场的投资增长逐渐见顶，近三年投资稳定在2.5万亿元左右，铁路建设市场的投资稳定在7500亿元左右，随着国家高速公路网、国家核心铁路网主干线建设完成，行业投资波动将成为大趋势；房屋建筑和工业建设的细分领域也各有特点，但总量基本稳定的趋势不会改变。

市场竞争压力增大。施工与设计行业正在融合，施工企业进入施工图设计业务，甚至整体的设计业务，对设计企业造成了新的竞争压力，压缩了设计企业的业务空间；设计行业内部，未来细分市场的“井田规则”将会被逐步打破，逐步走向充分竞争的“丛林法则”；大型设计企业的成熟度逐渐提升，横向之间

院与院的竞争加大，依赖资质、技术等获取的竞争优势逐渐减弱，“坐在家里等活上门”的日子一去不复返了，大型设计企业也不得不重视市场经营，“抢米下锅”。

从自身特点来看：

企业难以满足业务升级的市场需要。EPC、PPP 项目的体量大，设计企业自身并不愿意去冒风险，“就赚 10% ～ 15% 的利润，人均产值达到六七十万元就可以了，也不去扩大杠杆”，大多数设计企业持这样的理念。虽然设计咨询业务的利润率比较高，甚至有些可以达到 20% 以上，但行业整体的利润率正逐步下降到 5% 左右，人均利润也就 5 万～ 6 万元，无论是利润率还是人均利润，其实并不高；根据设计类上市公司的公开数据，优秀的土木类上市设计企业的人均利润 10 万元左右，优秀的建筑类设计企业人均利润甚至只有 2 万～ 3 万元。而攀成德的研究显示，一些大型施工企业人均利润可以达到 10 万～ 20 万元，为什么会出现这样的情况？原因是施工企业的业务模式让他们有三个杠杆，而设计企业的杠杆率低，或者几乎没有杠杆率：人员杠杆，中建在施工承包业务上做过测算，1 个项目管理人员背后有 8.5 个民工，而设计企业没有这样的杠杆；财务杠杆，大多数设计企业资产负债率比较低，有些设计企业甚至没有银行贷款，施工企业的资产负债率一般都达到 80%，远高于设计企业，中建和中交这样的大型央企，2019 年末的资产负债率也达到 70% 以上；组织杠杆，施工企业的业务同质化比较高，可以建立标准化的管理体系，而设计企业在组织结构标准化方面的进程总体上更慢，组织效率不高，在业务升级以后，企业的市场经营就会跟不上来。缺少三个杠杆，在如今大型设计企业的市场经营逐步高端化的趋势下，企业原来的经营方式就不一定管用，因此设计企业需要在市场经营上有所突破。

“技术组织”观念太强，商业意识相对欠缺。设计企业在定位自己是“技术组织”还是“盈利组织”上的态度往往略显暧昧，在 2020 年的行业调研中，攀成德调研团队反复询问被调研者“贵院到底是设计院还是有限公司，哪个在前，哪个在后？”答案并不一致。根据攀成德对上市建筑设计企业经营数据的分析，一些技术、品牌、团队领先的建筑设计企业盈利水平未必领先，甚至还会低于行业平均水平，数据显示他们在商业上不算成功；而在网络上被员工吐槽的某民营设计企业，技术能力未必很强，但人均收入和人均利润远远超越行业平均水平，数据显示他们在商业上是成功的。值得庆幸的是，设计企业的商业意识正在增强，在调研中，攀成德调研团队提出“院长（核心经营管理人员）重要还是院士（核心技术人员）重要？”的问题时，60% 的设计企业认为“院长”比“院士”重要，30% 的设计企业认为“院长”和“院士”一样重要，10% 的设计企业认为“院士”比“院长”重要。虽然每个设计企业情况不一样，很难有标准答案，但大致可以看到大的发展趋势。

2. 设计企业如何贴近市场？

正如我们在第 4 章中谈到的，行业波动对设计企业经营的影响大于行业内的竞争。设计企业贴近市场，既需要在现有赛道里提升竞争能力，也需要寻找有未来、可持续的细分行业赛道，二者皆不可偏废。

在既有赛道提升竞争能力，是企业发展的基础。既有赛道的业务是企业的基本盘，大建筑业是一个历史悠久的行业，在可以预见的未来，每个细分行业都会进化，但作为行业内的设计企业，具有信息、技术、资源的优势，跟上甚至引领行业的发展还是有一定优势的。如果既有赛道基本盘守不住，就匆忙进入新的赛道，可能会面临灭顶之灾。所以，守住基本盘是转型、更换赛道的基础。

寻找新的赛道，可以从两个方面进行思考。一是赛道的体量，二是赛道的竞争方式和竞争强度。

从赛道的体量来看，主要决定于投资。投资越大，行业的市场越大，根据攀成德的长期研究，目前，我国的城镇固定资产投资中，制造业投资略超过 30%，房地产投资略超过 20%，基础设施投资也超过 20%，三个领域的投资合计占比 75% 左右。从投资体量来看，这三项投资的强度基本确定了我国城镇固定资产的情况。设计企业在这些领域里有自由发展的空间，竞争对手并不唯一，在产品、区域、价值链的任何一点突破，都可以找到发展的空间。

从赛道的竞争强度和竞争方式看，设计行业 14 个细分领域，特点各异。

有的细分行业，领域很小，基本上没有竞争，或者是双寡头竞争，用设计行业的“独角兽”或者“双寡头”来形容也不为过。比如船舶建设领域的“中船九院”是船厂基本建设领域的独角兽，比如铝工业领域的“贵阳铝镁院”“沈阳铝镁院”是铝工业的“双寡头”竞争，这些细分领域并不值得其他设计企业战略性进入。为什么？当行业兴盛的时候，进入来不及，当行业萎靡的时候，在这个领域的企业自己也很艰难。攀成德为一些专业领域独特的企业提供过咨询服务，他们既有行业兴盛时期的兴高采烈和淡淡的傲慢，也有行业萎靡时的沮丧和绝望，而在某些壁垒高的细分领域的设计企业，因封闭而自我，因自我而落后，因落后而与时代脱节，因脱节而被时代淘汰。进入这样的赛道，需要极高的转型能力，需要极快的转型速度。

有的赛道不大也不小，如铁路设计。有研究显示，铁路设计行业，每年的设计咨询市场超过 300 亿元，如果再加上城际铁路和城市轨道交通，市场更大。但铁路设计行业因为规划、方案、施工图的长周期，阻碍了大多数其他赛道选手的进入。

除了已经基本成型的赛道，有两种情况值得希望寻找新赛道的设计企业考虑：一是壁垒被摧毁；二是市场在更新。

壁垒被摧毁，可能有多种因素，例如，行业需求端的改变、技术和资质壁垒的消失、人才流动壁垒的消失等。基准方中和天华的发展，源自建筑设计需求端的改变，是怎么改变的呢？房地产开发企业的全国化，摧毁了建筑设计的区域壁垒，大型房地产开发商以战略合作的方式，为优秀的建筑设计企业进入新市场带来了初始业务，而优秀的建筑设计企业在进入新市场以后，又可以进行开疆拓土。大多数坚守本土的省级建筑设计企业规模在 1000 ～ 1500 人，而这些跟着大型房地产开发企业开疆拓土的新生设计企业发展到超过 6000 人，这是市场壁垒被摧毁后带来的机遇。

市场在更新，则更青睐创新者，对于参与者总体来说还是公平的，大家起点基本一致。我们发现，在区域综合开发方面，具有创新精神的设计企业具有领先位置；我们也发现，技术创新，让设计企业在进入新赛道时，速度更快、效率更高、效果更好。

2020 年，攀成德以“设计企业的转型和工程总承包业务的发展”为主题，调研了65家大型设计企业，在调研中，我们发现设计企业在更新的市场中，并非“近水楼台先得月”，四航院是从事航道和水工业务的设计企业，在园区设计、运营方面不仅取得了良好的经营业绩，还塑造了很好的能力；中冶南方是从事冶金建设的设计企业，在市政和环保领域的业务风生水起。显然，是市场更新给了他们机会，而他们自身在组织能力建设方面的快速调整，适应了更新市场的需求。技术创新帮助企业进入新赛道的案例是中电建华东院，华东院利用数字技术的领先优势，成功进入轨道交通建设领域和其他一些领域，坚不可摧的轨道行业壁垒，在新技术面前，也被挤出了一条缝。

5.2 从四个角度看经营

随着设计企业规模不断增大，经营变得越来越重要。如何做好经营，需要从多个角度来思考，从模式、区域、客户定位角度看市场，也需要从区域、组织和人员的角度来做好资源匹配。我们试图从四个角度来做一些分析，供设计企业参考，如何取舍、哪个角度优先，需要根据企业自身的实际情况来规划。

5.2.1 立体经营

设计行业正呈现出立体经营的趋势，主要有五种模式：

第一是传统经营模式。依靠品牌、专业团队、技术能力、人脉关系形成综合能力，经营活动在集团和二级单位两个层面开展，大多数传统设计咨询业务都以这种方式展开，这种经营模式经过长期的修炼，已经成为设计企业经营模式的基本盘。

第二是投资拉动经营模式。部分项目需要以甲方（投资者）的角色进入，比如在PPP项目中投入一定的资金比例，目的是拿到设计咨询或总承包合同。设计企业的资产规模决定了在选择投资拉动经营模式时要注意“跟投跟紧、主投做精”，传统经营与投资经营共同发力，还需要关注资源的整合路径。

第三是价值链多环节融合的经营模式。向前端可延伸至可行性研究、咨询策划，向后端可延伸到维保运营服务。向前端延伸是为了增强对政策、政府、规划、投资方的影响力，如铁路主赛道设计企业对国家铁路网的规划具有强大的影响力，从而提高了市场进入壁垒，为主赛道设计企业在业务上的垄断竞争奠定了坚实基础；省级公路设计企业也存在这样的优势。向后端延伸，可以快速增加业务量、增强业务的稳定性，快速做大企业规模。根据攀成德对全行业的数据分析，全国设计咨询收入为城镇固定资产投资的 1% ～ 1.2%，工程施工收入约为城镇固定资产投资的 40%，设计企业向后端延伸的策略之一就是从事工程总承包（或施工总承包），这样业务合同额和业务收入都将大幅度增加；任何项目的新建时间都不会太长，而运营则有数十年甚至上百年的时间，工程项目的运营周期和项目的维保周期其实是相当的，维保市场是比较稳定的，所以向后端的维保业务延伸能大大提升业务的稳定性。设计企业还可以通过整合与重组分散业务资源，提升全产业链协同程度，大力推行全过程工程咨询，提升综合服务能力。

第四是借力集团资源的经营模式。央企下属设计企业可以借助集团资源，提升核心技术实力，参与特色项目，打造差异化的品牌定位。可以利用集团层面给予资源和政策上的扶持，以全产业链布局和集团性业务平台为基础，融入集团开发的综合型项目，发挥前期高端咨询的作用。

第五是整合外部资源的经营模式。设计企业可以利用资本手段，有效整合外部发展资源，摆脱传统业务的增长瓶颈，也可以与国际国内一流企业深度合作，建立联合体投标、战略合作等合作关系，完善项目管理环节能力，推动产业链纵向整合。

5.2.2 区域经营

在业务和业务模式不变的情况下，利用竞争优势，拓展经营区域，是设计企业业务发展的重要途径，设计行业的很多壁垒正在被摧毁，随着区域壁垒不断降低，区域经营对业务发展的重要性不断提高。攀成德 2020 年对大型设计企业的调研显示，设计企业普遍采用专业能力经营与区域经营两者结合的方式：专业经营主要依靠品牌和综合技术能力，在铁路和水运领域体现比较明显；区域经营，技术是基础，主要依靠属地化的团队和服务的及时性，在建筑、市政领域体现比较明显；公路介于两者之间。

各细分行业未来的区域经营仍有各自的特点，以市政设计企业为例，大多数市政企业的组织可能已经不能适应市政业务的发展趋势，亟须改革。设计企业的经营应该是市场导向，市场决定了企业的资源配置。从业务来看，现在设计行业已进入高质量发展阶段，以前“单小量大”的业务模式已经无法持续，订单数量会越来越少，要求会越来越高。从地域来看，未来中心城市群所在地域才是市政业务集中的地方，因此市政设计企业必须跟着中心城市群走，“分院”要围绕城市群，逐步变成区域中心，这需要设计企业的组织随业务的变化而变化。以前，市政设计企业的分院比较多，所有的分支机构都是属地化的，分院有相当大的生产能力。但未来设计企业的组织，需要有规模、有高度，才能适应未来项目更加综合、大型的趋势。这要求企业从“多点”布局的分院变为“多中心”布局，根据市场容量调整驻点分布，从“多、密”变为“高、大”，攀成德认为这是行业发展的大趋势。

大型设计企业在组织上以分公司的方式不断增加区域经营机构，且分公司向签约履约的实体化方向发展的趋势非常明显，因此区域经营带来的业务量在总收入中的占比不断增加。区域市场的发展策略通常有以下三种方式：

第一，通过自我发展、自建分支机构进行扩张。设计企业完全利用自身的资源，在新的业务区域成立分支机构，在这种方式下，企业必须投入必要的人力、物力、财力，以满足分支机构正常运转的需要，同时，充分利用自身的优势，加强区域市场的开发能力，确保分支机构在新区域的业务顺利开展。

第二，采用兼并收购的模式进行扩张。兼并收购也是设计企业在区域扩张时常用的方法。采用兼并收购方式的设计企业一般都具有较强的技术实力和行业影响力，而兼并收购的对象往往是熟悉目标区域市场、具有一定行业经验和资源的企业。通过兼并目标企业，可以快速地进入目标区域，以技术实力和行业经验支撑在目标区域的业务发展，采用这种方式具有周期短、风险小的特点。

第三，采用连锁加盟、战略合作的模式进行扩张。设计企业还可以通过战略联盟的方式来实现区域扩张。战略联盟是企业在追求长期竞争优势的过程中，为达到阶段性目标而与其他企业结盟，通过相互交换互补性资源形成合力优势，占领市场。战略联盟主要是以契约的形式结合起来的，合作方之间的关系比较松散，兼具了市场机制与行政管理的特点。各方主要是通过协商的方式解决各种问题，同时战略联盟也具有机动灵活、运作高效的特点。

不管是哪一种方式，设计企业都需要做好资源布局和整合工作。在资源整合过程中，需要发挥企业的品牌、技术、信息化等优势。

5.2.3 分级经营

随着设计企业的规模不断增大、业务多元化、模式多样化，需要建立多层级的经营体系。多层级经营体系之下，经营组织的管理、人员的调配成为更加复杂的问题。

设计企业在组织层面的分级经营包括：总部（院）经营、分院（分公司）经营、项目层经营。一般来说，总部（院）负责品牌经营、大客户或大项目经营，分院（分公司）负责区域业务的经营，项目部负责滚动开发。这里主要谈总部（院）和分院（分公司）两级经营。

是否要做两级经营，一般取决于三个因素：第一，看企业有没有做高端项目的需求、主要的盈利点在哪里，一些大型设计企业需要用地标性建筑等大型项目来维护公司的品牌和市场，需要总部（院）去做高端对接，发挥经营作用；而一些中小设计企业如果没有这些方面的需求，则通常采取分院（分公司）经营的模式。第二，看项目数量和项目大小，如果企业的项目很少，一般是总部（院）经营；如果企业每年有 1000 个项目履约，3000 个项目投标，若 3000 个投标项目比较均衡（都是住宅项目），那么总部（院）可以完全下放经营权；若 3000 个投标项目并不均衡（少数项目规模大、多数项目规模小），大项目经营通常以总部（院）为主，中小项目以二级分院、属地分公司经营为主。第三，从业务的角度，设计咨询业务以分院（分公司）经营为主，新型业务如全过程工程咨询、工程总承包以总部（院）经营为主。

如何做分级经营？

首先，明确总部和分院各自的经营职能。通常来说，总部在一些高端项目、综合性项目（比如多专业或多企业协同的项目）上发挥牵头作用，做好品牌建设；同时统筹立体经营，在高端政府资源拓展、资源协调、客户维护、信息共享等方面发挥支撑作用，实现大客户、大项目的管理。分院主要经营区域市场和项目，更多地针对一般性客户，在专业领域发挥作用，自主性比较强；外地常规项目的经营主要是由各地分子公司、经营触角来负责，多数设计企业目前正在采取区域经营的策略，目标就是为了聚集区域内的经营资源，来放大经营效益。

其次，立足于组织层面分级，用不同维度去划分项目和客户。项目划分的维度要考虑项目大小、客户重要程度、项目难度、公司品牌塑造的重要程度、区域成熟度等，企业根据自身情况选择这些维度，然后在具体维度下进行切分。

最后，对总部和分院配置不同的资源和权限，并做好配套的激励机制。分级经营对企业内部管理要求比较高，对经营管理体系的构建以及相关信息的汇总反馈等方面要求都很高，实施过程中控制风险也是需要重视的一个方面。目前设计企业在分级经营方面普遍存在经营协同问题，区域机构在区域经营上缺少院层面的统筹管理与内部协同机制，未能形成公司整体的区域经营力量，削弱了市场开拓的能力。

5.2.4 品质经营

提高设计品质和现场服务水平，是大多数大型设计企业的首选。对于大型设计企业而言，要设定高起点，打攻坚战，坚持“大市场、大模式、大客户、大项目”的经营策略：大市场、大模式才有战略空间；大客户加深经营空间；通过大项目、难项目树品牌、育客户、带团队。

大市场。设计企业要关注未来巨大的市场空间在哪里，因为走向何方是要从“1 到 *N*”，不仅仅是看“内在有什么能力，就做什么”，当然内在和外在也要匹配，但设计企业更关注的是两点，一是地域性，比如长三角、珠三角、成渝、京津冀，甚至东南亚；二是产业链，现在工程总承包的业务占比在不断提升，同时以设计牵头或者设计施工组成联合体的工程占比大概超过20%，所以工程总承包的潮流也是势不可挡的。

大模式。设计企业把自己看作一个集资质、品牌、管理体系、人才、市场等于一体的有机整体，资源在企业内进行统一的调配，通过统一的制度进行内部各个局部利益的调整，以整体的利益、长远的利益为重。大模式下，战略和执行的一致性强，总部会比较强大、权威，下属企业执行力强，企业领导者更多以经营和管理者的角色出现，但不一定是所有者。大模式的优点是集中资源，依赖于组织而不是强烈依赖于某些个人，可以做比较大、难度高的业务，能满足高端客户的需要；当企业选择“高大新尖特”的高端项目作为自己的主要市场时，这些项目往往需要举整个组织之力来完成，企业就必须选择大模式；定位于大市场、大业主、大项目高端市场的设计企业多数选择了这样的模式。也有规模不大的企业选择了资源集约、管理集中的大模式，他们也取得了非常好的效益。

大客户。在大市场里，设计企业如何寻找大客户？大型设计企业最关心的不是体量大的，而是可持续的，所以对企业来说，大客户就是黏性高的，并且能够持续带来业务的客户。设计企业实际上是很“痛苦”的，以项目为核心的公司实际上都是非常“痛苦”的公司，因为客户的黏性建立在很微弱的联系上，比如客户换了一个老板，黏性可能就没有了。像阿里这样的企业会更“容易”，只要有人买东西就会在他们的平台上买；而做工程的企业，就像在阿里上开店的人一样，做一单算一单，做得很累，每年没有累加。

大项目。具备高合同额及高端业绩的大项目不仅可以增加企业业绩，还能帮助企业积累经验，锻炼队伍，推动品牌、技术和人才的转型升级，提高企业竞争能力。设计行业已经进入品牌竞争时代，设计企业需要大项目来树立品牌优势，从而赢得市场，这在过去不明显，为什么？江苏的交通设计，一定是找江苏的设计企业，上海的交通设计，一定找上海的交通设计企业，但是未来会发生变化，尤其是完全市场化的非政府项目。

5.3 不同设计企业如何做经营

细分行业不同、模式不同、资源不同、目标不同的设计企业，可以选择不同的经营策略，甚至在同一设计企业内部，不同业务部门的经营策略也会不同，所谓“在什么山唱什么歌”，“大马拉小车不经济，小马拉大车勉为其难”，下文我们从设计企业规模的角度来做一些探讨。

5.3.1 大型设计企业的经营

国内规模最大的设计企业在人数规模上近万人，营业收入数百亿元，其业务涉及的行业众多、业务价值链长、区域也很广，这类企业的经营是比较复杂的。当然，也有建筑设计企业选择业务单一、模式单一、广布区域的经营策略。无论如何选择，大型设计企业需要有业务规模的支撑才能生存和发展，其经营也需要在一个或者几个维度进行拓展。

模式一：业务单一、模式单一、广布区域。我们发现大型民营建筑设计企业普遍选择这种模式，基准方中、天华、CCDI 等企业的规模化发展，可以归入这一类，他们定位于建筑设计咨询，在 20 ～ 30 个区域设置经营和生产机构，并在区域上持续拓展。同时，他们采用标准组织、标准人员配置、标准职级和薪酬体系，再加以技术和服务的标准化，大大简化管理，获得了较高的生产效率，具有强有力的竞争力量。

模式二：行业单一、模式复杂、区域适中。华建集团、市政西北院等设计企业采用这种模式，他们通常在自己所在的优势区域具有丰富的市场资源，通过创新业务模式，在其优势区域赢得大量市场，同时又可以通过在 1 ～ 2 个行业的优势品牌和团队能力，进行区域拓展，在两条路径上发力。

模式三：在行业、模式和区域三个维度进行多维立体式拓展。铁五院、中冶南方、中冶京诚等设计企业在做这样的尝试。深入分析，这种模式的难度非常大，大多数采用这种模式的大型设计企业，在实践的过程中，往往只能在 1 ～ 2 个维度能取得比较好的成绩，这种模式对经营能力、组织管理能力和资源匹配能力提出了极大的挑战，要取得成功，需要绵绵用力、久久为功。

无论采用哪种模式，“做大、做强、做优”是大型设计企业集团的梦想，而这三者的排序不同，意味着战略思想的不同，设计企业需要把成长过程看得比结果更重要，需要把能力建设融入成长的过程，否则，可能会在急速成长后，陷入雪崩的困局。

5.3.2 中小设计企业的经营

由于资源、品牌、能力等方面与大型设计企业存在差距，中小设计企业的经营总体上应该聚焦，在业务聚焦、模式聚焦、区域聚焦方面做文章，避免广种薄收，努力突出自己的特点和特色。中小设计企业主要有以下五种经营策略：

第一，聚焦业务，积极加强区域化布局。对中小设计企业来说，区域化布局是应该优先考虑的选择。面对严峻的形势，应选择先生存后发展；业务全面撒种，不如深耕某个业务，所谓“品质源于专注、专业创造价值”。先集中优势人员和核心力量，在属地市场占有绝对优势，再逐步由近及远地走区域化布局的经营路线，既可以有效利用和协调资源，也有助于经营能力和经营团队的培养。

第二，聚焦专业，积极拓展行业布局。所谓专业化，是指有效地整合资源，在相对集中或聚焦的行业领域中形成局部竞争优势。走专业化布局的道路又可分为两种：其一，企业自身完全独立自主走专业化道路，借助区域市场经营谋得生存。其二，专业化的小型设计企业可以与综合性的大型设计企业形成战略合作伙伴，以自身的专业优势补齐战略合作伙伴的业务短板或空缺，实现双赢。

第三，特色化布局。所谓特色化，即根据企业自身的人才、技术和服务专长，针对特定项目产品类型和客户群体，提供差异化的服务。中小设计企业可以从产品思维出发，走特色化布局道路，打造某一领域的精品，相应的市场经营、生产等都是围绕着这一点进行。

第四，综合服务公司。如果说特色化产品公司是做产品的话，综合服务公司更强调对本区域客户的高价值服务。通过高附加值服务提升客户黏性，保障企业发展。对于综合服务公司而言，横向适度多元、纵向产业链一体化的业务模式往往是他们的选择，也就是说，客户需要什么样的服务，企业都应该想方设法去满足。

第五，聚焦未来新兴的缝隙市场。在行业发展进入到下半场，退出竞争激烈的主流市场，聚焦未来新兴的缝隙市场也可能是个选择。当新型城镇化逐渐发展到高级阶段，新增项目会越来越少，但存量项目会越来越多，这里可能也蕴含着很多业务机会，例如现有大量公共建筑包括各类工业商业地产的节能改造服务、老旧建筑的检测翻新加固设计、商业地产用途转换的更新设计等等，都会有持续的需求。

无论是大型设计企业还是中小设计企业，如何贴近市场和服务客户，是未来需要长期思考的问题。竞争无处不在、无时不在，既有技术特征又非常传统的设计企业，仍然可以从波特的竞争战略思想中去寻找自己的发展战略：总成本领先战略、差异化战略或目标聚集战略。

5.4 管理和激励模式是支撑

有一种说法叫"经营重于管理"，从字面去理解，显然是存在问题的，管理本身是为了提升服务客户的效率和品质，否则，任何管理都成为毫无必要的动作，把经营和管理进行比较，无异于谈论螺钉和螺母谁重要。亨利·法约尔把管理分解成计划、组织、领导、控制、协调，这些管理要素最终都是面向市场和客户；哈默和钱皮两位大师提出的业务流程思想，也是针对客户和服务。所以企业管理的根本在于服务客户，互联网企业的口头禅"场景"，也是关注客户的服务和体验。

经营是赢得客户的信任和合同，而赢得信任和合同的背后是科学的组织和良好的团队。正所谓：清晰的经营思路需要有效的管理模式和激励模式来支撑，只有三者产生良好的协同和共振，才能获得好的经营结果。

正如我们在本章探讨的设计企业经营模式，客户特征、项目大小、模式、区域等都存在显著的差异，由此形成了众多的经营模式，从逻辑来说，"一把钥匙开一把锁”，这就是我们为什么要探讨“经营模式需要管理模式和激励模式来支撑”这个问题。

5.4.1 三个模式

为什么要重视模式匹配呢?

在越来越激烈的市场竞争环境下，设计企业越来越重视经营，企业不断在经营端发力，“院长”（核心经营管理人员）重要还是“院士”（核心技术人员）重要成为可以探讨的问题，可以看到，部分设计企业把经营模式提升到企业发展的哲学高度，不再从“一城一地一项目”的角度来看问题，显示出设计企业商业化、市场化的趋势（图 5-1）。

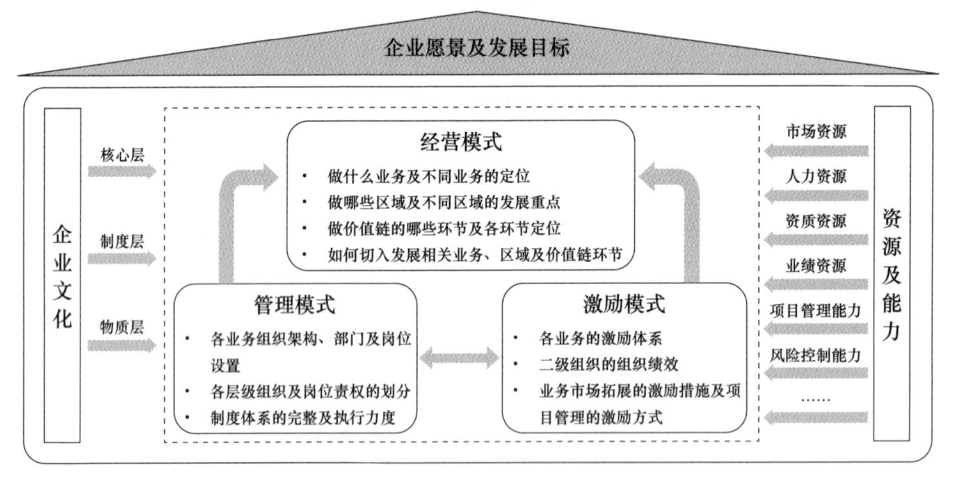

图 5-1　经营模式、管理模式、激励模式三者匹配

与经营模式调整速度相比，管理模式和激励模式的调整相对滞后。引用几段攀成德 2020 年设计行业调研总结中的文字，供大家参考：

“设计企业做工程总承包，所有的人员和组织结构几乎都不可动，做 A 业务的时候是这帮人，做 B 业务的时候也是这帮人；做 A 模式是这帮人，做 B 模式也是这帮人。我们是‘一把锤子’，看到什么都是‘钉子’，‘一把锤子’解决所有的业务发展和模式的问题，在引进人员方面不是太开放，这跟施工企业相比还是有一些差距的。真正做工程总承包的话，内部组织就要转型。”

“用什么指标衡量工程总承包的转型力度？施工企业工程总承包转型的程度可以用新签合同额、营业收入等指标来计算，但是设计企业不能以合同额、营业收入来计算，例如，对于新签合同总额中工程总承包已经占到了50%的设计企业，不能认为它的转型力度就很大，这种计算方法会误导企业忽视组织能力建设，那么设计企业应该以什么指标来衡量转型力度呢？我们认为可以用从事总承包的人数来统计，是2%？ 5%？ 10%？还是40%～50%的人在从事工程总承包？这是真正可以衡量设计企业工程总承包力度的数据（图5-2），而不是以营业收入或合同额来统计。有不少设计企业在20世纪90年代就成立工程总承包部，当时把设计做得不好、能力差的人调去做工程总承包，这样的工程总承包业务能做好吗？能力能建设得起来吗？”

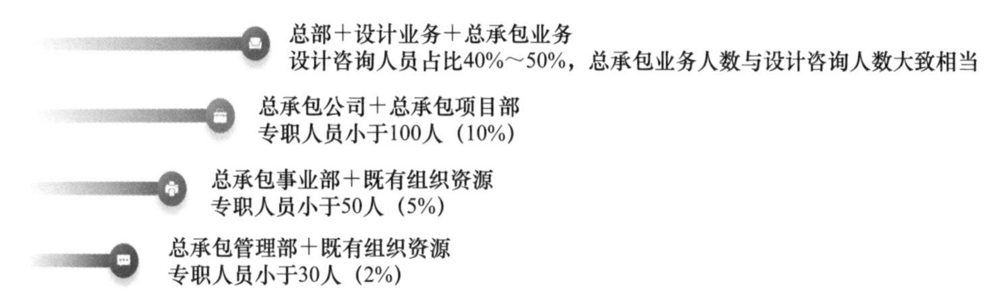

图5-2 工程总承包的转型力度与组织转型

行业调研让我们看到的实际问题，远比媒体文字里谈到的问题要多样和复杂，解决这些问题，也比文字里谈到的思路要复杂，需要设计企业管理者在这方面做更多的思考，有更大的决心来改造设计企业的组织，当然，我们认为小的有效改进，也能产生很好的效果。

5.4.2 做好模式匹配

要做好经营模式、管理模式、激励模式中的任何一个，都不容易，而把三者做好并相互匹配则更加艰难，那么如何做好模式匹配的工作呢？

建议一：简化商业模式，以降低管理模式和激励模式的匹配难度。

简化商业模式的最好方式是做好企业定位，有清晰的STP（Segmenting、

Targeting、Positioning三个英文单词的缩写，即市场细分、目标市场和市场定位）。建筑设计企业中已经有这样的案例，本书中反复提到的天华、基准方中就是典型代表，他们选择建筑设计的中端市场，产品线不宽，而这个市场本身有一定的市场容量，为他们提供了市场宽度，客户重视设计质量和服务质量，可以通过内部管理构建一定的品牌壁垒。这两家企业的领导者曾经明确地告诉我们："只想把设计咨询做好，不想做工程总承包。"正是这种简化的商业模式，使其经营可以聚焦于细分市场，组织管理和激励模式可以标准化，有人用"设计工厂"来讽刺这些企业的管理，但从三种模式的匹配来看，他们却是正确的，也正是三种模式的匹配让这类设计企业在开疆拓土方面摧枯拉朽。

建议二：行业拓展从设计咨询起步。

设计企业做行业拓展，从业务角度我们已经做过很多探讨。从管理模式、激励模式支持经营的角度来探讨，行业拓展应该从设计咨询业务起步，这种拓展模式无须对既有的管理模式和激励模式做太大的变革。中国煤科重庆设计院在煤炭行业投资大幅下降、煤炭设计咨询业务大幅萎缩的市场背景下，开拓建筑、市政等诸多设计咨询业务，采用组织分散、激励分开核算的模式，依然获得了很好的发展。中国煤科重庆设计院行业转型的成功，是经营模式、管理模式、激励模式良好匹配的典型案例，当然这种模式是否还能支撑其未来的发展，则是他们面对新环境、新挑战，碰到的新问题。

建议三：区域拓展前在大本营做好样板。

在业务和模式不变的情况下，如何让管理模式和激励模式匹配区域拓展？试图做区域拓展的设计企业，应该先挑选具有区域拓展价值和品牌支撑的业务，在大本营对业务的管理模式和激励模式梳理和改进，使经营模式、管理模式、激励模式在大本营实现良好的匹配，构建可复制的体系，然后再进行区域拓展。模式不匹配，则相当于汽车的底盘有问题、四轮定位没做好，在哪条路上跑，都会有问题。很多设计企业在区域拓展前，并没有做好区域拓展的准备，打出去又缩回来，一而再再而三，积累的都是失败的经验，却失去了区域拓展的勇气。

建议四：价值链延伸从传统专业领域起步。

设计企业做业务价值链延伸最复杂的是工程总承包，这是我们在本书中反复探讨的问题。价值链延伸是企业商业模式的改变，需要在资源、风险管理等诸多方面做调整，企业也需要在管理模式和激励模式上做调整，而且无论是模式本身还是模式的匹配，都是非常复杂的，所以，大多数设计企业很难做好工程总承包，原因也在于此。然而，基于企业的生存和发展，很多设计企业又必须在业务上做价值链延伸，为减少模式匹配的难度，应该先从自己的专业领域开始拓展，建筑设计企业从房屋建筑工程总承包开始，冶金设计企业从冶金工程总承包开始，只有在自己强势的专业领域积累经验、建设体系和团队，才有可能跨行业拓展。事实上，即使有数年或数十年的长期累积，大多数设计企业的价值链延伸业务也还是局限于其优势专业。

在市场增长放缓的今天，部分设计企业陷入了发展的迷茫、增长的焦虑，试图在专业、区域、价值链多个维度进行快速拓展。要让管理模式和激励模式与这种多维度业务拓展匹配，是极其困难的事情，如果管理者、管理团队没有强大的控制和变革能力，设计企业自身的组织没有强大的执行力，这种多维度的拓展很难取得成功，不是发展的欲望和思路不对，而是组织跟不上。

战略不是空洞的口号，是企业的中长期目标、市场选择、资源布局、行动计划的系统思考。可以站在现在去展望未来，基于自身的优势和能力画延长线；也可以站在未来看现在，基于行业和客户需要，来改变自己、适应未来的需要。前者是稳健的策略，后者是跳跃性的策略，选择不同，则难度不同、策略不同，所以战略有时候是选择。

基于自身实际和追求目标的深度思考，并做出理性的选择，是设计企业高层领导者需要长期思考的问题。亚马逊总裁贝佐斯说："我们这个季度的经营状况如何，是三年前就决定的，我现在思考的是五年后亚马逊的问题。"设计企业今天的思考、决策、资源布局，会影响未来三五年甚至企业更长远的发展。

我们一直认为，出身于事业单位的设计企业，还未曾经历像家电、汽车等行业那样血雨腥风般的市场竞争的洗礼，但市场正在为设计行业塑造这样的氛围。“市场在资源配置中起决定性作用”，壁垒会被市场摧毁，市场会令竞争加剧，懦弱者会抱怨市场，而勇敢者则会拥抱市场。也正是加剧的市场竞争，才会让优秀的企业、优秀的从业人员脱颖而出，他们得到的将是灿烂的明天。

第 3 篇

透视业务：转型升级，久久为功

有活干，是企业生存的根本，透视业务，就是透视企业的生计。正如我们在透视行业中谈到的行业诸多变化，最终都会体现在企业业务的变化上。

如果市场、业务和业务模式、技术手段都不发生变化，任何存在的企业都能适应，也可能长寿。日本金刚组幸运地生存于这样的环境，加上对信念和品质的坚守，使它成就了大建筑业 1400 多年的长寿奇迹；然而，企业长期成功是小概率事件，大多数不变的企业都会消逝在历史的尘埃中。有统计显示，中国企业的平均寿命是三至五年，新创企业的寿命不到一年，柯林斯在《基业长青》一书中强调，不断进步是企业长久生存的基本规律。

对于大型设计企业，价值链延伸、区域拓展、基于新技术的新业务，是业务发展的新挑战；对于中小设计企业，如何应对业务的波动性，如何从低端市场、低端业务向中高端业务发展，如何加强与价值链前后端的合作，是业务持续发展的挑战；即使如化工类专业设计企业，业务、技术、模式都基本稳定，也在国际化进程中面临巨大的转型挑战。

没有哪个设计企业能快速实现业务转型。从一个专业领域进入另一个专业领域，往往很难进入新业务的主赛道；从设计咨询业务到价值链延伸的工程总承包，需要在经营、资源、组织、管理等诸多方面长期修炼；即使专业和模式不变，从低端市场走向中高端市场，客户信任和自身能力的累积，也非一日之功。

转型的路崎岖不平，也很漫长，设计企业在业务战略上需要绵绵用力、久久为功。

6　看业务产品：选择靠智，做好靠劲

设计行业从专业、技术、客户角度分为众多细分行业，从价值链角度又可以产生众多模式，从服务客户角度、项目规模和水平角度又可以分为高端、中端和低端，由此形成了丰富多彩的业务产品。相比施工行业，设计企业的产品切分维度多、层次分明，“井田”特征更加明显，从一个产品的市场走向另一个产品的市场，突破并不容易。在融合的时代，设计企业既要做好已有的业务产品，守住自己的“一亩三分地”，又要努力突破壁垒，进入新的业务领域，做到攻守平衡。对于设计企业做好新业务产品，我们认为，需要有迎接挑战的心理准备，选择什么产品，需要慎重；一旦选择，就不要犹豫，要用最大的努力去把新的业务做好。没有随随便便的成功，没有毫无道理的失败，成败皆有原因。当然，我们并非责备失败，大多数转型都是不成功的，要有对失败的包容之心，对自己如此，对别人也是如此，只要敢于尝试、认真尝试，所有的努力都值得尊重。

6.1　做好业务选择

在“井田法则”之下，设计行业是“画地为牢”的。除少数设计企业基本上还守在自己的业务领域、区域和价值链，大多数设计企业都在积极寻找增长空间，都想“冲”到别人的领域去“拼一把”。中冶京诚、中冶南方的传统业务是冶金设计，近年来开始进入市政和房屋建筑领域；铁二院、铁四院的传统业务是铁路设计，近年来在公路、市政等领域开始发力；中南建筑院作为建筑设计的传统“六大院”之一，也在2005年左右开始跨入城市规划、市政设计领域；苏交科和华设集团传统是做交通设计的，近年来拓展到市政、水运、铁路、城市轨道、环境、建筑等领域；由于城市化的快速发展，水利水电企业都在快速进军城市建设领域，“上岸”“进城”……但是，铁路企业做公路、公路企业做铁路、公路和铁路企业做市政，跨领域发展中的成功案例并不多。2020 年攀成德的调研团队在与大型设计企业的交流中发现，从一个专业领域跨到另一个专业领域，过得很舒坦的设计企业比较鲜见，做公路的去做铁路被打得“鼻青脸肿”，做铁路的来做公路也非“如鱼得水”，即使做公路的转型做市政，看起来容易，做起来也不是那么容易。到底是什么原因让他们进去后难以做好？有技术壁垒、资源壁垒、市场壁垒、人力壁垒等多方面的原因。对于业务拓展，“选择容易，做好难”，面对众多新诱惑，我们建议慎重选择，“多不如少，少不如好”。

6.1.1 业务选择重要

设计企业为什么要进行业务选择？我们可以从企业面临的外部环境和企业自身的发展动力两个方面来探讨，虽然在其他章节曾经探讨过类似内容，但也不妨在此再简单啰嗦一下。

在外部环境方面，主要有三个原因：

从政策来看，大建筑业是政策性比较强的行业，从 2000 年开始就有很多改革，从《中华人民共和国建筑法》修订到资质改革、造价改革、建设模式改革，行业改革已经从酝酿到实质性推动，方向已经逐步清晰，政策改革正在助推行业走向大融合，设计企业进行横向的业务拓展既是顺势而为，也是不得不为。

从竞争来看，固定资产投资从“全面增长”阶段进入“保持投资合理增长”阶段，正进入分化和补短板阶段。冶金、火电、港口等行业的投资迅速下降，这些领域的企业不得不转型进入其他陌生领域；同时，在“井田法则”之下，设计行业各个领域内的竞争越来越激烈，倒逼企业到市场中去寻找任何其他有可能的立足之地。

从需求来看，客户的需求在不断升级。例如，地方政府需要的也许不是铁路、公路或某个产业园，而是这些项目给城市发展提供的某种功能；政府的需求是以促进城市发展、提高人民生活为导向，要求提供工程建设服务的企业具有更强的综合能力，这给大型专业设计企业在业务发展上带来了新机遇。

在企业自身发展动力方面，设计企业寻找新业务，究竟想要达到何种目的呢？

其一，抓住新机遇，布局新业务。社会新阶段、产业新高度，往往会凸显新的市场机遇，比如风电、光伏，这些行业对大多数设计企业而言，机会均等。新行业发展的初期，看企业的眼光和行动速度，先抢占市场的企业具有明显的先发优势，所以有些设计企业会紧随政策导向，布局新兴行业。

其二，能力复制，做大市场。在业务不变的情况下，进行全国化乃至全球化布局，拓展经营区域，扩大市场份额，达到“做大”的目的。

其三，差异化竞争。在行业内寻找更加细化的业务方向，打造差异化的竞争优势也是一种选择。基于战略定位的差异，同一细分行业中的企业，通常会采取差异化的竞争策略，例如在建筑设计行业，中国院、北京院、基准方中、中建三局设计院代表着四种典型的差异化产品定位：中国院基于六大业务板块，做多领域全产业链的综合化产品；北京院的产业链短，业务模式单一，聚焦高端产品；基准方中的业务以住宅类为主，偏重于施工图；中建三局设计院以承接内部项目为主，以“提高项目的可施工性”为目的做设计优化，为局内部的 EPC 项目提供全过程咨询服务。

其四，多元选择。不断拓展新业务，逐步形成综合多元的业务优势，也是打造企业核心竞争力的策略。部分央企下属设计企业在大交通、大市政方面，以投资、工程总承包、设计咨询等多业务的综合模式，形成综合的竞争优势，在市场中逐步成为大型综合项目的资源整合者。

6.1.2 业务选择方向

设计企业如何确定自己的业务选择方向？是单点突破，还是线性延伸，或者立体式拓展？资源不同、目标不同，选择也不同，我们认为可以从四个方向来思考。

一是思考行业上升和下降的规律。

任何行业都有其发展的规律和周期，业务选择要思考行业的特征。设计行业在经历了过去二十年的快速发展之后，整体已经到了顶峰区间，各细分行业分化明显、震荡加剧。下降行业中，水电、火电、煤炭、有色、化工等行业已经经历过低谷，水运、低端工业等正处在低谷，冶金等行业有可能在震荡后面临更深的低谷；有的行业相对稳定，房屋建筑、交通市政、基础设施，虽然从长期来看也会缓慢下降，但对比快速下降的行业，它们是30万亿元大建筑业产值的基本盘；业务选择值得关注的是新兴行业，比如城市更新、美丽乡村、城市家装、地下管廊、新基建、高科技工厂、水环境治理等，大多数新兴行业的体量还比较小，还不足以影响行业的大势，但其未来还是值得期待的，对于有志于此的设计企业，应在深度分析的基础上，尽早行动。

设计企业需要审视自己所在行业未来的趋势，从国家政策导向、技术发展方向、城市发展需求等多方面进行预判，凡事预则立，不预则废。

二是思考行业市场容量的大小。

细分市场业务容量大小由投资决定，不同容量的细分行业，能够容纳的竞争者不一样，这很好理解，小池塘只能容纳小鱼和虾米，大海才能让鲸鱼生存。

制造业、房屋建筑、城市基础设施是最大的建设市场，其市场空间很大，即使不再增长甚至呈缓慢下降趋势，未来的市场总量仍然很大，大型设计企业能够在这些领域中占有自己的一席之地，也必须占有一席之地。只要能找准切入点，既可能在一片区域，也可能在某个专业业务上实现突破，这类成功案例在设计行业很多，中元国际在医疗设计行业、中南建筑院在高铁站业务上，都获得了很好的突破。

进入小行业，则需要慎重。小行业由于体量小，即使快速增长，总体空间也不大；如果长远看好，则竞争者更多。对于小行业，我们的建议是，设计企业需要思考，到底是政策推动还是市场需要，政策推动的行业来得快、去得也快，需要非常慎重；如果长远有真实的市场需要，即使眼前困难，也会有柳暗花明的时候。

三是思考能力和经验的共享性。

新业务选择可以从能力共享和客户共享两个维度来思考。能力共享是能力不变，寻找新客户，以能力拓展客户。成达工程公司，其主业是从事化学工程的设计和工程承包服务，基于总承包管理能力，也曾经做电厂的工程总承包，这是能力共享的案例。客户共享，是客户不变的情况下，跟着客户需求的改变，发展新业务，其好处是业务来源稳定，销售端的压力不大。大多数民营建筑设计企业如基准方中，在区域拓展上循着客户共享的思路进行区域拓展，而联创则循着这个思路进入家居行业。

基于能力和经验的拓展，也要考虑行业的开放度和竞争特点。建筑设计和市政设计门槛相对较低、市场空间大、市场相对开放，是目前绝大多数设计企业在考虑拓展业务的首选行业，但这两个行业还是略有不同，市政设计业务的主要客户是政府或城投公司，项目单价一般较高，能够持续助力企业的品牌建设；建筑设计的中端业务，主要客户是房地产商，市场竞争激烈，单价较低。大土木行业中，公路市场相对开放，而铁路、水运、民航、水利等行业仍处于相对垄断状态，但大土木行业的市场化程度会逐步提高。央企下属设计企业具有一定的平台优势，有可能打破某些垄断，进入其他行业。专业工程行业，如石化、医药、冶金、电力、核电等行业，由于其高度专业化，形成相对封闭的竞争环境，其他细分行业的设计企业要打破对方的封闭环境，难度依然很大。

四是思考对多元业务的接受程度。

企业到底是应该坚持专业化还是发展多元化？这是长期以来争论不休的话题。对于设计企业而言，到底是业务专业化还是发展多元化，估计也需要实践和场景来回答。

实践是以结果论事，场景是以外部环境而论。

当行业面临较大的变化、调整和变革时，企业可以在相关多元和非相关多元业务的拓展面前进行战略抉择。

多元化的好处是可以减少波动周期对企业发展的影响，对冲非行业波动风险，也可以通过多元化获取其他行业发展的红利，同时打开企业发展外部市场空间的局限性；缺点是资源需求较多，企业精力分散，由此对企业的资源和管理能力提出了挑战。我们认为，多元化适合于行业头部企业以及组织能力建设相对全面的企业，拓展多元业务在对企业的战略、管理、资金、品牌等能力提出挑战的同时，如果应对得当，也能提升组织建设这方面的能力。

无论如何，多元业务的发展以基本盘稳定为基础。

6.1.3 业务选择关键

设计企业在做业务选择的时候，需要重点关注和思考以下几个方面的问题：

第一，做好主业是发展的支点。

“主业”的理解可以很简单，是企业的吃饭家当。那么哪些业务是企业的吃饭家当呢？是一个还是多个呢？企业过去赖以生存、已经具有一定规模的业务，是主业；为企业提供大部分的业务量、现金流，企业资源能力汇聚点的业务是主业；如果企业业务不能承担这些功能，就不是主业。

做好主业的重要性不言而喻，设计企业的主业经过长期的发展，企业主要的技术人员、技术资料、市场资源甚至整个企业的管理模式都主要聚焦在这部分业务，而这部分业务也给企业提供了基本的市场品牌、技术品牌、营业收入和利润。在转型其他业务时，如果守不住主业，企业将陷入内忧外患的境地，因此在转型期间，企业要把大部分精力放在“保持主业基本稳定”的目标上。如果主业是未来较长时间的“压舱石”，那么主业的定位亦不仅仅是“稳定”二字，还需要更上一层楼，帮助企业树立更具影响力的市场品牌，辅助企业开拓其他业务。

某部级公路交通设计企业与攀成德探讨“十四五”时期的战略，部级公路设计企业面临着国高网成熟、地方省院实力提升的挑战，公路行业投资不再增长、设计市场竞争白热化，那么企业下一步的发展空间在哪里？

攀成德认为，即使高速公路市场下降，也一定要坚守公路主战场，再谈其他行业市场的业务拓展。不管公路行业投资怎么下降，市场总量还是很大，而企业在行业的能力和品牌影响力还是杰出的，如果主战场都守不住的话，去新战场打出一片天下的可能性也不大，如何坚守呢？我们的建议是：其一，从运动战到阵地战，从高端业务到高端、中端一起做；其二，价值链延伸，从以做设计咨询为主，逐步延伸价值链，做风险可控的投资业务、工程总承包业务，尤其要在工程总承包业务方面发力，拓展企业的战略纵深，工程总承包业务使企业在人员杠杆、资金杠杆、组织杠杆方面得到大大提升；其三，加大研发力度，掌握公路发展的新技术和新趋势，并且走在前沿。在新趋势方面，新建市场规模在下降，但维保和运营市场规模在增加，要努力塑造大型公路隧道、公路桥梁的维保技术优势，提供“技术方案＋施工”的维保服务，并力争在公司运营数字化方面实现突破。

第二，跟上“数字化”的时代步伐。

“数字化时代，所有的行业都值得重新做一遍”，这句看起来像口号一样的话，正在成为我们生活的现实，支付宝和微信支付改变了我们的钱包，消灭了很多餐饮店的前台。

数字化也将逐步在广度和深度上影响设计行业。

大建筑业的数字化程度不高，全球皆然。根据麦肯锡全球机构行业的数字化指数，建筑业的数字化程度在2015年排在倒数第二，到2017年已经排在最后一位。为什么建筑业的数字化这么难？重要原因是行业和产品本身过于复杂，产品的标准化程度低。即使如此，数字技术还是极大地提高了设计企业的管理效率和精度，提升了设计效率和设计的科学性。设计企业必须提升数字的管理能力和利用数字的业务能力，否则将面临被行业淘汰的局面。

设计行业有很多先行者，他们不仅开展业务数字化工作，还努力发展数字业务，通过数字技术实现从传统业务向新兴业务的转型，中冶赛迪、中冶京诚、中电建华东院都是数字化转型的榜样。以华东院为例，早在2003年就敏锐地发现三维设计的优势和市场潜力，其后二十年，一直将数字化建设作为企业发展的“一把手业务”，持续地投入，终于在设计的数字化方面以及设计平台的底层数字设计方面取得了重大突破；凭借数字优势，其工程业务逐步发展到环保、市政轨道交通领域。华东院数字业务的案例，在其他篇章中还有比较详细的介绍，读者可以阅读相关内容。

数字化既是推动进步的利器，也是能力提升的难题。为什么？数字技术本身更替快、风险大，只有起点、没有终点，传统设计企业朝数字化转型需要有足够的思想准备；英国科幻作家道格拉斯·亚当斯，提出著名的“科技三定律”：“任何在我出生时已经有的科技都是稀松平常的世界本来秩序的一部分；任何在我15～35岁诞生的科技都是将会改变世界的革命性产物；任何在我35岁之后诞生的科技都是违反自然的，将成为文明终结的开端。”数字技术是大多数设计行业的从业人士 35 岁以后出现的新技术，新技术与人的年龄是如此“对立”，值得行业人士重视。大多数设计行业“当代”领导者对数字技术是很陌生的，既不懂，也不太用，一个企业的领导者，在企业里推行自己既不懂也不用的新技术，这样的“一把手工程”多数只会沦为说法而已。面对瞬息万变、投入巨大且未必成功的数字技术，设计企业到底跟不跟？跟什么？怎么跟？跟未必能塑造优势，不跟则一定出局，对于数字技术，攀成德认为设计企业到了选择的“岔路口”。

第三，研究城市和城市连接。

在本书第 1 篇我们重点探讨过“研究城市”的话题，从业务的角度，我们在此旧话重提。

设计企业为什么要研究城市、进军城市建设市场？其一，城市是经济的载体，钱多；是建设的重点，要承载不断增长的城镇人口。其二，城市需要不断改造和升级，以适应生活水平提升的需要，例如浙江提出“建设未来社区”、上海提出“进行老城区改造”，更好的生活需要更好的城市。

第四，从业务到业务融合。

对于已经开始致力于业务领域转型或在业务转型上取得了一定成效的大型设计企业而言，要思考从业务到业务融合的问题，未来大型设计集团除了进一步完善新兴产业链之外，还要对产业链进行横向融合，从产品入手做综合化发展，这需要通过业务融合培养综合能力。这方面内容在第 2 篇中已有阐述，在此不再展开。

6.2 业务选择如何做分析

大多数设计企业的业务选择是依靠领导者的直觉和对行业的理解来展开的。对于直觉良好和自己熟悉的业务，这样的策略显然是正确的。商业的逻辑并不复杂，常识能解决大部分问题，此外股神巴菲特说“模糊的正确远胜于精确的错误”，大多数情况凭直觉和自己的理解就足够了。

如果非要对业务进行深入的分析，也有成熟的方法可以借鉴，波士顿矩阵、

GE 矩阵分析业务的思路大体一致，我们不妨对 GE 矩阵做个介绍。

GE 矩阵常用来分析企业的业务单元，通过业务分析，调整业务的选择和业务资源布局策略。GE 矩阵从市场吸引力、业务竞争地位两个维度对业务进行分析（图 6-1）。

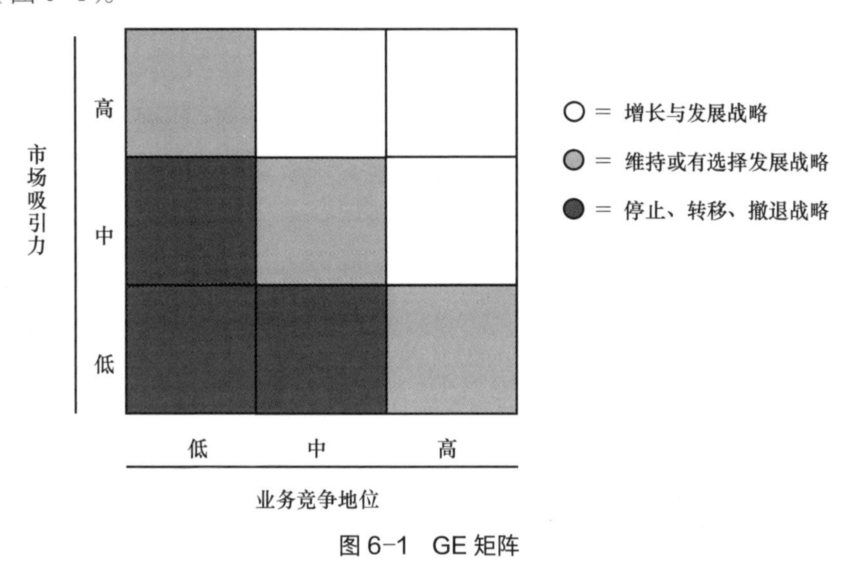

图 6-1　GE 矩阵

6.2.1　维度一：吸引力分析

市场吸引力是从需求端角度看，通常包括市场规模、市场增长速度、行业盈利水平、政策环境、市场垄断程度（进入壁垒）、市场技术要求、市场细分程度（产品差异化的机会）、人才的可获得性等。

我们不妨沿着这些指标的思路往下探讨，不同细分市场的规模差异大，从设计角度看，建筑设计市场最大，民航、农林设计市场很小，只有建筑设计这样的大市场才可能出现新生的大型民营设计企业，民航、农林设计市场不可能出现基准方中、华阳国际这样的企业。细分行业的市场增长速度各不相同，有正增长的，也有负增长的；有快速正增长的，也有缓慢正增长的。对于增长，我们可以找到基本的规律，凡属与生活水平提升相关的领域，增长都是可期的。行业盈利水平，与竞争程度相关。政策环境，既有行业大环境，也有细分行业小环境。不同细分行业的市场垄断程度差异大，建筑设计行业是自由竞争的，军工、核工业行业是高度垄断的（图 6-2）。市场技术要求、市场细分程度（产品差异化的机会），需要按照具体情况分析。人才的可获得性，行业人才总体上是越来越难找，不同细分行业也存在比较大的差异。

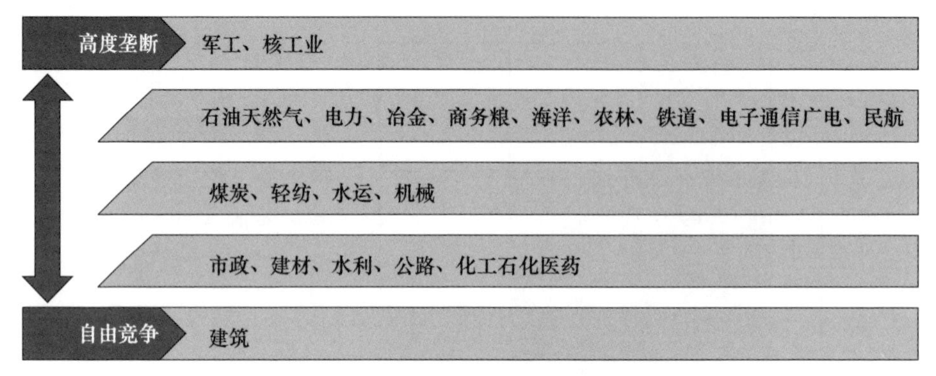

图 6-2　设计细分行业的市场垄断程度

市场吸引力分析，可以把每项指标进行赋值，最终得到吸引力低中高的总体结论。

6.2.2　维度二：竞争地位分析

竞争地位则是从供给端角度看。竞争者众多时，竞争地位的分析相对难，垄断行业的竞争地位则很容易判断。

GE 矩阵对竞争地位的分析包括业务成熟度和竞争力。

业务成熟度指什么？企业内部的制度环境、业务规模、经营能力、组织结构发育的程度、人员团队、客户满意度等。由于设计各细分行业的壁垒高，大多数设计企业都在细分行业内闭关自守，所以其业务成熟度也与所服务的行业紧密相关，在自己的领域内是老手，离开这个领域，即使是大型设计企业，跨入其他业务领域，能力的培养也需要一个漫长的过程。比如铁四院的业务中，铁路和城市轨道交通业务的成熟度非常高，但是，它在高速公路、市政等业务上，业务成熟度远不能和中交一公院、上海城建总院相比。

业务竞争力是指什么？指与行业内的主要竞争对手相比水平如何。当然，不同业务，竞争对手可能不一样，我们以中信建筑设计研究总院为例，其建筑设计业务需要与同城的中南建筑院做对比，而其工程总承包业务，需要与同城的中建三局对比，虽然在湖北省的建筑设计企业中，中信建筑设计总院的工程总承包能力居于前列，但是与中建三局相比，也可能是处于竞争劣势地位。不同的对比对象，得出的结论显然不同。攀成德的咨询顾问曾问天华的柳玉进先生："天华准备做工程总承包吗？"他的回答坦率而干脆："不做。"为什么？他说天华做总承包与上海建工的差距太大了。

设计企业无论是业务的拓展还是模式的拓展，认真分析自己的竞争力，还是有必要的。清楚地认识自己在业务能力方面的地位，对于业务的选择，只有好处，没有坏处。

6.2.3 选择综合分析

有了上述两个维度的分析，综合分析就相对简单了，赋权、计分，把业务置入 GE 矩阵。

为方便读者理解，我们以某设计企业为例，做 GE 矩阵的应用示范。该企业的业务有铁路、城轨、市政、公路、建筑、环保、民航等多个细分领域，用专家评分法分别对市场吸引力和企业竞争的各项指标评分，具体评分见表 6-1 和表 6-2。

某铁路设计企业的业务吸引力打分　　表 6-1

细分行业	投资额分数	权重	投资增长率得分	权重	人均完成投资额	权重	竞争强度	权重	得分	权重加总
两条钢轨	5.6	0.45	4.0	0.1	5.8	0.25	3.6	0.2	3.7	1
市政	8.0	0.4	5.5	0.1	2.5	0.25	5.8	0.25	2.9	1
公路	8.5	0.3	8.4	0.1	5.0	0.25	5.4	0.35	2.7	1
建筑	10.0	0.25	6.0	0.1	3.8	0.25	7.7	0.4	1.0	1
水运	0.5	0.35	0.0	0.1	1.9	0.25	3.7	0.3	−0.5	1
民航	0.3	0.4	4.9	0.1	7.6	0.2	1.1	0.3	1.8	1
环境	2.2	0.35	10.0	0.25	3.0	0.2	5.1	0.2	2.8	1

注：各项能力按照 0 ~ 10 分打分，各项能力得分及权重均采取主观赋值。

某铁路设计企业的业务竞争力打分　　表 6-2

细分行业	经营能力得分	经营能力权重	技术能力得分	技术能力权重	管理能力得分	管理能力权重	得分	权重加总
两条钢轨	8	0.3	7	0.4	6	0.3	7	1
市政	5	0.4	6	0.3	4	0.3	5	1
公路	4	0.3	4	0.4	4	0.3	4	1
建筑	6	0.4	7	0.3	5	0.3	6	1
水运	1	0.1	1	0.6	1	0.3	1	1
民航	4	0.4	3	0.3	3	0.3	3.4	1
环境	3	0.4	2	0.4	3	0.2	2.6	1

注：各项能力按照 0 ～ 10 分打分，各项能力得分及权重均采取主观赋值。

根据表 6-1 和表 6-2 的评分，将业务在 GE 矩阵图上标记，如图 6-3 所示。

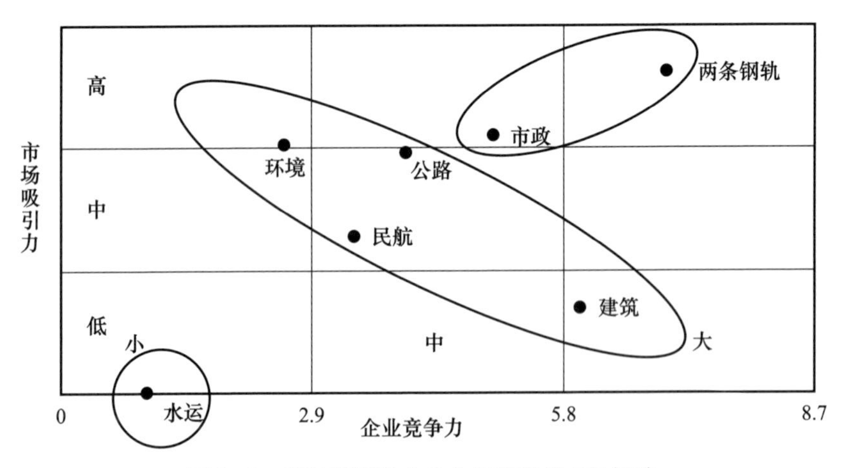

图 6-3　某铁路设计企业业务产品的 GE 矩阵

在图示分析后，要得出什么结论？总体结论其实很明确，发展矩阵图中间的业务，放弃左下角的业务，发力右上角的业务。

具体而言是：两条钢轨（铁路、轨道交通）和市政业务是企业的核心业务，要提升业务的市场地位和影响力，重点在技术方面形成特色、产品方面促进融合、经营方面提高层次、效益方面扩大贡献。环境、公路、民航、建筑业务是企业的重要业务，要有选择地发展，在规模增长、细分领域技术提升方面寻求突破。市场吸引力较高的专业（环境和公路）是潜在的核心业务，未来要通过区域化发展实现业务规模扩大，为品牌打造、技术提升奠定市场基础；市场吸引力不足的专业（民航和建筑）应重点围绕集成化、特色化进行发展。水运业务，是企业需要放弃的业务。

业务分析的目的是配以合适的战略举措，优先发展的业务要优先配置资源；稳定发展的业务维持或有选择地投入资源；没有未来的业务必须放弃、战略撤退。

6.3 业务转型的策略有哪些

业务转型对于设计企业来说，是一种艰难的选择，有些企业是“未雨绸缪”，有些是“顺势而为”，有些则是“迫不得已”。

攀成德过去在行业调研的过程中发现，大型设计企业大多在进行新业务拓展，但普遍存在“水土不服”的现象。分析其原因一共有三：其一，新进入的业务关键资源不掌握，设计企业的资源主要是市场资源、人力资源，而在拓展其他设计领域的业务或者价值链前后端的投资、总包业务时，其特殊的市场资源、资金资源、分包资源等往往不具备，因此无论企业花费多大气力，业务仍然难有起色。其二，按照过去传统业务的管理方式进行管理无法起到引领、促进业务发展、管控风险的目的。不同的行业特点不同，即便拿相对跨度不大的建筑设计与市政设计相比，在项目营销、项目生产、项目管理等方面也存在极大差异，这些差异来自经营的方式、甲方的特点、项目在进度质量方面的要求、设计的深度、对施工的管理要求等方面。设想如果是其他行业想要拓展市政、建筑业务，在没有按照市政和建筑业务的特点进行营销、生产、管理的情况下，项目怎么可能接得来、做得好、管得精？其三，市场定位有待重新确定，部分企业从事传统业务也许处于行业第一梯队，但在拓展到其他领域时，能否挤入第一梯队或者能否与第一梯队企业开展旗鼓相当的竞争，真的不好说。

6.3.1 业务拓展策略

拓展新业务是艰难的选择，但并不是不可能，策略很重要。

借力上级集团业务的战略调整，完成相关的业务拓展。这种方式适用于大型设计企业，特别是央企下属的设计企业。目前随着各大建筑央企的攻城略地，央企下属的设计企业也随着上级集团战略纵深的调整而受益颇多，比如上级集团需要拓展轨道交通业务或者生态环保业务，其下属的设计企业自然会成为该项业务的排头兵和先行者。

立足自身主业，围绕“大”字做文章。典型的诸如铁路、公路类设计企业，在自身主业的基础上，围绕大交通发力，力争成为大交通领域的综合服务商。例如铁四院定位为“现代交通建设领域的领跑者”，围绕大交通领域从业务模式、技术创新等多个方面发力，打造其在大交通领域的综合优势；上市公司苏交科也利用其资质优势以及在交通领域的技术优势、品牌积累，逐步拓展轨道交通、民航等业务，打造其在大交通领域的品牌优势。

利用技术优势，拓展相关的业务领域。冶金、化工等行业技术要求相对较高，特别是在水处理、固废处理等领域与其他行业相比具有一定的优势，因此，一些大型的工业设计企业积极利用该项优势拓展市政水环境、水处理等业务。又比如冶金设计企业较早开展综合管廊类的业务尝试，因此在国家积极推进市政综合管廊时，借助其经验优势和技术优势（如信息化优势）等，能够在综合管廊业务的推进中取得较好的效果。再比如在冻土研究方面，西部的一些设计企业，如一公院、铁一院，具有较强的技术优势，因此在高海拔铁路、公路领域，他们在业务拓展和竞争中具有一定的先天优势。

利用模式优势，进行业务延伸，特别是工程总承包和全过程咨询模式。目前国内正在大力推广工程总承包和全过程咨询的模式，以发挥对项目全过程、全生命周期的系统性管理和控制作用。冶金、化工等行业最早与国际接轨，开展总承包业务，因此这些行业的设计企业可以利用其在总承包模式方面积累的优势进行相关细分领域的拓展。

利用资本优势和资源优势进行拓展。目前设计行业与资本的结合越来越紧密，资本在企业发展中的作用越来越重要，因此设计企业可以充分利用资本的撬动作用、杠杆作用和拉动作用进行业务的拓展。此外还可以充分利用资源的优势，通过强强联合、资源互补等方式进行业务的拓展，不求所有，但求所用。

6.3.2　优秀企业业务转型的启示

业务转型固然很难，尤其是想要进入其他细分行业的主赛道，但我们依然可以看到成功的案例。或谨慎选择领域，追求“小而美”不求“大而全”；或配置充足资源，对准一个领域发起冲击；或在新兴业务领域出现的时候，快速抢跑；或利用资本优势强行进入；或利用新技术颠覆传统做法，实践是最好的老师，也是最好的答案。我们列举四个案例，供读者参考，有兴趣的设计企业可以跟他们做深入的探讨和交流。

中国煤科重庆设计院是设计咨询业务转型的案例。煤炭行业有过辉煌的时代，但经历了辉煌的高峰之后，投资迅速下降。和很多煤炭设计企业不同，重庆院并未因煤炭行业投资下降而陷入困境，他们做了什么？从煤炭行业的设计咨询向建筑、市政行业的设计咨询转型，从国内市场向国际市场发展。有这样的思路并不新奇，关键是如何转过去，攀成德的咨询顾问曾经问重庆院领导：“行业下行，你是怎么做到3000人的？”他说：“我是学毛主席，农村包围城市，分散突围。”重庆院大概有50个所，平均每个所60人，分散突围、分散经营，3000人做到现在，日子基本上过得还不错，建筑有一所、二所、三所……市政有一所、二所、三所……在各个区域分散突围。我们很感慨，在行业下行之后他们采取“农村包围城市”的“游击战”，生死存亡之际奋勇突围。

中国联合是工程总承包转型的案例。中国联合的成正宝先生用“绝地－转型－领跑”六个字来总结其转型历程：“中国联合通过转型改变了困境，使得我们公司能够稳步地发展，各项经济指标也是连创历史新高，我们‘十三五’跟‘十二五’相比合同额增长了81%，主营业务收入增长了95%，利润总额增长了99%。”这里摘录成先生的演讲原文：“来之前攀成德就给我们把题目定好了，叫‘绝地－转型－领跑’，我们拿到这个题目的时候一看，觉得跟我们单位的情况还是比较贴切的，‘绝地’就是我们单位在20世纪末跟这个世纪交接的时期，当时确实是陷入了比较困难的境地，正是因为这个困难境地，逼得我们‘转型’搞工程总承包。我们原来就是一个传统的设计院，逼得没有办法了，转型搞工程总承包。当然，这三个词里面唯一一个‘领跑’有点不敢当，当然从现在来讲的话，我们转型的过程中酸甜苦辣也尝了不少，业务也做了一些，在行业里面的排名也是在前面第一梯队，但是‘领跑’还有点不敢当。”关于中国联合转型的详细文字，可以在公众号“勘察设计前沿”中详细阅读。

中电建华东院是用数字化技术推动转型的案例。经过二十年的深耕和积累，逐步在工程领域数字化方面取得突破，借助数字化优势，发力生态环境、轨道交通等业务，形成了工程＋IT的综合服务能力，成为通过新技术突破创新谋发展的标杆。华东院通过数字技术实现突破的详细内容，其他篇章中有具体的描述。

中冶南方是综合转型的案例。钢铁行业和煤炭、水运等行业一样，起步早、衰退也早，对于大型冶金设计企业而言，行业内业务很难支撑其发展，转型进入新的行业成为其自然也是必须的选择，但从冶金工程发展到市政、公路等多个行业，转型难度不小，大多数有色、黑色设计企业的转型并不成功。中冶南方从能力建设入手，围绕数字技术在工艺、产品和模式多维度发力，成功进入市政、环保领域，逐步形成钢铁、市政、环保三大业务板块齐头并进的态势，成为专业设计企业业务和模式转型的榜样。

到底是机遇还是挑战，让企业能成功转型？德鲁克曾说：“管理层如何想要创造和保持一种成就感，就需要聚焦于机会，也需要进一步把机会转化为成果。”正如我们本章的标题，“选择靠智，做好靠劲”，设计企业需要逐步摆脱对行业红利增长的依赖，成功转型的大多数企业是出于被迫，未来这样的案例还会逐步增加。我们认为，即使被迫，只要把握好策略，也能爆发出巨大的转型动力。

7　看业务区域：外拓靠机，做好靠人

区域拓展是近年来设计企业发展的一个重要主题。受管理体制的影响，设计企业早期是由政府或行业主管部门发起的事业单位，在市场布局方面具有较强的地域垄断性，形成了很强的区域壁垒。但近年来，随着市场的逐步开放，设计企业的业务和组织区域布局发生了很大的变化，很多具有实力的设计企业在不断地向外扩张，有些企业甚至在国际市场逐渐形成了较强的竞争能力。在主动或被动进行区域拓展的过程中，各设计企业为区域拓展投入了巨大的资源和精力，虽然面临着难以真正“走出去、走进去、走上去”的困境，但区域拓展的趋势已经不可改变。

7.1　区域拓展有多重要

设计企业进行区域拓展既有外部环境的因素，也有自身发展动力的因素。

从外部环境看，市场兴替和市场开放是主因。市场本身在波动，“三十年河东，三十年河西”，世事盛衰兴替，任何区域市场都存在阶段性波动，企业即使不求增长，也得找活路。处于下行市场的企业必须走出去以谋生存，而处于平稳或上行市场的企业也要“在晴天修屋顶”。市场逐步在放开，包括住房城乡建设部下发的《关于推进建筑业发展和改革的若干意见》等在内的一系列政策旨在降低区域壁垒、鼓励市场化竞争。区域壁垒逐渐被打破，区域市场放开，很多行业原有的属地化管理体系不断被削弱，为设计企业突破区域限制带来了机遇。

从企业自身看，其一是企业自身拥有发展的欲望。不管是基于上级集团的增长要求，还是自我驱动的发展要求，设计企业一定有发展的需求。近年来，设计行业步入成熟期，行业虽然总体上仍保持中高速增长，但盈利能力已经在持续走低，当企业原来的优势区域市场不足以支撑企业的发展时，通过区域拓展寻求更大的市场空间就成为企业的必然选择。其二是企业的某些专业、某些模式必须有一定的业务量作为支撑，才能实现收支平衡或者盈利。其三是基于企业优势的发挥，一些企业在长期深耕细分行业的过程中形成了一定的资源禀赋，他们的技术优势完全能够为传统区域以外的其他客户提供有价值的服务，这也是企业主动进行区域拓展的原因之一，例如，上海市政总院和上海城建总院在市政建设方面的经验和能力，与中西部城市发展的需求匹配度极高，因此他们在新区域的业务拓展也受到了当地市场的欢迎。

7.2 区域拓展的三个重点

全国性业务布局要关注三个重点：

其一是产品。产品的特点决定了企业是否需要进行全国性布局，设计行业目前全国性布局的产品中，更多的是地产开发商的房屋建筑设计产品。对设计企业来说，如果企业做的都是高端产品、高端业务，则不需要进行全国性布局，只要在全国的东南西北四个方向布点就可以；如果企业做的是中低端产品，那么全国性业务布局则是他们需要考虑的，比如天华和基准方中就在全国几十个城市都有布点。

其二是人员团队属地化。对于全国性布局过程中的人员团队管理，企业通常有两种不同的选择：一是直接派出团队；二是派出主要领导，然后通过属地招聘建立团队。攀成德在行业调研中发现，如果全是企业自己派出去的人，不利于企业的属地化建设；派出主要领导，人员当地招聘，这样慢慢建起来的全国性布局是相对比较好的。

其三是组织标准化。不同区域的公司要尽可能做到生产组织模式一致、组织管理标准化，不仅仅是组织结构一样，岗位设置、职业发展通道、薪酬体系都要尽可能一致，才能达到简化管理、提升效率的目的。

7.3 如何有序推进区域拓展

设计企业的区域化建设要做好九件事：

第一，选区域。

目前设计企业进行区域选择一般有三种方式：一是“直觉选择”，管理层凭借对外界环境的大致判断进行决策；二是“先放后收”，通过多种渠道去各区域承揽项目（如跟着老客户走出去），没有确定倾向性地进行区域选择，然后在能持续有业务的区域逐步成立分公司，形成规模后再设定一定的规则来规范、精简区域机构，通过做强做大保留下来的区域机构来完成企业的区域布局；三是“战略布局”，通过对目标区域的竞争状况、投资量及增速、财政收入等指标进行系统全面的分析之后，结合自身的资源和能力挑选出几个目标区域，有针对性地确定要去拓展的区域，再通过系统性地投入资源或与其他企业合作等模式进行战略性开拓。

以上三种区域选择的方式没有优劣之分，关键点在于，选择的方式是不是与企业的实际情况相匹配。通常来说，大型设计企业需要做战略性分析，有目的、有倾向地投入资源并深耕细作，而中小企业则可根据实际情况进行“直觉选择”或“先放后收”，加快形成业务布局点。

第二，定策略。

在确定目标区域之后，设计企业需要根据企业在当地的社会资源、业务基础，以及区域内的竞争态势、政策差异等情况，有针对性地制定市场进入策略和市场拓展策略。其中，市场进入策略在第 2 篇中已有阐述，在此不再展开；市场拓展策略主要解决企业拓展前期在区域内知名度低、品牌影响力弱、资源能力不足等问题。在拓展前期，企业通常把“做大规模”作为主要目标，基于区域机构整体指标的实现情况，以组织激励的方式鼓励区域机构管理层做大做强。企业在市场拓展的前期主要通过合作方式获得更多项目，不断提升在区域中的知名度，深入区域市场，同时建立外部合作企业的信用评估体系，掌握拟合作企业的基本情况，从业绩、人员素质、技术能力、名誉等维度进行信用评估，来确定是否要与之合作。总体来说，市场拓展策略不会一成不变，需要各层级的企业管理者进行多维度分析，及时调整策略以适应目标区域的发展。

第三，建组织。

从设置主体来看，设计企业的区域机构主要有两类：一是由院总部设置的区域机构，二是由专业院设置的区域机构。从功能定位来看，设计企业的区域组织主要有三类：经营窗口（只经营不履约）、实体分院（既经营又履约）、区域中心（以管理为主经营为辅）。在实操中，有不少设计企业的院总部和专业院都在某个地区设置了各类区域组织，缺乏统一规划和协调，各自为战，造成了资源的浪费，例如，某交通设计企业原来的经营体系就存在这个问题，“院”与“分院”两级之间互相掣肘，产生了较大的矛盾，后来企业选择以分院为主体来推进区域经营的一体化。

区域组织建设没有固定的套路，关键在于明确院总部、专业院、区域机构之间的关系和管控框架，并确定区域中心在其中扮演的角色和定位。设计企业在区域机构内部设置规范的架构非常有必要，在实操中，一开始可以采取一人多岗、一岗多能的形式，后面根据具体发展情况逐步配齐人员。区域机构发展的好坏在极大程度上取决于其一把手，所以建组织的核心在于选好一把手，并以良好的激励方式促成“身”与“心”的属地化。

第四，定产品。

区域机构在发展初期主要以生存为目的、以规模为导向，采取“有信息就跟、有项目就接”的发展策略，这无可厚非。但在解决了生存问题之后，企业到了“谋发展”的阶段，区域机构就必须在细分产品领域适当聚焦，形成自己的拳头产品。区域机构应当在确定了聚焦的产品之后，只深耕某一业务，甚至是其中的某一细分产品，至于其他类型的业务信息，一方面可以引荐给上级单位或集团内兄弟单位；另一方面可以与兄弟单位合作，自己适当参与以便积累经验、锻炼队伍。任何组织的资源和能力都是有限的，只有了解自己的能力阈值、有所取舍，方能走得久远。

第五，立规则。

设计企业完成建区域组织、定主打产品之后，还需要在区域机构之间订立一套规则，避免资源重复投入、恶性竞争等问题。当前一般的规则有区域优先、客户指定优先、能力优先等，但不管是哪种规则，都必须以“有利于公司整体发展、有助于区域机构合作共赢”作为原则。前期明确规则，后期才能规范运作，做到减少内耗、促进内部的合作共赢。

区域机构立规则要做好两点：其一，各区域机构统筹划定核心区域、重点区域和开放区域。核心区域是区域机构所在地，是其市场专属区，对业务的贡献最大；重点区域是区域机构周边地区，企业要对能进入重点区域的其他区域机构进行数量上的限定；开放区域是各个区域机构都可以进入的区域。其二，明确各区域机构在交集领域的利益分配原则。设计企业可以灵活运用激励措施，鼓励各区域机构协作、共赢，比如，对于老客户指定的非管辖范围内的项目，项目所在地的区域机构可以负责前期相关手续的办理及关系协调，履约公司负责项目的具体生产工作，履约公司向区域机构支付一定管理费用，并计入一定的产值。

第六，建体系。

集团总部和区域机构之间的职责划分不明确、工作界面不清晰，可能会导致各层级的事务性工作繁杂，还会出现总部和区域机构均未涉及的管理盲区。区域管理体系的建设，应当在总部原有管理体系的基础上进行延伸优化，明确核心权责划分，操作步骤是：第一步，完善原有制度体系，覆盖区域机构的管理；第二步，结合各区域机构的成熟度对其权限进行划分，在一定时间周期内进行动态评估、分级授权，在合理授权的基础上，设定相应的底线管理策略，如“xxx 项目不接”“十条底线”等；第三步，细化操作规程，特别是总部各专业条线需要强化平台和数据库建设，做好模板和表单设计，做好示范、培训和交流。

在如今这个快速变化的时代，设计企业的核心竞争力不一定在于资质、技术、授信额度等“硬实力”方面，高效、开放、具有足够柔性的运营体系也可能构成设计企业真正的核心竞争力。

第七，重人才。

设计企业是典型的人才密集型企业，区域机构建设的成功与否，很大程度上也取决于人的因素。在区域机构建设的不同阶段，人才队伍的建设有着不同的抓手。

在新区域拓展的前期，“绩效激励”尤为重要，对于“离家别口”去做区域拓展的人员，设计企业可以在三个方面进行激励倾斜：提高基本薪酬基数，可以根据这些因素来设置几个等级调节系数，例如，与总部的距离、所在区域的经济发展程度等；在晋升、职业培训等方面向有外埠工作经验的人员倾斜；为这些员工设计福利菜单，比如以积分制享受带薪休假、家庭公费旅游等福利。

当区域机构达到一定的成熟度之后，“人才属地化”更利于机构的长远发展和人员成本的降低。人才属地化可以分为来源、薪酬、文化三个层面的属地化：在人才来源的属地化层面，除了由兄弟单位抽调、由上级单位指定或人员主动申请进入区域机构之外，还可以通过校招与社招相结合的方式招聘到更多的当地人才，当区域机构发展到一定的阶段，可以有意识地任用、选拔立志在该地区长期扎根的中高层干部；在人员薪酬的属地化层面，当总部和区域机构所在地经济发展水平差异较大时，需要有针对性地调整薪酬体系；在人员文化的属地化层面，通过母公司主流文化与所在区域的文化交融，在员工社保、落户、子女入学等方面解决员工后顾之忧，消除“外派”“出差”等心态，实现“人心的属地化”。

第八，控风险。

对于设计企业而言，区域机构设置和运营带来的风险主要包括安全、经营、人员流失和财务资金等。在安全风险方面，区域机构不是法人单位，用的是总部的牌子、资质和安全许可证，一旦出问题就关乎企业的生死存亡，安全问题必须天天讲、时时抓；在经营风险方面，一些区域机构迫于指标的压力，可能会硬着头皮去接一些风险较大的项目，对此总部必须严控经营风险，采取的策略是制定基本的市场经营底线等；在人员流失风险方面，那些成熟度、自由度较高的区域机构，与客户、合作企业的直接接触机会更多，面临更多的外部诱惑，同时人员方面也与总部关联较弱，对此，总部应当更多地去深化文化体系，加强员工归属感；在财务资金风险方面，资金是企业和项目的血脉，总部必须从人员、账号、收支管理等方面规范管理，这是企业在区域拓展中必须重视的。风险无处不在，我们面临的市场，已经不再是遍地黄金，设计企业更需要在锐意进取和风险控制之间找到适合自己的平衡点。

第九，订计划。

任何蓝图都需要落地，任何战略都需要解码。“以会议落实会议、以文件落实文件、以讲话落实讲话”的方式不可行，系统的落地计划是做好区域建设的保障。区域拓展计划包括行动方向、行动内容、行动步骤、行动执行、行动成果。确定行动方向，就是要明确区域拓展的主要目标、原则和方向等；确定行动内容，就是要遵照行动方向，分解形成主要工作，支撑目标实现；确定行动步骤，就是要通过设定行动步骤，找准关键控制点；确定行动执行，就是要明确各个层级的角色定位，落实每个行动内容和步骤的责任部门和责任人，确保每项工作有人承担；确定行动成果，就是要界定每个步骤、计划落实后的成果 / 结果，强化过程控制、奖惩和纠偏，确保实施落地。

“二流的战略、一流的执行”远远胜过“一流的战略、二流的执行”，但在实践中，不少企业的区域发展仍然停留在理念里、文件中、会议上，行动却止于公司大门。在这个唯快不破、只争朝夕的年代里，当企业再次醒悟时，可能已经没有了布局的空间。

7.4 优秀企业是怎么做的

区域拓展的成功案例在设计行业还是比较丰富的，在建筑行业、市政行业都有这样的成功企业。

我们以市政西北院的实践为例来介绍优秀企业区域拓展的实践。西北院的总部位于甘肃省兰州市，当年是带着服务大西北市政设计的国家使命去的，在一个区位不占优势的地方，发展到了现在 2600 人的规模，也是少数几个坚守大西北还能发展得很好的公司之一，它取得如今的成绩靠的是什么？在布局全国的过程中有哪些好的经验呢？

西北院创建于 1959 年，2000 年由住房城乡建设部转入中国建筑工程总公司，是一家跨地区跨行业的大型设计企业，业务范围涉及综合市政、民用建筑、工程监理、海外工程、工程总承包等。六十年风雨兼程，西北院能有今天的成绩，一方面靠的是“坚守”和吃苦耐劳的企业文化特征，另一方面得益于“三板斧”：第一板斧是企业化管理。20 世纪 80 年代末，西北院就开始推行事业单位企业管理，走向自我发展的道路，企业化管理是一股强大的力量。第二板斧是业务全面化和全国化。起初，国家给西北院的业务定位是“围绕黄河给排水”，20 世纪 90 年代末西北院开始涉足交通板块（如今交通板块对企业总收入的贡献已经达到 60%），后来还扩展到热气、燃气等市政业务板块，市场区域也得以扩展到全国。第三板斧是从 2010 年开始开展的工程总承包业务，这为西北院未来的持续发展奠定了坚实的基础。以下主要介绍西北院第二板斧，在业务全国化方面的经验。

目前西北院有 2600 人，其中在兰州总部有 1300 人，企业在发展过程中也越发地意识到总部设在兰州受到的制约。制约性主要体现在两个方面：一是招聘困难带来的人才制约；二是总部中心市场业务增长的制约，单靠大西北的业务量根本无法承载企业的业务增长和持久经营，而企业向外拓展业务的过程中，也会面临交通、沟通等方面的难题。在坚守大西北、布局全国化的实践中，“吃苦耐劳”的精神始终是西北院的文化特征和强大力量，而“分支机构属地化”则是西北院真正实现多点布局的关键因素。

西北院从户口、住房等方面切实解决人才属地化的问题，将总部定位为人力资源蓄水池，而分支机构都配有各级技术人员，在当地拥有代表性作品，具备强大的生产能力。西北院在区域拓展方面做了很多的努力，在区域公司的布局和发展上花了很多心思，目前设有 29 个分公司，以此作为外埠业务部门（图 7-1），这是由院总部所在地的业务量决定的，西北院的收入构成中，兰州占 15%，甘肃占 40%，其余的 45% 都在外地。

从组织结构图我们可以看到，西北院不仅实现了全国多点布局，而且在“国际化”的道路上走在前列，是我国市政设计行业最早进军国际市场并获得成功的企业之一，先后承担了赤道几内亚、加纳、安哥拉、缅甸等国家的多项世行、亚行项目。

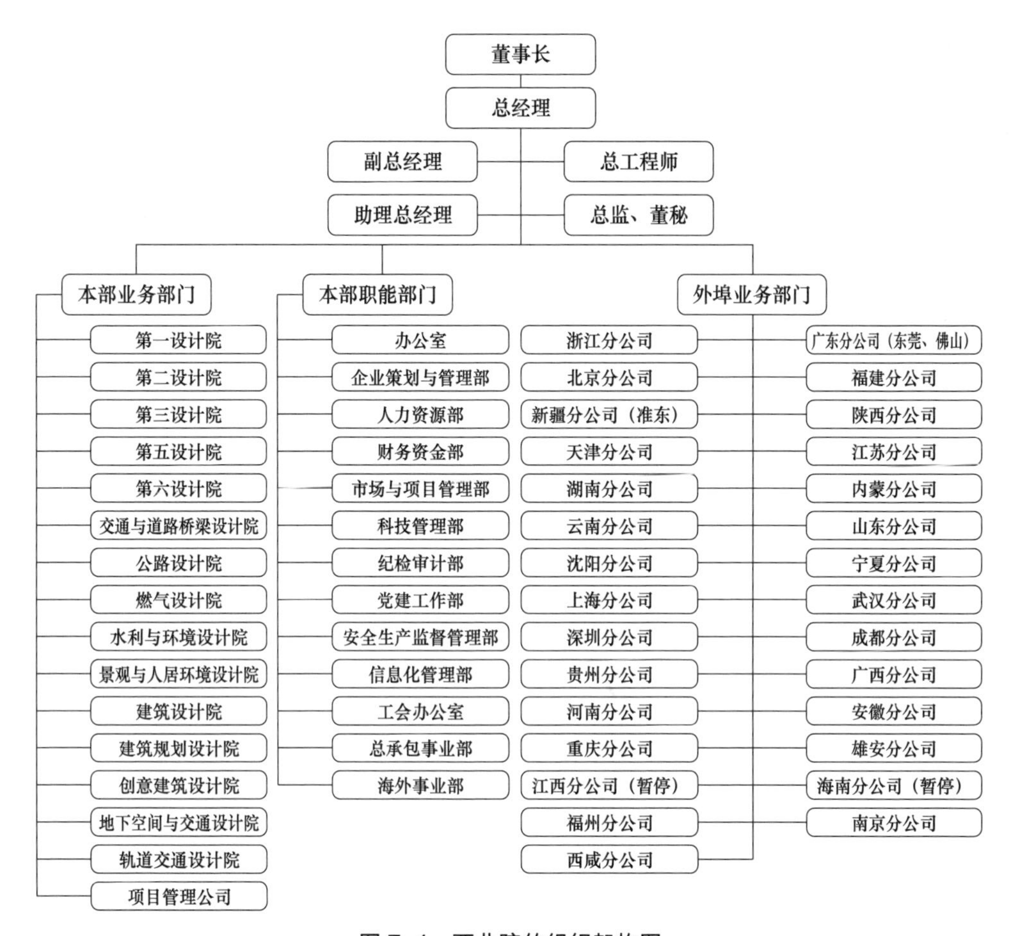

图 7-1 西北院的组织架构图

进入高质量发展的新阶段，西北院也遇到了新的发展瓶颈。企业以前布点密、人员多、吃苦耐劳的优势，在新的发展阶段似乎难以持续发力，放眼“十四五”，为了适应项目更加综合化、大型化的趋势，未来设计企业的区域布局和组织要做出适应性的调整，核心思路是从“多点布局”调整为“多中心布局”。首先，总部的构建要适应多中心布局，综合考虑本部市场、资源市场、业务模式之后进行调整；其次，院本部业务部门也要做出相应调整，整合专业相似的院所，做大规模；最后，外部业务部门要根据市场布局、市场容量调整驻点分布，所有分院不再强调“多”和“密”，要以“有规模”和“有高度”为导向，围绕中心城市群布局，定位为“区域中心”，尤其对于重点城市群，考虑以“多中心”的方式进行资源的重新配置。

同样，北京城建设计集团在区域拓展上做出了很好的实践，有兴趣的读者，可以跟他们进行交流和探讨。

8　看业务模式：工程总包，能力之战

工程总承包，是大建筑业持续的风口，对于设计企业和施工企业都如此。

为什么工程总承包成为持续的风口？这是个很有趣的话题，通常的说法是“这是国际惯例”，但我们需要思考，为什么这种模式会成为国际惯例？为什么发达国家成熟的建设市场要采用这种模式？客户为什么会选择这种模式？责任明晰、专业的人干专业的事，客户价值高，这些原因才是根本。

朝工程总承包转型的企业越来越多，但我们也要认识到，工程总承包业务的推进需要法治环境、需要市场信用、需要承包方的专业能力，前行之路还是艰难的。作为承包方的设计企业，从设计咨询业务转向工程总承包业务，既是商业模式的转型，也是风险管理方式的转型，有一个比较长的能力建设过程，需要绵绵用力、久久为功。

8.1　工程总承包市场

攀成德每年都会在行业中做调研，2019 年的调研主题是工程总承包，调研团队在武汉、北京、上海、太原、西安、广州 6 个城市的 30 余家企业做了深度调研，发现了几个现象：第一，东部和经济发达地区的企业推进得比较好，西部地区的企业要差一些；第二，政策开放地区普遍推行得好；第三，更早认识政策趋势的企业普遍推进得好一些。

目前 EPC 项目的实施企业主要有四类：第一类是以技术为主的企业，比如寰球、成达；第二类是传统的施工企业，中建、中交等；第三类是以制造能力为主的企业，如国机集团；第四类是科技型企业，比如华为。总体上这些企业各有优势、各有不足（表 8-1）：设计企业设计能力强，但是施工管理能力不足，所以设计企业开展工程总承包一定是选择设计方面要求比较高、技术含量比较高、对施工管理的要求不是那么高的项目，这样的项目设计企业会有优势；反过来，施工企业的施工生产组织能力比较好，设计能力有欠缺，所以对设计要求不是十分高的项目，会有更大的优势。总的来说，设计企业在EPC项目上，尤其是在对设计要求比较高的项目上具有优势，施工企业在对生产管理要求比较高的DB项目上具有优势。

不同类型企业开展总承包的优势和劣势　表8-1

	设计企业	施工企业	装备制造企业	科技型企业
优势	• 占据产业链的前端 • 对业主意图和工程功能的要求掌握更加清楚 • 所熟悉的工程设计环节对后续施工、试车等环节有较强影响力和控制力	• 熟悉施工管理、施工现场协调、施工资源保障、施工过程控制等工程产品的生产过程 • 部分企业在实践中锻炼出设计深化和设计优化能力	• 对设备性能和特点了解较深 • 采购成本控制 • 施工过程中的设备安装控制	• 一般占据产业链前端 • 对自身专利和产品有深入了解，因此对设计、施工的控制能够抓住重点
劣势	• 组织结构与管理体系不适应 • 资源整合能力不足 • 资金运作与融资能力不足 • 不熟悉施工现场管理要求和管理技术 • 较熟悉的纯设计并不适应总承包项目的设计	• 设计能力与设计过程控制 • 工程设备相关知识（型号、参数、质量标准） • 设计力量不足，设计实行分包方式往往成为总承包项目管理的短板	• 设计能力与设计过程控制 • 对施工管理虽有一定了解，但理解不深	• 类似设计企业 • 施工过程控制、施工现场协调和施工资源保障均有欠缺

未来五年，工程总承包市场可能会达到10万亿元的市场规模，谁将是竞争的胜出者？与设计咨询业务相比，开展工程总承包的难度要大得多。总体来说，大型企业领先于中小企业，能力强的企业领先于能力弱的企业；中小企业中，只有专业上有特点、核心能力强的部分企业，才能开展少量总承包业务；工程总承包是大型企业的天下、是有综合能力企业的天下。攀成德预计，未来我国最多有1000家的施工企业能转型为工程总承包企业，行业领先者如中建三局、中建八局等企业，工程总承包收入将达到其收入的50%左右；未来我国最多有300家的设计企业能转型为工程公司，领先者主要集中在电力、冶金、化工石化医药、电子通信广电、机械军工、市政等领域，优秀企业从事工程总承包的人员占比将达到30%～40%，甚至50%。

8.2 工程总承包转型转什么

设计企业如何拉长设计咨询的链条？如何做好工程总承包业务？如何升级获利方式，发挥设计企业的真龙头作用、灵魂作用、放大作用？攀成德认为，设计企业朝工程总承包转型，要在思想、组织、管理体系、技术、分供方资源、人员结构等方面综合考虑，步步为营。以下针对设计企业工程总承包能力建设提三个方面的建议。

1. 思想转型

向工程总承包转型的起点是改变思想。向工程总承包转型的重点不在于接业务，而在于能力建设，很多设计企业都在“假装做”工程总承包，企业接了业务，最后仅仅是收一点项目管理费，并没有真正去做工程总承包。未来能力建设将是设计企业真正朝工程总承包转型的唯一出路。设计企业要真正做工程总承包，就要认识到，工程总承包模式跟设计咨询模式是不一样的，在设计咨询模式中，企业接了项目后风险很小，净利润率有 10% ～ 15%，在土木设计领域甚至可以做到 20%；而做工程总承包，即使最优秀的设计企业，也只有 5% ～ 6% 的净利润率。尽管如此，从企业自有员工的角度来说，人均创造的利润并不低。例如，大型设计企业中人均利润最高的能达到四五十万元，大型施工企业最高的也能接近 20 万元。一般人都不敢想象，施工企业怎么可能做到人均利润 20 万元，总结下来是因为它有三个杠杆（人员杠杆、资金杠杆和组织杠杆），设计企业的管理是比较复杂的，要深刻认识工程总承包，向工程总承包转型，三个杠杆是必须的，同时企业要承担一定的风险，这也是必须的。大多数设计企业都认为做工程总承包风险很大，最后就“假装做”工程总承包，仅仅是收 1% ～ 2%、最多 3% 的项目管理费，这种方式其实比“真做”工程总承包的风险更大。

对于工程总承包，设计企业大致有这么几种立场：第一是明确表示“不转型、只做设计咨询”，这一类以天华、联创等民企为主，他们认为“不做”就是想清楚了；第二是“左右为难”派，以省级建筑院居多，把“朝工程总承包转型”写到报告里，对内对外都有交代，其实质就是联合体投标、拿施工图设计的业务；第三是“随波逐流”派，上级组织有要求（以规模为考核目标）能做就做，不做也不勉强，这一类主要是某些大型集团下属的设计企业；第四是“能力建设型”的转型，真正把总承包作为战略选择，将能力建设作为转型的关键，攀成德认为中国联合和化工类设计企业他们是真正在做工程总承包。什么样的企业才会真正做工程总承包呢？大多数把工程总承包做好了的企业都是被逼出来的，要么是生存的压力，要么是发展追求的压力。中国联合就是这么被逼出来的，机械行业的设计业务没有了，不做工程总承包就没有活路了，逼得没办法才去转型。大多数企业都是被逼出来的，叫“没伞的孩子跑得快”；大多数想转型又不坚决的，应该是现在活得还很滋润。

很多设计企业在朝工程总承包转型的时候，压根就没有解决思想问题。攀成德的调研团队通常会问设计企业的管理者一个最简单的问题：“你们总承包分公司 / 总承包公司总经理的收入，是不是你们院前三位？”如果总承包公司负责人的收入比传统分院领导的收入还高，或者是在收入分配方面，向他们倾斜，这才是真正地把总承包放到了战略性的位置。企业做工程总承包业务，一开始就以利润来核算总承包的话，这是不对的，重点应该是能力建设。一个总承包公司要真正发展的话，组织结构、管理体系没有十年时间是做不好的。如果给所有做工程总承包的公司打分，做得最好的国外工程公司打 100 分的话，我们熟知的已经转型二十多年、三十年的化工设计企业都只有 65 ～ 70 分，而土木和房建领域的设计企业更是只有 25 ～ 30 分，可见能力建设之难。

同时，在模式转型的过程中一定会出现各种问题。有问题是正常的，正是因为有问题才需要我们去解决问题，任何企业在发展的过程中、任何人在成长的过程中一定会碰到问题，没有问题是不正常的，关键是我们怎么去解决问题。模式转型的过程中，咬着牙往前走，先行一步的企业往往先得利，比如说在我国的大建筑行业里，最早做 BT 的、最早做 PPP 的企业都赚了钱。我们今天看到中建三局、中建八局在房屋建筑这样一个利润率非常低的行当里依然做得很好，他们向工程总承包转型非常早，“十二五”战略规划中，中建三局就把工程总承包写进去了。如果到今天，设计企业仍然想向工程总承包转型，确实下了这个决心的话，有问题不要怕，整个转型的过程就是一个解决问题的过程。

2. 组织管理方式转型

设计企业需要在组织层面建立工程总承包业务能力，全过程一体化服务需要形成内部的组织协同。企业的总承包业务到底是放到二级院层面，还是放到总院层面？这是一个组织的难题，当然也可以去对标。组织怎么进化？这是一个复杂的问题，这里不再细说，第 4 篇第 10 章还会有更具体的阐述。

3. 人力资源体系建设

“设计院是设计师的设计院”固然对，但如果要做工程总承包，这样的思想就有些狭隘了，如果没有项目管理的职业发展通道（表 8-2），工程总承包是绝对做不起来的，职业发展通道要匹配起来，既可以用已有的人员，也可以从外部引进人才。

职业发展通道（示例）　　表 8-2

基础岗位岗级	企业管理通道		项目管理通道		工程技术通道	
	基础岗位名称		基础岗位名称		基础岗位名称	
1	决策管理层	一级决策				
2		二级决策	项目经理层	一级项目经理	专家层	一级专家
3		三级决策		二级项目经理		二级专家
4		四级决策		三级项目经理		三级专家
5		五级决策		四级项目经理		四级专家
6	专业管理层	一级专业管理	专业经理层	一级专业经理	资深设计师层	一级资深设计师
7		二级专业管理		二级专业经理		二级资深设计师
8		三级专业管理		三级专业经理		三级资深设计师
9		四级专业管理		四级专业经理		四级资深设计师
10	业务主管层	一级业务主管	项目工程师层	一级项目工程师	设计师层	一级设计师
11		二级业务主管		二级项目工程师		二级设计师
12		三级业务主管		三级项目工程师		三级设计师
13		四级业务主管		四级项目工程师		四级设计师
14	业务员层	一级业务员	项目管理员层	一级项目管理员	设计员层	一级设计员
15		二级业务员		二级项目管理员		二级设计员
16		三级业务员		三级项目管理员		三级设计员
17		四级业务员		四级项目管理员		四级设计员

续表

基础岗位岗级	企业管理通道		项目管理通道		工程技术通道	
	基础岗位名称		基础岗位名称		基础岗位名称	
18	事务层	一级事务员	事务层	一级事务员	事务层	五级设计员 / 一级事务员
19		二级事务员		二级事务员		二级事务员
20		三级事务员		三级事务员		三级事务员

工程总承包能力要建设起来，人才成长的路径是怎样的呢？从日本的竹中工务店项目经理的成长方式来看（图 8-1），他们的项目经理进入企业之后，先做设计工作，然后做现场工作，为什么不先做现场工作，然后做设计工作呢？工程总承包项目经理的成长为什么是这样的一个过程？带着这个问题，攀成德的咨询顾问与金螳螂公司沟通发现，他们的人员进去后，也是先做设计，然后做现场。未来，设计企业培养工程总承包的项目经理一定是进公司先做设计工作，因为做设计工作的好处是能培养出更强的项目整体把握能力，培养系统思维、全局思维，但是这些都是"纸上谈兵"，要成长还需要慢慢地去现场积累经验，这是攀成德对工程总承包项目经理成长方式的建议。

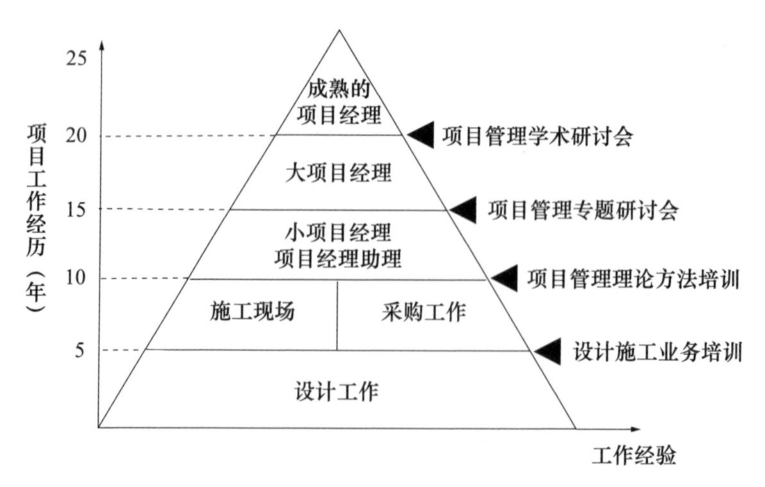

图 8-1　日本竹中工务店的项目经理培训方法

当然，总承包能力的建设，也不是设计企业单打独斗，需要整合社会资源，需要深度去挖掘设计企业自己的技术能力，这些方面就不再一一展开了。

以上三个方面是工程总承包能力建设的建议，总的来说，真正向工程总承包转型，需要在思想、管理体系、人力资源、资源匹配方式和管理、技术能力和组织管理方式上综合转型，最终要落实到组织能力提升（图 8-2）。设计企业也可以去对标，国际工程公司、与自身处于不同细分行业的化工院、冶金院、土木与建筑类设计企业、施工企业都可以对标，但是没有样板。设计企业向工程总承包转型，一定要以能力建设为中心，不能太急功近利。

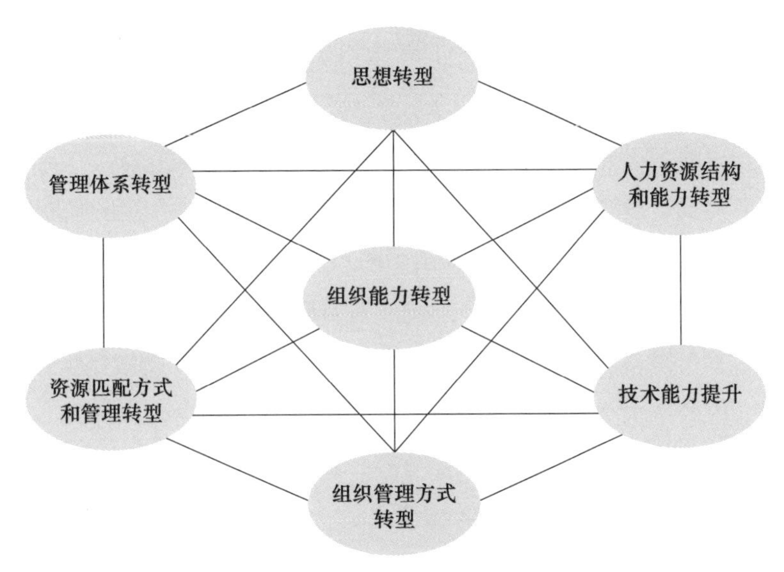

图 8-2　工程总承包能力建设的总体思路

8.3　实践中看到什么

设计企业转型的案例中，可圈可点的标杆企业不在少数。

中电建中南院，是水电设计企业中转型最早的一批，20 世纪 80 年代就开始了（以设计为龙头的）工程总承包的探索，近十年开始加速转型的步伐，把总承包业务定位为核心业务，坚持“做大做强工程总承包业务”这一战略方向不动摇，将发展工程总承包提升到了战略的高度。在战略落地层面，中南院从组织、激励、资源和管理等全方位调整，统一思想，培养了一批工程总承包的专业化人才，建立了一套行之有效的管理体系。中南院的总承包业务发展迅速，十年时间合同额从 15 亿元增长到 160 亿元，如今总承包业务对总利润的贡献度达到 1/3 左右。

中电建华东院，也是在 20 世纪 80 年代就开始涉足工程总承包领域，承担了我国首个水电站工程总承包试点——浙江石塘水电站主体工程总承包，有效控制了投资，保证了质量。2014 年 12 月，华东院成为浙江省工程总承包第一批试点企业，之后，大项目的经营取得了良好的成效，先后承揽了数十个大型工程总承包项目。近几年，华东院抓住美丽中国建设的契机，主动出击，在深圳、福建、安徽、山东、云南等地，以工程总承包模式参与地方政府的水环境综合整治工程，目前这块业务是华东院工程总承包的重要领域之一。

西北电力院，1987 年作为国家四部委首批批准开展总承包业务的试点企业，经历了行业调整的阵痛后,2004 年提出了向工程公司转型的战略思想,提出了“建设国际型工程公司”的战略愿景，围绕战略目标调整业务组合，“十一五”时期就已经开启了工程总承包能力的成长之路，2005 ～ 2007 年持续完善组织结构和能力建设，围绕八大管理系统建立起一整套标准化的运营管理体系，建立了以员工职业发展体系为核心的人力资源管理体系，2007 年之后逐步建立起高效的总承包项目管理体系，总承包业务持续增长，如今，总承包业务作为西北院的主营业务之一，近年来签约额已经超过 100 亿元，工程承包项目管理人员达到 200 多人，占员工总数比例近 20%，在中国能建集团保持领先。

中交四航院，1995 年就开始拓展工程总承包业务，2005 年业务体量开始踏上新台阶，“十一五”期间业务量达到了年均 4 亿～ 5 亿元，2011 年成立总承包公司，2015 年成立了工程总承包管理事业部，“十二五”和“十三五”期间业务量进一步达到年均 10 多亿元。目前四航院总承包利润贡献度达到了 1/3 左右，总承包管理总人数有 200 多人，占全部员工的 20% ～ 30%，工程总承包业务已经经历了探索期和起步期，进入到发展期，四航院着力落实“334”工程，融合工程监理与总承包业务，构建了“公司 – 部门 – 项目”三级预算体系，提升总承包工程的创效能力，在国内外的总包业务开展上都颇具成效。

下面重点介绍中国联合的实践案例，看看中国联合的“绝地转型之路”给设计企业带来了哪些启示。案例内容来自中国联合成正宝先生的公开演讲。

中国联合的转型是在20世纪末机械部被撤销的大背景之下，机械部被撤销之后，原来的部属设计院就都变成了“一帮没爹疼没娘亲的孩子”，在生存极其艰难的时候，部属的五家设计企业——机械二院、机械三院、机械五院、机械十一院和机勘院联合在一起，以机械二院作为母公司，其他四家设计企业作为子公司，于2001年重组成立了“中国联合工程公司”。重组的时候五家企业加在一起总收入只有1.6亿元（2000年），而且当时机械工业领域的投资快速减少、一降再降，所有的设计队伍都去外面到处找饭吃，如果还是坚守在机械设计行业中，根本就没办法活下去了。当时企业内部的情况也十分糟糕，五家企业基本上都是做设计的，合在一起之后业务非常单一，有的院在业务上是重合的；市场份额也在持续降低，在机械行业的设计市场上，五家企业加在一起的市场份额1997年为12.7%，1999年下降到9.9%，当时在设计市场上承接任务越来越困难，做项目也越来越困难，但是有那么多的员工要养活，怎么办？

在这种情况下，中国联合的管理层经历了很长时间的探讨和研究，最后决定要在整个公司的发展战略上实现突破，当时请了好几家咨询公司（其中也包括攀成德）提出咨询意见和报告，咨询公司跟中国联合的管理层说：“你们传统做设计咨询业务的企业可以有四个方向去走：第一是向特色化、精专化的高端品牌设计转型；第二是成为业务集成的服务商；第三是成为附加值比较低的技术劳务服务商，做业务分包，相当于帮人家去画图，这需要把整个大院分成很多个劳务团队；第四是兼有前两种能力的综合性的服务提供商。”在反复比选之后，中国联合选择了“提供产业链一体化服务的科技型工程公司”这一发展方向，提供工程的一揽子解决方案，把企业的设计业务往前、往后延伸，做工程总承包。做出这个决定是需要一个过程的，首先要解决的一个问题就是全院职工的认识问题，因为在思想认识上，很多人想不通，认为“我们一直都是做设计的，工程施工我们好像不懂啊，我们为什么要做成施工企业”，所以中国联合在确定“向工程总承包转型”的战略定位之后，第一个面临的就是思想和认识转变的问题，统一思想的过程前后大概经历了近三年的时间，通过大会、小会来发动员工讨论，让内部产生各种思想的碰撞，还借助外部咨询公司的力量来提方案、做培训，通过艰苦的努力，最后大家才达成共识——要向以设计为龙头的工程公司转型。

中国联合的管理团队进一步研究转型怎么走，提出了企业的定位是“提供产业链一体化服务的科技型工程公司”，怎么来实现这个目标呢？达成目标的过程中，中国联合历经了五个“两”：

第一，进行两个方面的分析。基于传统的设计企业转型做 EPC 工程总承包的优势和劣势，中国联合转型成为“科技型工程公司”的两个关键要素，一是具有提供专业性的一站式工程项目总承包服务能力、科技创新能力，二是能够靠研发和集成形成以自主知识产权为基础的系统解决方案和核心装备的供给能力。

第二，提升两个方面的能力。第一个能力是全过程实施的能力，通过广泛地建立战略联盟，与优秀的施工企业建立长期合作的关系，与合格的供应商建立合作共赢的关系，与合作方形成优势互补，广泛地获得社会资源的支持，提升实施能力；第二个能力是提升技术水平和研发能力，主要通过加强核心技术的研发，加大技术投入、跟高等院校进行联合等方式。

第三，解决两个方面的矛盾。第一个是安全系数和经济性的矛盾，加强企业在工程经济性意识方面的教育，同时也通过技术措施来加强工程安全；第二个是局部和整体的矛盾，做总承包之后要考虑全过程的问题，而不是“就把设计管好就好了”。为了解决两个矛盾，采取一些具体的措施，包括调整组织结构、调整和培养人才、创新管理模式、打造项目管理体系等。

第四，开展两个方面的尝试。第一个尝试是以长三角为重点开拓国内的 EPC 市场；第二个尝试是走出国门，开拓国际 EPC 工程总承包市场。

第五，总结两个方面的成效和收获。第一个成效是推动了浙江省 EPC 总承包模式的推广；第二个成效是有力地践行了“新发展理念”和“一带一路”倡议等国家战略。

面向“十四五”，中国联合也确定了下一个规划期的五大发展战略：扎实推进改制上市，积极开拓新型战略业务，稳健开拓国际工程业务，继续做大做优工程总承包业务，做强做精设计咨询业务。二十年的转型之路，有实招也有新招，有传承也有开拓，转型的成功来自中国联合人的坚韧不拔和埋头实干，值得设计企业学习借鉴。

8.4 是融合还是蜕变

在做工程总承包业务时，设计企业和施工企业谁更强？常常有人给攀成德的咨询顾问提出这个问题，我们也把这个问题提给行业人士。

如果你把设计和施工当作两个行业，这确实是一个问题；但如果你把设计和施工当作大建筑的两个环节，这就不是一个问题，或者说，是一个伪问题。我国大建筑行业经历了史无前例的大牛市，价值链割裂的模式有其历史原因，但设计企业需要认识到这是趋势，即使不做工程总承包，也需要从“卖图纸”的思维中走出来，建立做工程的思维。思维改变，企业的能力就会改变。

从这个角度来看，大建筑业进入设计和施工融合的新时代，设计企业的蜕变就开始了。

8.4.1 与施工企业竞合

“在做工程总承包业务时，设计企业和施工企业谁更强？”这个问题再往下分析，我们可以看到问题背后的潜台词：第一是设计企业与施工企业在做总承包业务时，存在一定的竞争关系，第二是设计企业与施工企业做总承包是各有优势的。从竞争的角度看，设计企业做总承包既可能与同行的设计企业竞争，比如在承接冶金工程总承包项目时，中冶京诚与中冶南方、中冶赛迪同台竞技；也可能与施工企业竞争，比如宝冶、二十冶。换个角度看，设计企业之间的竞争远比与施工企业的竞争更为激烈，未来，设计企业与施工企业之间更多的是竞合。

设计企业与施工企业向工程总承包转型，各自的优势在哪里？很简单，在于过去的长期积累。设计企业的优势在于前端，在于总体思路、技术方案、工程设计和设计管理；施工企业的优势在于后端，在于工程的实施、资源的集成和组织、实施过程的控制、资金优势和风险管理等。不同细分行业的工程总承包项目特点是不一样的，有的工程项目前端重要，比如化工、有色、黑色、医药、电力等行业，以设计企业为主开展工程总承包业务，具有明显的工艺技术优势；有的工程项目后端重要，比如房屋建筑、市政道桥、地下空间等，项目后端的实施工作中，施工企业更善于资源组织和过程管理，在安全和风险管理方面的经验也更多，这类项目的工程总承包，设计企业并不比施工企业有明显的优势。实践的结果似乎也印证了我们的简单分析，化工、冶金、有色、医药和部分电力设计企业转型为工程公司，并且取得了比较明显的转型效果；而建筑、市政设计企业的转型则力度小、速度慢，这些细分行业的设计企业，要么明确不做工程总承包，要么是为施工图设计业务而做工程总承包，甚至有的是为完成上级要求冲合同和营业收入而做工程总承包。

正是由于设计企业和施工企业能力特点的不同，同时竞争关系的错位，使彼此之间存在竞合的可能。上海市政总院是上海建工的二级公司，上海建工在品牌、市场、人力资源、风险管理等方面输出母公司在施工环节的优势，上海市政总院利用自身在技术和设计上的优势，二者形成良性的融合，从而在工程总承包业务的发展上取得了很好的成就；同样，上海城建总院是隧道股份的二级公司，其总承包业务的发展，与上海市政总院异曲同工。这两家设计企业有母集团的支持，形成设计施工环节的良性融合。

国内多数大型设计企业都隶属于建筑央企，发挥出上海市政总院、上海城建总院这样的协同效应是央企总部期待的，但到目前为止，还没有产生期待的结果，毫无疑问，未来协作的空间很大。某建筑央企，正在与攀成德探讨把大型设计企业与大型施工企业组成新集团的可能性。

对于没有上级集团支持的独立设计企业，有没有可能找到合适的伙伴，形成竞合关系？我们认为，这也是可能的。既然市场正在孕育，施工企业也有与设计企业竞合的愿望，设计企业主动伸出温暖的合作之手，一定有施工企业主动找上门来。

8.4.2 成为资源集成商

从事设计咨询业务，设计企业的资源主要集中在人力资源，其能力主要在技术能力。转型成为工程公司，则需要更多的资源。设计企业需要研究工程总承包价值链各个环节中需要的各种资源，同时做好资源的集成和对接。中建八局是房屋建筑领域的顶尖承包商，在房屋建筑领域的资源非常丰富，在从事工程总承包业务以后，他们发现除了需要增加设计资源、设计管理的资源，在作业端需要的资源也比传统的施工总承包庞大得多。在跟他们的交流中，他们告诉攀成德："我们在做青岛上合组织的会馆时，需要和地毯商合作，需要和东阳的家具木雕师傅合作；青岛会馆有一组红木家具，有水浒108将的雕像，这些雕像是东阳的老师傅做出来的。"中建八局是房屋建筑总承包的大型工程局，即使做其熟悉的业务，在资源集成上，也需要付出巨大的精力。对于设计企业，在资源集成的路上，需要用心、用时间长期积累。

有人说，工程总承包业务，其核心是资源管理和风险管理，可见聚集资源的重要性。

8.4.3 推动价值链融合

作为工程建设的前端环节，好的设计未必会有好的工程，但不好的设计一定不会有好的工程；从成本角度分析，设计环节决定了工程项目90%以上的成本。行业的进步，既在于设计环节的进步，也在于环节的融合。在工程各环节的融合中，设计企业起着至关重要的作用。套用某互联网老总的话："要么是设计企业改变自己，要么是施工企业来改变设计企业，要么是甲方来改变设计企业。"总而言之，设计企业需要在行业融合的过程中，不断改变自己，而改变的根本，在于推动行业的价值创造。

与其被动改变，不如主动出击，出击的最好方式是促进工程建设各环节的融合。设计企业、工程技术专家，具有系统思维、全局思维，学习能力也更强，有能力承担这样的责任。

如何融合？从工程全生命周期来思考工程项目的建设成本、建设工期、运营质量、维保成本等，甚至在工程项目生命周期结束期到来时，工程的拆除成本也需要有所考虑。这些对设计企业的观念、组织、技术、人员、机制都会提出新的挑战。

上海外白渡桥的故事，大致可以演绎价值创造的故事。霍华思·厄斯金是外白渡桥的设计与建造企业。2007 年岁末，上海市政工程管理局收到英国霍华思 · 厄斯金公司的信函，信中说，“外白渡桥的桥梁设计使用年限为一百年，现在已到期，请对该桥注意维修”，还重点强调“建议检修水下的木桩基础混凝土桥台和混凝土空心薄壁桥墩”。

业务定位、价值链选择、区域的拓展、新技术出现，给了不同规模、不同层次的设计企业转型的选择。然而设计企业能抓住的机会总是有限的，有业务过度聚焦导致企业死亡的案例，也有业务过度多元导致企业死亡的案例。我们认为，企业受资源的局限，能转型的方向总是有限的，“多不如少，少不如好”是否正确？是设计企业在转型中需要认真思考的哲学命题。

市场机会是转型选择的基础，而久久为功、构建能力是转型能否成功的关键。大多数转型的失败，不在于选择的对错，而在于求胜心切，“天下武功、唯快不破”，快是结果，快的背后是能力，是扎实的基本功，这就是为什么我们以“转型升级、久久为功”作为本篇标题的原因。

第4篇

透视组织：赢在组织，决战未来

组织是企业承载内部资源的基本架构，它既要承载人员、权责、流程、管理体系，还要承载业务和客户服务。好的组织，要权责清晰、有效率，还要市场优先、导向明确，更要应变及时、服务好客户。

设计行业的复杂性对企业的组织管理提出了巨大的挑战：一是规模的挑战，大型设计企业多是集团式架构、二级组织数量众多，对组织的设计布局、高效运转与协同等方面都提出了高要求；二是模式的挑战，业务多元化、模式多样化、协同复杂化等已成为设计企业常态，多元、立体的组织模式使组织设计和运行的难度呈几何级数增加；三是区域的挑战，区域化布局也已成为很多设计企业的发展常态，如何在区域拓展中合理设计组织并配置资源，是一个非常难的问题。

有设计企业的管理者告诉攀成德：“我们企业的核心能力不在

技术，而在组织。”根据攀成德的观察，设计企业的组织架构二十年来没有大的变化，大部分企业仍在采用传统的“院所制”模式，但多数企业当前的组织模式已不适应外部形势的变化和业务模式的调整，组织变革迫在眉睫。

中国革命的成功，组织建设是关键。面对众多的挑战，面对不断趋同的战略，组织能力也成为设计企业成功的关键。

9 看组织现状：冰冻三尺，破冰不易

组织的存在，天然就是为了应对外部环境的不确定性、增强内部的稳定性，组织一旦形成就会存在惰性，如果不适时调整，久而久之组织与业务之间的不匹配就会越来越严重，组织的作用也由原来支撑业务的发展逐步变为制约业务的发展。多数设计企业的组织在过去二十多年没有进行大的调整，但是设计业务却正在经历极大的变化，目前组织已不能高效支持业务的发展。设计企业的组织问题由来已久，挑战重重。

9.1 组织管理有多重要

组织是一个公司的“导航图”，图上可以看到这个公司的各种信息，某位设计企业的领导曾经说：“拿到一个企业的组织架构图，这个企业的管理现状与问题基本就能够猜到七八不离十。”优秀的组织一定是权责清晰、分工合理、运行有序的，反之，管理混乱的企业在组织设计方面必然存在各种各样的问题，如权责不清、互相指责、机制不明、无穷内耗等。

企业的资源宏观上可分为有形和无形两类：有形资源是物理构件，决定着组织的强度和硬度，主要包括人员、固定资产、设备、资金等；无形资源是化学成分，决定着组织的柔性与韧性，主要包括品牌、资质、声誉、企业文化等。组织承载着企业的资源，是资源的底盘，是生产关系的组合。同样的资源禀赋，同样的生产力之下，生产关系是否匹配往往决定了生产效率的高低，也是资源使用效率的高低。好的底盘一定是硬件配置和软件调试的完美结合，好的组织也一定是各类资源进行了有效的配置，产生了良好的组合效应。作为智力密集型企业，设计企业的组织设计更需要关注无形资源、关注创造力的激发和活力的打造。组织设计不合理，企业在运行和发展的过程中便可能会产生系统性风险。

组织是体系的载体，无规矩不成方圆，无体系难以运转。组织是管理体系的载体，是权力和指挥体系的载体，更是利益分配机制的载体。组织的背后是一家公司经营模式的体现，体现了业务组织、管理配置的思路和逻辑，体现了权力和指挥体系的设计，体现了各组织之间的利益分配关系。

组织是服务效率和质量控制的载体，承载着业务运行的底线。设计企业往往采用分级管理的形式，在总部设置技术质量或者运营管理部门，负责总体的服务把控、投诉处理等，二级部门负责具体的生产组织和服务实施。对于专业服务类公司而言，服务是生命线，组织的设计一定要体现服务的效率和质量，除了考虑职责分工之外，更重要的是通过机制来确保服务工作落实到位，比如增加考核、制定奖惩机制等。

组织是企业发展动力的载体，为企业发展提供动力源。企业的发展需要源源不断的动力，而设计企业的发展动力已经由原来单一的技术因素，延伸至技术、资本和管理等多重因素。不同的企业会有不同的发展动力或其不同的组合方式，反映到组织上，组织承载的形式也不相同。如果资本的作用比较明显，在组织设计时就需要强化投资运营类部门的设置，很多大型设计企业设立投资部或者投资事业部，就是基于这方面的考虑；如果创新的作用比较突出，组织设计时就需要强化技术研发、技术创新类部门的设置，无论是在部门的设立还是机制的引导上，都要向创新倾斜。

组织管理的背后是成本的考验，是企业管理水平高低的体现。组织管理水平的高低直观表现在两个方面：一是管理幅度的大小，二是人均管理成本的高低。管理幅度是指平均一个管理人员能够支撑多少业务人员，根据攀成德的观察，设计行业的经验数据一般在 1 ∶ 10 ～ 1 ∶ 15，优秀的企业能够做到 1 ∶ 20，也有非常优秀的企业能够实现 1 ∶ 50 甚至更高。人均管理成本主要包括办公费用、物业费用、培训费用、公共管理支出等，有些设计企业的人均管理费接近 10 万元，有些企业却只有 2 ～ 3 万元。

9.2　组织的典型问题

大部分设计企业的组织都是在事业单位时期，基于设计咨询为主的业务模式设计的，随着行业发展和客户需求的变化，现有组织架构和管理模式、业务发展越来越不匹配，组织问题如同严寒坚冰，冰冻三尺，破冰不易。

问题一：组织设计理念落后，以自我为中心，而非以客户为中心。

过去设计企业组织的出发点是为了强化技术的主导地位，为了更好地组织设计生产，对客户需求和服务则考虑较少，是一种以自我为中心而非客户为中心的组织设计理念。如今业主对设计咨询服务的要求已经发生了明显的变化，对品质、集成服务、创新的要求越来越高，从过去的“能不能”转变为现在的“好不好”。在外部环境变化的大背景下，目前大部分设计企业基于传统“能不能”方式设计出的组织架构和管理模式，已经难以适应当下高品质的服务需求。

问题二：组织碎片化现象严重，组织内部效率低、利益分割严重。

很多设计企业的组织被分割成为一个个小的利益团体，这一方面有市场的原因，在行业整体形势不好时，企业化整为零、分散突围，各自寻找出路；另一方面也有个体的原因，企业为了安置某个“牛人”，往往许诺“加官晋爵”，最直接的做法就是单独设立一个机构，这样的机构往往是“设立容易、撤销难”。攀成德调研的一家企业，本部只有500多人，却有20多个业务部门，组织效率可想而知；还有一家企业，50多亿元的营收规模，却有近100个二级单位，而且规模差异非常大。组织碎片化的问题导致内部同质化现象严重、出现内部利益分割，组织难以高效运行。

问题三：组织设计面临新业务、新模式的挑战。

业务无论是向前端延伸（比如强化可研、规划咨询等环节的能力建设），还是向后端拓展（比如开展工程总承包业务），都对设计企业的组织提出了更高的要求。新业务模式要求组织设计在立足分工、强调专业化的基础上，更强调内部的横向沟通与协调，以及外部的资源关联与互动，比如开展工程总承包业务就需要打造更加开放的管理平台和资源平台。新业务模式要求设计企业对组织进行快速调整，要在专业化能力的基础上建立起综合服务能力，要从分散式的弱组织过渡到集成式的强组织。

问题四：组织功能严重老化，不适应现代企业的要求。

组织的功能需要与业务的发展相匹配，但目前部分设计企业的组织功能事实上已严重老化，不适应现代企业发展的要求。比如人力资源管理工作，部分设计企业的人力资源部仍然叫人事科，仅从部门名称就可以看出，他们从事的主要是人事管理工作，但现代企业已经不仅仅把人当作一种资源来管理，更是把人当作智力的投入，关注智力资本的投入产出。再比如科研工作，部分设计企业科研部门的主要工作就是收集文献资料、整理期刊等，跟“科研”两字几乎没有关系，但目前科研和创新已经成为推动设计企业高质量发展的重要动力，对科研的定位、科研项目的管理、科研产业化有了更系统、更直接的要求。

问题五：传统的设计企业架构难以形成大组织，组织成本居高不下。

电影《泰囧》中有这么一个桥段，王宝强饰演的王宝靠一手做葱油饼的手艺赢得了客户的青睐，有投资机构准备投资，询问其秘诀，得到的结论是“我的葱油饼做得好吃的秘诀就是我自己亲自来做”。设计企业的组织也有点这种味道，每个人或者每个团队都擅长做“葱油饼”，但是无法形成系统化的组织体系，更难以实现商业上的价值。很多大型设计企业内部的架构往往是“联邦制”，由很多独立部门组成，这种碎片化、散点式的组织更多是靠小团伙打仗，组织的杠杆作用难以有效发挥，无法实现集团军作战，组织成本居高不下。

设计企业的组织或许已经到了非调整不可的时候了，目前很多大型国有设计企业的组织能力、组织活力已经与他们的行业地位严重不匹配，而许多的民营企业，他们的组织设计、组织管理却充满了活力。

9.3 未来的组织挑战

组织除了要承载现状，更需要面对未来，除了要适应宏观上的经济波动，还需要应对行业的转型升级，设计企业的组织将面临种种挑战。

第一是时代的挑战。

首先是人力资源新时代的挑战。一方面，设计行业的人员流动近些年一直在加速，人员的快速流动给设计企业带来了极大的挑战，对企业的组织能力也提出了更高的要求。如何在人员高速流动的背景下保持较高的生产品质和服务水准？如何通过组织能力的打造弥补人员个体能力的短板？如何在资源端人员供给质量逐步下降的背景下，满足客户日益综合、多元、快速的要求？这些都是组织的新使命。另一方面，新时代员工所特有的思想观念对组织提出了新的要求，成长于互联网时代的年轻人，更加崇尚简单、透明、开放的文化，对官僚作风的容忍度更低，对工作界面的要求更清晰，这要求企业在组织设计时更加透明、开放。

其次是快速变化时代的挑战。“快”是时代的主题词，我国经济发展大致经历了计划经济、改革开放、减速增质三个主要阶段，我们能够明显感受到经济周期波动的频率在加快。从政策层面看，L型的减速发展、三大攻坚战、内循环等新政策推出的节奏进一步加快。从行业层面看，行业投资的波动加快，以房地产行业为例，它从之前的黄金时代、白银时代、青铜时代到现在的“房住不炒”，变化也越来越快。传统的能源投资高峰已经基本结束，目前更多的投资投向新能源领域，行业投资方向的快速变化也让很多企业一时难以适应，甚至束手无策，因为外部环境不会给企业太长的适应期和调整期。很多企业过去的成功经验已经难以作为最佳实践推行，比如中电建华东院在数字化领域所取得的成功，在目前这种快速的变化中，已经很难再产生第二个华东院，因为外部环境已经不允许设计企业再花费这么长的时间来培育自己的能力。

最后是新模式时代的挑战。从业务模式的推进演变看，原来设计企业组织设计的思路已经不适应当前投资、工程总承包、全过程咨询业务的要求。对于这些业务的组织设计，大部分的设计企业由于对这类业务不熟悉，缺乏可以学习借鉴的经验，因此参考设计咨询部门的管理方式，采用“打补丁”的方式来设置部门、建立管理机制，但这种方式只能作为应急之举，不可作为长久之策。

第二是区域拓展的挑战。

设计行业的区域壁垒正在被逐步打破，对于大型设计企业而言，未来全国化布局是必经之路，这也是导致设计企业分化的一个重要推动力量。然而，对于大部分的设计企业而言，走出去困难重重，一方面，设计企业习惯于长期在本地或者现有区域市场内提供服务，对于走出去缺乏足够的意愿；另一方面，企业的组织设计也难以支撑其进行区域拓展，实现区域深耕。其实设计企业开始全国化布局的时间是比较早的，从20世纪80年代开始，就有很多设计企业在深圳、广西北海、海南等地设立了分院，但后来很多企业又慢慢撤销了这些分院，回到了大本营，虽然也有一部分企业保留了外地的分支机构，继续深耕，但是在随后很长的一段时间内，大部分的设计企业都选择深耕本地，不再把区域拓展作为核心的战略部署。随着行业改革的持续推进，一些大型设计企业又重新将“外地拓展”作为重要的战略决策，特别是一些上市企业，他们借助品牌和技术的优势，在区域拓展方面实现了有效的推进，然而大部分设计企业在区域拓展方面仍然困难重重。区域拓展的困难主要体现在定位、管控、功能三个方面。

在定位方面，以前端经营为主，履约端的能力仍不足。很多设计企业的区域拓展都经历了“设置窗口型的经营分院”→“经营生产一体化的实体分院”→“区域中心”→“区域总部”的发育过程，随着行业由增量市场进入存量市场，市场要求已经由“能不能”向“好不好”转变，甲方对设计企业的要求也从“完成单一工程”向“满足综合需求”转变，然而目前大部分设计企业的区域组织定位，仍以前端为主，履约能力不足严重制约了区域组织的进一步发展。在这种背景下，设计企业的分支结构要从“走出去”到“走进去”“走上去”，发挥出主场的优势。

在管控方面，难以在规模和质量之间实现平衡。设计行业的特征导致了企业的资源不能过于分散，企业不太可能将有限的资源分散到太多的分支机构，尤其是行业核心专家和技术骨干更不可能过于分散，由此导致在分支机构的管理上，往往出现重规模轻质量的问题，难以兼顾规模和质量。

在功能方面，区域机构定位过于单一，无法充分发挥其作用。随着行业市场化的进一步推进，设计企业在人才引进、降本增效方面的压力越来越大，通常是通过对区域机构的合理定位及配套的策略来应对这方面的问题，比如在面对人才招聘的压力时，不少一线城市的设计企业会在高校较多的二线城市（例如武汉、西安等地）设置分支机构，用一线城市的薪资水平在二线城市招聘到综合素质更高的人才；在专业建设方面，通过把某一专业放到该领域实力较强的城市 / 区域，吸引更优秀的人才。

从长远看，组织的设计一定要与业务的特点、企业的资源禀赋、业务的发展定位匹配，以市政设计企业为例，如果要在区域市场实现深耕，对城市的研究就非常重要，唯有对一个城市有深入的认识和理解，才能更好地发挥智库的作用。

第三是技术的挑战。

传统的组织设立是基于科层制的理念，遵循自上而下的指挥和领导原则、基于高层的经验和智慧进行决策，存在较多信息不对称和信息失真的情况。随着信息化手段的完善，这种情况已经发生了较大的改观，从纵向看，信息化的手段可以极大地减少信息失真的情况，更有利于决策制定，虽然在短期内，信息技术更多地发挥辅助决策的作用，难以从根本上改变科层制的设计，但是对管理层的影响是巨大的，设计企业的管理层级可能会从原来的 3 ～ 4 级减少为 2 ～ 3 级；从横向看，信息技术可以打破各部门和各专业之间的部门墙和专业墙，更有利于专业之间的沟通，从而提高企业的效率；从区域看，信息技术的逐渐成熟，使设计企业的集约化管理成为可能，企业可以通过信息化的手段打破空间的约束，实现公司层面统一的管控协调；从内外部协同的角度看，信息技术可以有效串联价值链不同环节企业间的关系，甚至有可能重构工程领域的价值生态。

新技术也会改变设计企业的专业设置和人员配置，比如过去的信息化和数字化专业，无论是在专业设置还是分配比例上，都没有得到应有的重视，随着数字化的要求越来越高，如今已经有部分设计企业设置了诸如数字化公司、智慧城市事业部等机构，以此应对新业务发展的要求与挑战。

在应对外部环境的快速变化时，企业内部的组织也需要快速调整。横向对比看，设计企业的组织调整周期一般都较长，通常是在一个战略规划周期内对组织进行调整，与互联网行业相比显然是慢了很多，很多互联网企业，比如阿里、腾讯等，一般是一年对组织进行一次调整，而且架构、人员等可以快速调整到位。

10　看组织改革：效率优先，适者生存

组织改革是系统性工程，既涉及组织的整体布局，也涉及管理部门、业务部门的调整。组织改革是资源的重新布局，是模式的重新调整，更是权责利机制的重新设计。组织改革要坚持问题导向，聚焦难点和痛点，更要坚持效率导向，以提升效率作为核心原则。组织改革要做好顶层规划，不能“头痛医头、脚痛医脚”，更不能“按下葫芦起了瓢”，一定要坚持战略指引、业务牵引，根据自身的资源禀赋、业务特点选择合适的路径和改革节奏。

10.1　集团组织如何布局

组织布局决定了资源配置，决定了组织层级，也决定了内部的权责分配与利益格局。大型设计企业需要从纵向和横向两个角度思考其组织布局，根据其业务特点、资源情况、管控关系等因素综合研判。

从纵向看，企业需要思考组织的层级和管理关系。大部分设计企业采用两级管理的架构，“院所制”是典型代表，然而随着设计企业组织规模的扩大，两级组织架构已经难以适应设计企业的发展需要。具体来看，一是二级部门规模体量的增加，例如建筑设计企业的综合所，原来可能是 30 ～ 50 人的规模，随着规模体量的增加，人员逐步增加到 100 ～ 200 人，已经达到小型设计企业的体量，因此需要在原来的生产所内部设置三级部门，原来临时性的生产组就需要演变为正式的专业所，对于整个企业而言，其管理关系逐步由二级管理转变为三级管理或者两级半管理；二是多业务领域的拓展，设计企业如果在原有的业务板块基础上进行其他业务的拓展，新拓展的领域形成一定的规模和体量之后，就存在独立管理的问题，不少设计企业会成立专业公司，对新业务进行专业管理，这至少会增加 1 ～ 2 个管理层级；三是随着区域的拓展，原来分支机构的

职能可能就会由单一经营窗口升级为区域的经营生产一体化组织，会在分支机构内部再增设相应的部门。除了做加法之外，不少设计企业还需要考虑做减法，比如有些企业有很多分支机构，但是这些分支机构都是由院所设立并进行管理，公司层面难以进行统筹协调，公司需要在原基础上进行系统规划，优化资源配置。

从横向看，组织布局需要解决碎片化、同质化、差异化的问题。设计企业的组织碎片化容易导致同一业务过于分散，难以形成合力，为解决这个问题，在组织布局时需要重点从业务部门设置、业务能力提升、业务管理机制建设三个角度进行思考。在业务部门的设置方面，企业需要考虑目前的业务体量匹配多少个业务部门较为合适，过多过散的部门设置会极大地稀释业务能力，也增加了管理的难度，如果企业已经存在碎片化的问题，就需要思考如何优化和调整，比如由原来的 20 个部门整合为 10 个部门，合并同类项，但这种改变力度较大，对于设计企业而言冲击也较大，而且改革的同时还涉及人员安置等多种因素，是一个系统性的变革。在业务能力提升方面，为了减少大规模组织调整带来的冲击，我们也可以采用变通的方式，针对业务同质化的问题，在机制方面鼓励业务部门培育本部门的核心业务，在人员配置、分配机制等方面给予支持。例如，某大型建筑设计企业，其内部的六个生产院在业务上各有侧重，无论是机场、商业综合体还是体育建筑、教育建筑等，都有最强的业务部门，这也保证了它在细分领域的话语权、在市场上的竞争力。为从根本上解决业务同质化或分散化的问题，设计企业还需要对业务能力进行总结提升，形成公司层面可复用、共性的经验、做法和产品标准，这也是很多设计企业打造中台的目的和初衷。第三，在业务管理机制建设方面，要通过制度而不是人进行管理，比如很多设计企业设立了孵化平台，也有很多人为因素设立的小部门，当这些平台/部门没有达到预期目标或者经济效益较差时，却因为没有相关制度而难以进行部门的合并、撤销，带来了诸多的麻烦。

从导向看，要明确组织设计的核心出发点。对于大部分设计企业而言，他们的组织与原有的单一行业、单一设计咨询环节、单一区域是匹配的，但随着业务、区域和价值链的发育，市场对设计咨询环节的要求越来越高，设计企业需要认真思考组织设计的导向问题，是以产品为导向还是以区域为导向？若以产品为导向，组织布局就应围绕产品开展，比如可以考虑设立体育建筑事业部、人居事业部等，这种导向有利于细分产品的打造和不断升级，但在区域拓展等方面会受到制约，因此适合品牌影响力强、处于行业领先地位的企业；若以区域为导向，则有利于区域的深耕，但在产品的打造、产品的品质保障等方面就会受到制约，因此这种组织设计导向适合于产品层次中等、服务的客户或市场分布较广的情形。

10.2 二级组织如何设计

1. 二级职能组织的设计

职能部门是一个设计企业综合管理和行政决策的承载部门，部门设置和人员比例是一个企业管理水平的综合体现。大部分设计企业并没有意识到职能部门的重要性，不少职能部门的工作重心是日常公文流转、后勤保障等，人员以“老弱妇幼”为主，不懂业务、不懂管理、不懂变革导致其难以有效发挥应有的作用。

二级职能部门要分类管理，其数量虽然不多，但根据职责可分为三类：第一类是经营部等承担经营职责的管理部门，与生产经营高度关联，可以参照业务部门或半业务部门进行管理；第二类是类似企业管理部、技术质量部、人力资源部等负责业务管理、人员管理的部门，与生产经营的关联度较高；第三类是党群、纪检、行政等部门，与生产经营的关联度偏低。第一类和第二类职能部门需要更好地发挥管理和引领的作用，从业人员需要懂业务、有一定的业务经验，同时也需要具备管理意识和管理基础。在这方面，设计企业可以向施工企业学习，因为施工企业的二级职能部门人员大部分都是从项目部、下属公司选拔而来的，他们通常不会直接招聘应届毕业生到职能部门，因此这些部门在制定相关制度时更接地气，更能满足业务部门的要求。

二级职能组织的设计要有所取舍。我们看到了设计企业在业务部门设置方面的一些新变化，随着企业业务的延伸，管理要求越来越高，很多设计企业设置了企业管理部、发展运营部等管理部门以强化管理；很多设计企业开展了工程总承包业务，因为总承包项目的安全质量管理特别重要，他们在二级部门层面设置了安全质量管理部等部门。与之相对应，对于一些后勤辅助类部门，通过精简或采用社会化的方式来满足需求。二级职能部门的职责定位，除了常规的照章办事、根据部门职责完成规定工作之外，还需要发挥创造性，思考如何通过管理工作来创造效益，关键工作、重点工作和创造性工作更加重要。

二级职能部门的人员要精干高效、来源丰富。通常来讲，设计企业的职能人员占比不宜超过10%。根据攀成德的观察，200人以下的设计企业，职能部门人员的数量一般是20～30人；200～500人的设计企业，职能部门人员一般是30～50人；500～1000人的设计企业，职能部门人员一般是50～80人；1000～3000人的设计企业，职能部门人员一般是80～150人；对于更大规模的设计企业，一般也会将职能部门人员的数量控制在200人以内。与人员编制同等重要的是人员的质量，谷歌的人力资源部有个“三分之一”现象，即：三分之一的人从事传统的人力资源管理工作，具备人力资源管理的背景；三分之一的人是从外部咨询公司招聘来的，具备咨询的背景；最后三分之一的人是分析师，专门从事分析管理工作。

2. 二级业务组织的设计

设计行业是一个细分专业差异较大的行业，企业在设计二级业务组织的时候需要与业务相匹配，需要与能力相适应，更需要与未来发展相结合。到底是选择专业所还是综合所？业务部门的定位是成本中心还是利润中心？设计项目组织模式如何设计？这些都是二级业务组织设计中非常重要的问题。

问题一：设计企业在专业所与综合所之间如何选择？

当前大型设计企业的基本组织模式主要有专业所模式和综合所模式两种类型。所谓专业所模式和综合所模式，实质上是直线职能制和事业部制在设计企业的具体呈现，两种模式的优劣势及适用条件见表10-1。

专业所模式与综合所模式的优劣势及适用条件　　表 10-1

	专业所模式	综合所模式
优点	1. 权力高度集中，有利于领导层对整个企业实施严格的控制。 2. 有利于专业人才和专业能力的培育及可持续发展。 3. 有利于发挥专业技术人员的集体技术优势，攻坚大型、特色、精品项目。 4 专业所业务方向相对独立，可以避免综合所之间的内部竞争。 5. 总部对公司的资源进行优化配置，消除设备和劳动力的重复，最充分地利用资源	1. 有利于最高领导层摆脱日常执行性决策工作，专注于公司战略决策和长远规划层面的工作。 2. 优化管理幅度。综合配置职能部门，缩减了管理幅度，有利于优化微观管理工作。 3. 易于内部协调和内部产值分配。内部往来往往遵照等价交换原则，利益驱动下，协调难度降低。 4. 易于培养综合性管理人才。各综合所管理团队不再死盯专业技术，而关注总体效益，综合管理能力得到锻炼和提升。 5. 有利于建立清晰的权责体系。综合所配置管理资源，总部责权下放，推动分级授权相关工作。 6. 对市场和客户快速反应，具有较高灵活性。综合所独立性较强，基本可以独立自主经营，更贴近市场和客户，尤其在动态市场环境下，对业务发展的促进作用更加明显
不足	1. 专业所之间的协调只能高层领导出面才能解决，加上经营决策又高度集中在高层，企业最高领导层的管理负担重。 2. 总部管理幅度太宽，易造成微观管理工作落实不到位。 3. 横向协调性差，在项目需要跨专业所合作时增加了协调难度。 4. 外部适应性差，员工只关心自己狭窄的专业工作，对业务的全貌和公司的经营状况了解不足，对外部环境变化、市场竞争的适应性变差	1. 最高管理层对全局的控制力降低。职权下放，最高管理层的综合控制能力在一定程度上被削弱。 2. 公司专业能力削弱。专业人才分散在不同的二级综合所，不利于专业能力的培养，进而不利于大型项目的开展。 3. 易引发内部摩擦和竞争。综合所模式下各兄弟单位的往来以利益为主要导向，联系壁垒增强，内部存在竞争关系，一旦总部协调失灵，内部摩擦和竞争将加剧。 4. 增加运营和管理成本。各综合所内部都有一套职能组织，增加了人、财、物的投入。 5. 易出现急功近利的风险。在利益和考核指标的双重作用下，二级综合所的管理者容易做出急功近利的行为

专业所和综合所的模式各具特点，没有绝对的优劣之分，需要根据企业的特点作出有针对性的取舍。具体如何取舍呢？设计企业可以从行业特点、企业资源能力、战略重心、企业文化等多个层面考虑。

首先要考虑行业的特点。如行业涉及专业少、客户较为分散，则采用综合所的模式更有利于市场经营和生产组织；反之，如行业涉及专业多、专业间差异大，则采用专业所的模式更合理。对于建筑设计、景观设计等涉及专业较少的行业，目前普遍采用综合所的模式，而对于化工、冶金等设计专业较多的行业，普遍以专业所的模式为主。

其次要考虑企业的资源能力。若企业的资源相对充足，则专业所和综合所的模式都可以考虑，如果企业的资源有限，则采用专业所的模式更有利于发挥专业的力量。专业所和综合所也往往是相对的，在工业类设计企业中，许多的小专业因为资源的限制往往也会进行整合，避免专业分散导致协调困难。

然后要考虑企业的战略重心。如果企业的战略重心是扩大规模、提升业绩，则综合所的模式更合适；如果企业的战略重心是提升品质、强化产品打造，则专业所的模式更合适。

最后要考虑企业文化氛围。如果企业内部专业配合良好，则有利于专业所模式的推进；反之，如果配合不畅，则更适合综合所模式。攀成德为设计企业提供咨询服务的过程中，曾经遇到过一些企业因为专业配合问题由专业所调整为综合所，也有一些企业不同的专业之间甚至达到了“水火不容”的地步，内部出现了严重的恶性竞争，宁愿让外部单位中标也不让本企业其他所中标。

无论专业所还是综合所，其有效运行均需要有配套的机制做保障。大型设计企业如采用专业所模式，需要在内部建立各专业的分配定额，协调各专业的分配比例，还需要完善项目经理负责制，强化项目管理主线，才能有效协调项目的运作。如采用综合所模式，首先，需要明确划分各综合所的经营边界，若以区域划分，则需要明确各综合所负责的地理范围，若以客户类别划分，则需要界定不同综合所对应的客户；其次，二级综合所独立性较高，需要建立明确的授权体系，既保障综合所能发挥作用，又不放松总部对其的监管；最后，还应建立有效的考核评估机制，促进综合所规范经营、提升业绩，完成目标。大型设计企业要根据自身的业务特征、面对的市场环境选定适宜的组织模式，并落实对应的保障措施，才能最大限度地激发组织活力。

问题二：二级部门是成本中心还是利润中心?

二级部门定位是成本中心还是利润中心，没有绝对的好与坏，每种模式都可能成功，也有可能出现问题，但是究竟采用何种模式，还是有迹可循的。

从管理水平看，管理能力强的设计企业一般会将利润中心放在总部。总部作为利润中心需要有两个重要的前提条件，一是总部承担大部分的经营任务，业务部门主要负责项目履约和后续服务；二是企业有完善的成本核算规则，能够有效核算和管控相关成本。目前工业领域（如电力、冶金等行业）的大型设计企业以及管理水平较高的上市公司，通常采用利润中心在总部的模式；其他行业的设计企业，典型的如建筑设计企业，普遍采用利润中心在二级单位的模式，一方面是基于开拓市场的需要，另一方面是因为企业内部的定额系统不健全，无法有效核算成本，只能采用“以包代管”甚至“承包”等更加简易的方式。

从业务结构看，如果企业的业务以大体量、复杂的项目为主，适合采用利润中心在总部的模式，这样可以充分发挥总部管理协调的作用，有利于项目的推进，也能避免因为利润中心下放导致业务部门各自为战、协调困难等问题。

从经营策略看，如果企业是行业的新进入者或者在经营策略上采取进攻策略为主，则适合采用利润中心在二级单位的模式，这样可以进一步调动二级单位的积极性；反之，如果企业处于行业的头部位置或者在市场中采取防守策略为主，则适合采用利润中心在总部的模式，这样可以进一步提升效益、巩固优势。

问题三：设计项目组织模式如何设计？

职能制、矩阵制和项目制是项目开展的三种主要模式，三种模式的适用情形和组织方式各不相同。设计企业在选择项目组织模式时，需要根据项目特点、企业管理水平等多种因素来做综合判断。

职能制模式是最基础的模式，但会导致较多的协调问题。根据专业（或管理）职能来分段、分模块进行管理，采用的是“铁路警察各管一段”的方式，有利于提升管理或者生产的专业性，但是由于不同模块或不同专业的出发点不同，往往容易导致协调难，甚至出现“局部利益”损害“整体利益”的情况，因此职能制模式通常适用于特定的情形，比如，项目涉及的专业数量较少、项目的专业技术要求非常高、企业内部生产履约压力大于外部经营压力、企业拓展某项新业务（如总承包业务）等情形。由于存在协调和管理方面的问题，目前设计企业中使用职能制模式的比例越来越低。

矩阵制模式是比较理想的项目运作模式，但在实际运作中往往达不到预期的效果。矩阵制模式在理论上解决了专业性和协调性相统一的问题，但是在实际运作中往往变成“四不像”，既无法发挥专业性的优势，在协调方面也容易陷入僵局。究其原因，一方面是项目的运作机制和流程不健全，导致不同的团队在运作项目上千差万别；另一方面是合格的项目经理数量不足导致无法有效开展项目工作，权责利机制不匹配导致项目经理“只有干活权”而“没有分配权”，项目人员往往“屁股决定脑袋”，导致项目条线管理难以有效运转。

项目制模式效果较好但对资源配置要求较高。项目制模式以单一项目为主体进行资源配置，这一特点能够保证项目的有效开展，但是设计企业的业务运作特点导致设计人员往往“身兼数职”，在这样的情形之下，项目制往往因为资源的限制而难以实施到位。因此，项目制适合于大型项目、战略项目，而在常规项目上的效果往往不佳。

无论采用何种组织模式，都需要实现项目的经济效益和社会效益。对于设计企业而言，为确保项目的有效运作，需要从权责利设计、项目核算、项目收益管理和项目标准化建设四个方面同步优化。

首先，明确权责利是基础。权责利是“铁三角”的关系，只有三者匹配，才能确保三角结构的稳定性。权责利的统一主要体现在人员调配、质量控制、考核分配三个方面，只有保证在关乎项目成败的上述三个方面有效统一，才能推进项目的顺利运作。

其次，准确核算、及时评价和有效沟通是关键。对项目的成本、收益能够准确核算，能够根据项目的收益情况对人员进行及时奖惩，是有效调动人员积极性的基础。在此基础上，对项目团队的贡献进行及时评价，建立有效的沟通机制确保沟通到位也是重要的保障措施。

再次，项目收益的管控是项目有效运作的主线。设计项目的特点是人工成本占大头，缺少定额体系的建设和积累，设计人员对项目成本的关注不多，导致企业对项目收益这条主线难以有效控制，特别是人员投入的控制，导致很多项目出现“明赚实亏”的情形。

最后，项目的标准化体系建设是提升项目运作水平的有效手段。设计企业对项目的标准化建设往往重视不够，项目管理变成了“项目经理的管理”，人为因素导致项目管理的离散度较高,也因此导致很多项目出现“重复发明轮子”“捡了芝麻丢了西瓜”等现象。标准化的流程及技术手段是提升项目运作水平的重要抓手，也是项目从规范化管理走向精细化和精益化的重要基础。

3. 虚拟组织如何设计？

由于资源有限、技术要求比较高等特点，对于一些技术、创新等非直接经营生产的工作，设计企业往往会采用虚拟组织的形式开展，企业中也普遍存在诸如技术委员会、专家组、研发中心、工作小组等各类虚拟组织，然而这类虚拟组织在充分发挥作用方面却存在各种各样的问题。要充分发挥虚拟组织的作用，需要从虚拟组织的定位、权责、激励机制等多个方面进行系统规划，通过组合拳的方式发挥其作用。

首先，需要明确各类虚拟组织的定位、职责和权限。设计企业的虚拟组织如非必要，不建议设置过多，如果要设置，一定是基于一些前提条件，比如需要群策群力、单一职能部门无法有效行使相关职权、工作时间不连续、波动性较强等。另外，虚拟组织不同于常规组织，它不是常设机构，更需要明确权责和定位，不能让其承担过多的日常职责。

其次，对虚拟组织的管理重于建立，不能一建了之。虚拟组织要更好地发挥作用，需要及时完善各类管理机制，比如很多企业的技术委员会，如果仅仅是定位为“企业的技术权威组织”，负责解决各类技术上的疑难杂症，那么其作用发挥就非常有限。如果定位为“服务经营生产的组织”，可做的工作就非常多，既可以进行标准化建设、提升生产效率，也可以进行人才梯队培养、提升整体的技术水准，还可以针对一些重要项目和关键课题进行技术攻关、打造公司的技术高地。

此外，对于虚拟组织的分配和评价机制也非常重要，如果只有责没有利，那么工作开展不会长久。对于虚拟组织的激励，既可以采用固定激励的模式，也可以采用项目激励的模式，需要企业根据自身的实际情况来确定。

10.3 组织效率如何提升

提升组织效率就要提升杠杆率。设计行业属于专业技术服务行业，根据工作的特征及难易程度，设计工作主要可以分为创造型工作、经验型工作和程序型工作等三类工作。设计企业需要根据自身的业务特点进行有针对性的团队配置，提升杠杆率。

创造型工作，是指工作标准化程度较低、难度较大，需要专门进行研究的工作，需要组织水平高的人进行技术攻关，比如重点项目、地标建筑等。这类项目往往品牌效应高于商业效应，因为项目一般都是独一无二的，并且前期需要进行大量的研发投入，比如我国的三峡工程、川藏线等，但这类项目一旦成功，往往会形成极大的品牌效应。设计企业是营利性组织，因此创造型工作的占比和人员配置一般不会非常高。另外，创造型工作一旦完成，需要尽快进行经验总结和固化，快速将创造型工作转化为经验型工作。

经验型工作，是指之前有类似项目的经验可以借鉴，只需要根据项目特点、业主需求进行针对性调整即可的工作，一般由经验丰富的人负责整体技术把关，经验一般的人负责具体工作的执行。设计企业大部分的项目都属于该类工作，比如住宅项目、高速公路项目等，只需要根据之前的标准规范、经验等进行适当的优化调整即可。经验型工作的人员配置需要加杠杆，1 个经验丰富的人带领 9 个经验一般的人完成工作，与 5 个经验丰富的人带领 5 个经验一般的人完成工作，在成本效益上的差别巨大，这也同样考验一个设计企业的组织能力。攀成德调研时发现一个案例，某设计企业的员工跳槽到另一家设计企业，只需要发挥八成的能力、完成之前八成的工作量，却可以享受收入翻番的待遇，创造出比之前更高的产值，这得益于企业强大的生产组织能力。

程序型工作，不需要太多的创意，只需要根据既定的要求完成相应的工作即可，比如基础的画图工作（如画楼梯、画地下车库等），因为标准化程度非常高，不需要太多个体的自主发挥就可以胜任工作。

对于设计企业而言，需要通过创造性工作不断提升技术水平，强化产品的话语权，更重要的是不断地将创造性工作转化为经验型工作甚至是程序型工作，只有不断地发挥三类工作的杠杆作用，不断强化不同类型工作的人员杠杆作用，才能实现更大的组织效益。

提升组织效率，需要建立与组织设计匹配的分配方式。

目前设计企业的分配模式大致可以分为三种：第一种是小组织的分配模式，与设计企业的碎片化组织架构相匹配，类似“包产到户”的分配方式，属于“小农 / 小作坊经济”，无法形成产业化。第二种是中组织的分配模式，比如冶金、有色、轻工等领域的设计咨询业务，需要多专业配合，项目分配、专业分配、岗位分配多层次结合，虽然不是包产到户，但也不是完全按照项目整体来分配的，仍存在较多的人为协调因素。在分配的时候，往往是以部门为单位而不是以项目为单位，单一项目层面的运作好坏、收益高低等无法与收入进行有效的关联，在分配中仍存在模糊地带。第三种是大组织的分配模式，大多数的工程总承包业务需要采用该类模式。采用这种模式进行分配，需要有一定的基础支撑，最底层是人工时和岗位价值、绩效管理等基础工作，在项目中，不同类型的工作有不同的薪酬标准，不同层级的人员也有不同的价格标签。这种分配模式对于横向的项目生产组织流程和环节，对于纵向的项目工作包、岗位包甚至职责包都有清晰的界定，目前大部分的设计企业都做不到这种程度，外资设计企业在这方面会略好一些。

优秀企业和平庸企业之间最大的差距就是组织效率，设计企业需要认识到组织效率决定企业的生存能力，决定企业是优秀还是平庸，未来甚至会决定设计企业的生死。设计企业可以从战略定位、体系建设、文化机制以及领导力建设等多个方面来提升组织效率。

第一，企业的战略定位决定了组织效率提升的方向，也是最有效的突破口。明确的战略定位有利于统一思想、配置资源、强化员工认同，进而确保所有的工作围绕统一的目标开展，方向不明确是组织效率最大的“黑洞”。

第二，加强体系建设，建立协作和考核机制是提升组织效率的重要抓手。业务协同和考核的机制（如 MBO、OKR、协作机制、人才管理等）保证了组织效率，确保了设计企业能够实现“上下同欲、步调一致”。通过目标管理和考核，可以构建企业的目标体系，实现上下目标统一；通过构建透明、协作的机制，可以打破横向的部门墙和专业墙，实现专业和业务的协同。

第三，重塑组织文化，提升文化的引领作用。文化是润滑剂，是刚性制度的补充，是设计企业内部管理的延伸，优秀的企业文化能够在更深层面发挥作用。具体来讲可以从明确价值导向、强调价值创造、聚焦工作意义三个方面入手。明确价值导向需要清晰地阐明企业的价值观，无论是团队、开放、创新的价值观，还是质量、激情和服务的价值观，都需要清晰地阐述和准确地传达；强调价值创造就是引导员工为组织创造更大的价值，同时，员工也要不断思考怎样做才能持续为企业带来效益；聚焦工作意义就是帮助员工找到工作的意义，工作意义是员工活力的一个重要来源，特别是对于技术服务型行业，员工的投入度是影响工作绩效的重要变量。

第四，激发人员活力是提升组织活力的重要保障。设计企业需要在“选育用留”四个环节来系统思考。选择合适的人是基础和前提，在资源端受限制的背景下，设计企业需要认真思考选人用人的标准，在此基础上构建人员评价和管理机制，比如在选人用人上“唯能力不唯资历，唯业绩不唯身份”，在考核激励时不仅关注结果、也关注过程，在激励体系建设时强调与员工共创、共建、共享的激励机制。只有激发人员活力，才能推动组织的新陈代谢，才能留下最优秀的员工，让组织不断进步。

第五，打造新型领导力，改善领导方式。对于设计企业而言，人才是最重要的资产，人的活力激发是提高绩效最重要的手段，因此企业需要加强授权，以此提升员工的参与感，通过共享机制让员工感受到是为自己工作而不仅仅是为企业工作。另外，组织也需要有容错机制，给员工适度的纠偏空间和包容。命令和控制型的领导方式只能保证工作的底线要求，只有鼓励和引导型的领导方式才能创造更大的价值。

第六，从细处着手切实提升工作效率。例如，通过流程化、标准化等方式将工作经验和要求固化、显性化，避免重复工作和低效工作；通过高效的会议和时间管理，提高决策效率；通过保障有效的工作投入，提高工作产出；通过工具手段的更新，提升个体和组织的效率。

11　看组织发展：抓住重点，突破难点

华为任正非先生一句“方向可以大致正确，但组织一定要充满活力”，道出了组织发展的真谛。组织的成长和发展犹如人体的生长发育，在不同的阶段有不同的特征，在儿童期需要补充营养，在青春期需要加强锻炼，设计企业的组织发展也面临不同阶段的特点和要求，要抓住重点、突破难点。组织能力建设的水平是优秀企业和一般企业的差距所在，我们认为设计企业未来的竞争关键在于组织能力的竞争，决胜在于组织。

11.1　区域化组织如何建设

区域化组织建设需要选择合适的拓展方式，由“走进去”到“走上去”。目前很多设计企业通过在国内的重点区域建立区域组织，逐步实现全国化的区域布局。常见的全国化区域布局方式有三种：

第一种是片区划分，全国化布局。大型央企、国企及上市企业在区域组织建设时，一般都采取这种方式，比如根据地理版图划分为华北、华中、华南、华东、西南、西北等片区，以片区的形式进行全国化布局，这种方式可以让企业快速占领全国市场，实现全国化发展这一目标。采用这种布局方式的企业本身实力雄厚、品牌强大、内部资源能力非常成熟，但这种方式需要考虑各个片区的业务类型、业务特点和内部资源的匹配程度，并根据不同片区的特点及时对资源进行调整。

第二种是逐点突破，辐射式布局。多数设计企业都会采用以点带面的方式逐步打开外地市场，最终实现全国化发展。这种方式相对来说比较稳健，一般先通过偶然的机会或者经营关系打开部分外地市场，形成根据地，再以这些区域为中心点，逐步辐射周围区域，最后实现业务的全国化布局。采用这种方式

布局的进展会稍慢一些，但对于大部分设计企业而言，这种方式更加稳妥，也更加合理。

第三种是合作建设方式。除了立足自身能力建设分支机构之外，不少设计企业通过与业主企业合资成立平台公司、项目公司或者作为战略投资者入股改制的单位等方式进行区域拓展，比如很多地铁设计企业与当地的地铁公司合资成立地铁设计院，共同在当地拓展地铁业务。

本土设计企业在海外拓展已经有很长的历史，有成功的经验，也有失败的教训。国际区域组织的建设，属地化是关键，设计企业需要从选择合适区域、加强属地化建设、完善配套机制三个方面重点突破。

首先，需要选择合适的区域和拓展方式。区域的选择要综合考虑市场空间、政治风险、技术标准、语言等多种因素，目前的大环境下，设计企业选择“一带一路”、非洲、东南亚等区域是相对稳妥的战略。设计企业由于自身的体量较小，在国际市场拓展时需要借力、结伴而行，可以与上级单位、国家援外机构、设备厂商等结成战略联盟，通过“借船出海”的方式走出去。

其次，需要加强属地化建设，属地化可以使企业更好地融入当地，与合作伙伴、属地国社会经济发展共同成长。海外属地化建设绝非一日之功，是一个长期、渐进的过程，要考虑区域市场的空间大小、活跃度及可持续性。要达到预期的效果，实现理想的目标，设计企业需要在建设过程中，根据自身特点、结合集团发展战略不断进行组织的优化升级。在组织结构优化进程中，大型设计企业应该有国际化的战略思维，将海外属地化建设和国家、集团的战略紧密结合，和集团及自身的海外发展规划结合，进而确定海外属地化分支机构的职责定位及建设方式。在具体的组织结构设计方面，通过组织和机制的设计能够激发海外市场前端分支机构的积极性，鼓励海外属地化分支机构在重点区域和重点国家做强、做优、做大，提升企业在多元化业务经营、生产及全产业链服务方面的能力。

最后，需要完善配套机制。一是加强人员管理，海外属地化分支机构管理层人才选用应打破常规，优先考虑思想品德优、学习能力强、对外统筹协调等综合素质高且有志于长期从事海外业务、具有奉献精神的年轻人才。属地化建设不是简单地招聘当地员工，而应围绕吸引人才、培养人才做文章，比如招聘一些在所在国有影响力的专家、培养属地经营及技术管理人才、对属地员工进行业务培训、强化团队文化建设、强化外方员工对中国企业的认同、促进中外员工融合等。二是考虑政策倾斜，总部应在资源配置、技术支持、员工培训等方面给予足够的支持，在员工晋级、薪酬、绩效考核等方面给予相应的倾斜和优先，在员工休假、家属安抚等方面给予足够的人文关爱。三是强化支持策略，积极融入上级集团的战略。隶属于大型央企集团的子公司应根据自己的业务特长、核心技术及成熟的市场区域，主动融入集团或平台公司直属的海外区域公司及国别公司，一方面为集团和平台公司的市场前期开发提供技术支持，另一方面可借助于集团及平台公司的经营优势，实现设计企业自身的同步发展。

11.2 技术研发组织如何建设

身处技术密集型行业，设计企业对于技术研发的重视程度也越来越高，对技术研发组织的设计也越来越重视。

技术研发组织建设要根据研发导向进行分类管理。根据目的不同，技术研发可以分为战略导向型研发和生产导向型研发，不同的研发导向，其生产组织、管理方式等各不相同。如果是战略导向型研发，在组织设计时最好能够设立专门的机构，配置专职的人员，同时在薪酬和激励机制设计时要着眼于远期和未来。如果是生产导向型研发，最适合的是两级研发组织模式，由公司来牵头组织，研发的主体是业务部门。

技术研发要想做好，除了基本的组织设计之外，更重要的是支持和激励机制。比如中交某公路设计院，专职投入 100 多人进行研发，每年的投入高达 3000 万～4000 万元，在研发课题的选择方面构建了上下联动的机制，对于一些重大的课题，由公司层面来筛选，避免下属研发机构由于短期利益导向产生的“近视行为”，对于一些常规课题，则主要交由下属研发机构进行选择和管理。再比如华为在俄罗斯招聘的数学专家，连续多年没有多少产出，但一旦有成果（比如帮助华为实现了从 2G 到 3G 的突破）就能产生极大的商业价值，这种贡献之大难以用金钱来衡量。

研发要保持开放性，越开放越成功。设计企业的研发需要整合外部资源，特别是开展数字化、工程总承包等原有业务范围之外的业务时，更需要借助外部的力量，构建立体的研发组织。比如，隧道股份中央研究院，构建了核心层、紧密层与合作层三个层级的研发资源体系，通过与谷歌、高德、微软等高科技企业合作、发挥外部机构的优势来实现研发目标。华为高度重视外部研发资源的整合与管理，曾有一位高管用夏威夷和哥斯达黎加生态特点的对比，讲述华为促进生态圈内生优势与外部资源融合协作的发展思路，夏威夷生态环境讲求封闭进化，由于外来物种受到严格限制，因而物种数量发展相对缓慢，而哥斯达黎加海域所呈现的是开放、多样的生态，新物种引入的速度排名世界前列，是夏威夷的 10 倍。华为认为企业未来的优势可能来自内部，也可能来自外部，是竞争优势与生态优势的组合，华为研发的一个宗旨就是合作，通过与国内外的组织合作开展研发，站在巨人的肩膀上，通过引进、吸收、再集成、再创新的方式来发展自主的专利技术。我国华为技术有限公司先后与美国德州仪器公司、英特尔公司、高通公司等行业头部企业建立合作，通过共建实验室、购买专利等方式实现技术突破。在中电建华东院数字化业务发展的案例中，我们看到了华为、阿里、西门子等诸多业务生态圈中合作方的身影，也看到了水利、铁路、市政等细分领域中头部设计企业的身影，华东院通过合作实现共赢，通过开放取得成功。

11.3 新业务模式组织如何发育

全过程咨询和建筑师负责制的组织建设仍处于起步阶段，目前没有成熟的经验可以借鉴。很多设计企业在开展该类业务时都是基于自身的特点，从原来的设计咨询业务向前端（规划、可研）或者后端（项目管理服务）延伸。从理论上来讲，全过程咨询和建筑师负责制对组织和个人能力的要求会更综合，是设计咨询服务的升级版，但现实中由于受政府、市场和业主等多方面因素的影响，这种模式的推广效果有待验证。要适应这类业务，设计企业需要及时进行组织调整，立足点是提高效率。目前来看，大部分设计企业在该类业务上仍处于局部试点的阶段，尚未总结出非常有价值的经验。

工程总承包业务的组织建设，设计企业需要结合业务特点与企业实际情况分阶段推进。

对于大部分细分领域的设计企业而言，总承包业务看似有着美好的明天，但能否顺利通过今天的考验还不得而知。最早开展总承包业务的化工类工程公司经过三四十年的积累，与国际优秀工程公司相比，勉强能够达到60分的及格线。对于其他细分领域的设计企业而言，其总承包的水平还在及格线以下，临渊羡鱼不如退而结网，设计企业构建适合总承包业务的组织架构，需要根据总承包的管理模式、发展路径、项目组织方式的不同，从组织层级、业务发展阶段、项目组织模式、行业和区域特点四个维度综合考虑。

从组织层级来看，总承包业务管理组织通常分为集中式组织管理、分散式组织管理和中间式组织管理，不同模式适用的情形各异：（1）集中式管理是将总承包管理权限及职责统一放在总部，在总部设置工程总承包事业部，配置总承包各专业管理人员，负责所有行业总承包项目的管理和执行。这种模式的优点在于权力集中，便于项目统一规范管理，有利于资源统一调配，效率较高；缺点在于人为地将专业割裂，跨专业协调困难，且对总包总体协调、综合能力要求较高；适用于从事的行业单一且总包业务占比较高的设计企业。（2）分散式管理是将总承包管理权限下放，在各事业部内部设置工程管理部，负责本部门总包项目执行。这种模式的优点在于专业性强、执行效率高、能快速响应市场需求；缺点在于需要较多的资源配置，成本较高，各部门的项目管理水平差异大，难以有效管控总包的风险；适用于初期想快速做大总包业务，或者总包业务涉及的行业较多、行业的差异较大的设计企业。（3）中间式管理是介于上述两种模式之间的管理方式。总部和事业部内部均设置工程管理部门，总部负责大型总承包项目的执行，指导并监督各专业小型总包项目实施，各事业部负责小型项目的执行。这种模式的优点在于各专业有一定的自主权，适合转型处于过渡阶段的企业，有利于总包能力的培养；缺点在于部门及专业重复设置，存在一定的资源浪费。

从业务发展阶段来看，不同阶段宜采用不同的组织模式，一般遵循“管干一体”→“抓大放小”→“管干分离”逐步递进的过程，不同的阶段，组织设计和管控方式也各具特点：（1）在起步阶段，由于经验、资源、能力欠缺，企业一般采用稳妥的策略，常见的方式是设立专门的总承包部门（如工程管理部），负责总承包业务的经营、生产和管理，此时公司层面的管理经验不足，往往采用集体决策的方式，不会单独设立相关的管理部门。（2）在发展阶段，随着总包业务的逐步推进，企业的经验、能力和管理体系逐步成熟，一般采用“抓大放小”的策略，重要的项目一般由总包事业部等归口部门承担，对于一般项目和专项总包业务，则逐步授权专业部门来组织实施，总包部门负责重点事项和环节的监督。此外，在公司层面逐步建立相关的归口职能部门（如安全质量部、成本合约部等）来强化重要职能的监督管理。（3）在成熟阶段，一般采用“管干分离”的模式，公司层面以监督管理为主，不再负责具体总包项目的组织实施。这种模式下，总承包管理部门作为业务归口管理部门负责总承包业务的管理，也可以在公司层面成立完善的业务管理部门（如工程管理部、成本合约部、项目管理部等）进行总包管理，负责具体的项目组织实施。

从项目组织模式来看，一般包括职能型、项目型和矩阵型三种。当设计企业对整体管控能力要求比较高的时候，可以选用职能型，职能型适合项目数量较少且分布于特定区域的情况；项目型适用于重大项目，能发挥设计的主导作用，通常适合项目数量比较少的企业；总承包项目中最常见的模式是矩阵型。设计企业开展总承包业务，需要进一步发挥优势，特别是需要发挥设计力量资源集中的优势，设计力量不宜分散到各个项目部，所以往往采用矩阵型模式，一方面采用项目经理负责制保证横向项目的独立性，另一方面采用矩阵型的方式确保纵向设计、采购等资源能够集中，发挥设计企业的技术优势。至于横向与纵向哪个因素占比高一些，需要根据具体的情况来分析，如果总包项目运作机制比较成熟，项目的技术要求不高，则横向因素的权重可以高一些、给予项目层面更多的自主权；反之，如果业务处于起步阶段，需要群策群力，则纵向的因素更为重要。

从行业和区域的特点来看，如果总包业务涉及多个行业且行业差异较大，则适合采用行业事业部的模式，根据不同业务的特点进行总承包架构的设计，例如，工业设计企业同时开展工业总承包和市政总承包业务，因为业主不同、项目特点差异较大等，采用不同行业的事业部模式更为合适。如果设计企业同时开展跨行业、跨区域的总承包业务，在进行组织设计时，需要确定是把“行业”还是“区域”作为第一考虑因素。对于技术要求中等、现场服务要求较高的行业（如市政），更适合把区域作为第一因素进行总包架构设计；对于技术要求较高、区域特征不明显的行业（如公路），更适合把行业作为第一因素进行总包架构设计。

投资业务的组织建设，设计企业需要根据业务定位来尝试有针对性的设计。

设计企业，特别是大型设计企业，他们与资本的结合变得越来越紧密，投资业务的组织如何构建需要认真思考。组织要服务于业务，投资业务组织的建设要基于业务本身的定位，如果投资业务的定位是撬动项目，重点在于前端的投资决策环节，更看重的是投资的风险管理和项目的合规运作，基于这样的定位，企业通常会设立一个专门的投资部门（比如投资管理部门、投资事业部）来负责公司投资业务的管理。如果对投资业务的定位不仅仅是撬动项目，更加看重投资的运营收益和项目的建设管理，那么投资的组织职责就会更加丰富，在这种情况下，一些设计企业会针对投资项目设立专门的投资公司，来负责投资项目的全过程管理。如果给投资赋予更高的职责，比如通过投资业务带动某个片区的其他项目，或者通过投资实现某项业务的突破，那么投资的组织形式一般为独立的公司，通过专业公司来满足相应的运作要求。另外，如果投资行为还会带来较多的运营业务，那么在组织架构设计时需要同步考虑运营的需求，可以单独设立运营管理部或者运营公司来负责开展具体的运营业务，典型的诸如高速公路业务，投资、建设、运维一般是分开的，不同的环节由不同的架构或公司来实施。

数字化业务的组织建设，设计企业需要深入思考，积极应对，但不可贸然推进。

数字化组织是未来组织进化的更高阶段。在组织建设时，一方面需要强化组织的数字化属性，比如强化工作分解、工作量化程度，将日常的工作逐步标准化、数字化，更重要的是思考组织如何适应数字化的要求。数字化组织的建设需要从三个维度进行思考并积极应对。

其一，数字化带来的最大影响是改变了企业的商业模式，原有的基于信息不对称、基于经验、基于专业化分工的商业模式，在数字化时代会发生极大的改变，未来的商业模式更多是基于体验、基于个性化、基于便捷性，同时数字化对不同行业壁垒的冲击、对效率的极大提升都会影响行业的商业模式，比如基于 AI 的施工图设计，只要基于过去的经验总结就可以快速出图，不会出现不同专业、不同工序的错漏碰缺等问题，而那些传统设计企业赖以生存的模式和技能会慢慢被淘汰。新的商业模式更强调创新、体验式参与、全生命周期服务等，也会有更大的市场。企业商业模式的改变就如同转变赛道，在原有赛道上积累的经验已经难以满足新赛道的要求。在数字化时代，设计企业需要认真思考如何改变服务模式、如何提升服务效率、如何创新盈利模式、如何优化组织运营，这些都会对组织提出更高的甚至是颠覆式的要求。

其二，数字化时代，企业对组织的要求是反应更快、与外部的链接更丰富，决策需要上下结合，而不仅是自上而下。由于信息传播速度的极大提升，数字化时代企业的组织应该基于外部需求来设计，组织内部的层级和壁垒需要快速打破，需要以满足客户需求为核心对运作机制和管控流程进行优化。与此同时，组织更加依赖每一个个体，更加“去中心化”，更加需要激发每个个体的活力。

其三，数字化组织的核心特征就是高度透明、高度开放、快速反应，背后重要的是有共同的价值认可、共同的事业追求和共同的文化理念。所有的经营生产都要立足客户，围绕客户端的需求、问题和痛点开展；要集成数据，所有的数据信息不再是孤岛，而是形成了有效的关联，能够及时采集，能够面向未来、及时预判，能够保持组织的弹性；要聚焦个体，将每个个体都作为一个动力源，为每个个体赋能。

11.4 构建适应未来的组织

未来的组织要保持适应性、开放性，要思考如何融入整个社会生态中，设计企业必将与行业组织、外部机构和整个生态圈产生紧密的关联，未来的组织必须像一个生命体，从外界汲取养分，不断成长。

1. 组织要保持适应性

设计企业未来的组织必须与市场、业务模式以及新时期的员工特点相适应，具体而言：

第一，在组织设计时需要将组织嵌入市场区域，根据市场特点、业主需求和竞争状况进行有针对性的组织架构布局。根据竞争对手的情况，按照“宜竞则竞、宜合则合”的原则及时调整经营策略。同时根据项目的特点优化运作模式，根据业主的需求对业务和资源进行调整。

第二，在组织设计时需要保持一定的前瞻性和组织弹性，不能只看目前的市场状况和需求，还要对未来的市场变化进行预测，要在业务波动、人员流动等方面有所应对。组织应服务于业务，组织结构的设置需要围绕业务的核心特点和价值创造方式进行有针对性的设计与匹配，确保业务开展的效率最大化。

第三，传统科层制专业化、细致化的明确分工，有效地提高了工业时代模块化业务的效率，但是在步入融合的信息时代之后，科层制横向和纵向的“割裂”，大大增加了跨企业、跨部门协作的沟通成本，因此组织设计需要强化协同。

第四，组织要发挥效率，除了与业务类型、业主需求相匹配之外，也需要与新时代的员工特点相匹配，才能进一步激发员工活力，给予员工更大的发展空间。新时代的员工更加注重工作体验，更希望通过工作获得成就感，更看重自身价值的实现，因此在组织设计时需要考虑员工的适应性，需要创新工作方式、优化工作流程，让更多的员工参与其中，鼓励他们积极承担责任、贡献智慧，以此获得肯定和成长。

2. 组织要保持开放性

组织要保持开放的状态，不能脱离环境而单独存在。打造开放性的组织，有利于组织规模的扩大和组织生命的延续。设计企业的组织要对外开放，加强与外部组织之间的合作与交流。

首先，开放的组织一定要走出去。在思想上要走出去，不能固守于自身的成功经验，不能局限于行业的边界范围，要跳出行业的小圈子，进入世界的大圈子；在身体上也要走出去，向其他行业学习，向标杆企业学习，向竞争对手学习。新时代，行业之间的交流变得越来越频繁，设计企业需要有更加开放的心态和更强烈的学习意愿，比如向 To C 企业学习如何做好运营和服务，向下游的施工企业学习如何做好项目管理，向互联网企业学习如何快速升级和迭代等。

其次，组织要横向开放，打破组织内部的部门墙和专业墙，形成开放协作的组织文化。传统的组织设计强调部门职能与岗位职责，无论职能与职责如何设计，都会存在灰色地带，久而久之，企业内就会出现部门墙的问题。横向开放就是要打开组织内的边界，在承担部门职能的前提下，强调部门间的协作。横向开放的重点是文化导向和机制保障，通过文化导向引导组织内部加强横向合作，通过机制设计确保横向开放的有效落地及实施。

最后，设计企业的组织要纵向开放，打破组织的上下级关系，形成以工作为导向的组织文化。传统的组织工作模式是自上而下，而开放的组织工作模式以工作为导向，强调工作领导，对于一项具体的工作而言，负责工作的人是工作的最高领导者，其他人都是成员，各自的角色由工作内容决定，而不是由组织层级和岗位来决定。

3. 组织要积极融入社会生态

设计企业正在强化与社会的关联，积极融入整个社会中，除了立足自身之外，更重要的是思考如何融入更大的生态中并在其中找到适合自身的定位。

从小的方面来说，目前很多设计企业已经将食堂外包，将打印、前台、办公室物业管理等工作社会化，充分利用社会资源，从“唯我所有”变成“为我所用”，不再追求全部由自己建立。

从中的方面来说，设计企业深度利用中介机构（包括会计事务所、律师事务所、管理咨询机构等）也是企业积极融入社会生态的典型特征。

从大的方面来说，很多设计企业正在与上下游机构合作，深度构建生态圈和战略合作关系。比如，一些顶级的公路设计企业，在一些常规项目上与其他设计企业合作，自身提供技术指导并进行质量把控，由其他企业承担具体的施工图设计工作；很多开展工程总承包业务的设计企业，通过与施工企业建立战略合作关系来共同开展；一些工业设计企业通过参股形成紧密的设备供应商体系，通过构建生态圈来打造核心竞争力，这种做法有点类似于快速消费品行业的小米。

透视组织是具体的、琐碎的、细致的，组织建设需要由上而下地思考，组织效率需要由下而上地运作。设计企业的组织要打破过去分层的思维模式，建立立体思维，考虑从总部到项目部的组织如何构建，从项目部到总部的效率如何提升，通过两个视角的思考，实现高效运行，实现客户价值。

企业的大多数问题都可以在组织设计、能力建设、运行过程中找到根源，这是我们在第4篇开篇时反复强调决胜在组织的原因。

组织建设不仅仅是理念和管理逻辑，它需要在一定的工具上运行，最好的运行工具是把组织建立在信息系统这个“高速公路”上，而且信息系统本身要优良。虽然我们在本篇中没有谈及信息化，但并不意味着信息化这一管理工具不重要，行业经验告诉我们，大多数的信息化体系是不太成功的，大多数企业推行信息化也是不太成功的，但即便如此，设计企业也不能忽视信息化，要努力去把信息化建设好、使用好。

第5篇

透视团队：蓄能提质，立足长远

过去十年，设计行业的规模和队伍不断扩大，业务模式日益复杂，人力资源管理的重要性不断提升。在传统设计企业中，学历在本科或以上的员工一般超过70%，部分甚至超过95%，与高科技企业相当，比互联网企业还要高。因此，人力资源管理一直是设计企业管理的重点和难点，有些设计企业甚至认为管理的核心就是人力资源。我们部分认可这一观点，设计企业的管理应该逐步从个人的管理提升到团队的管理，从团队的管理提升到组织的管理。

设计企业的人力资源管理，需要牢牢把握人力资源管理的根本逻辑，从抓源头、抓关键、抓梯队建设三个方面提升。抓源头，即从企业发展的根本需要出发，明确企业到底需要什么样的人才，怎么识别培养优秀人才；抓关键，即抓核心人员，包括高级别的技术、经营、管理人员，干部是关键中的关键，关键的总是少数，关键的一个人能带动一个团队，核心的一个人能带动一个组织；抓梯队建设，即从发展、新陈代谢的角度，系统思考企业内部的人才结构，形成可持续发展、有战斗力的团队。

依靠技术和服务生存的设计行业，竞争的重点是管理制度的竞争。我们看到体制机制合理的设计企业在快速成长，也看到原来居于优势地位的设计企业在各种制度的束缚中慢慢落后，制度竞争力可以塑造设计企业的综合竞争优势。在本篇中，我们试图抓住几个对设计企业长远竞争力有影响的点来展开，探讨设计企业人力资源管理的主题，不求面面俱到。

12　看供需关系：开门引才，精准识别

12.1　人员现状：供需失衡有多严重

由于各种壁垒，设计企业在市场端的竞争还不是特别激烈，市场壁垒要完全被摧毁也还需要时间。但在资源端，尤其是核心的人力资源端，竞争已经很激烈了，而且会越来越激烈，其竞争边界已经基本被打破，不再局限于行业内部和产业链上下游，设计企业正在与全社会、各行业进行人才竞争。大多数设计企业已经有这样的体会，人员越来越难招，高校工程专业的生源越来越稀缺，数量在逐年下降，工程专业优秀的大学毕业生更愿意去高科技、互联网公司；而现有的成熟行业人员，设计企业也需要与上游的投资公司、房地产开发企业去竞争。供给端发生变化，设计企业面临着整个产业链上的人才竞争，这是社会变化和进化的正常现象，作为企业，只能不断调整自己，适应时代的变化。

从需求的角度看，行业从业人员从2012年的212万人增长到2017年的428万人，五年间人员增长216万人，平均每年增长43万人，人员需求增长很快；再从2017年的428万人增长到2022年的488万人，五年间人员增长60万人，平均每年增长12万人，人员增长需求降低明显。但即便需求降低，考虑既有人员“自然折旧”的每年13万人（以设计人员平均工作三十五年计，每年退休超过13万人），过去几年设计行业每年的招聘仍需要净增加近25万人（图12–1）。设计行业的就职门槛大多数为大学本科，部分行业和岗位甚至需要硕士，即使如今人员增长放缓，巨大的绝对需求量仍将对行业的发展形成挑战。

除了需求总量之外，需求结构也与过去有很大的不同，因此形成了结构性的人员需求矛盾。设计行业的人才，过去集中在勘察、设计、咨询、监理、检测等方面，新模式如工程总承包、全过程咨询、投资等业务方面的人才积累并

不多，要从事这些业务，就需要专业人员，这类人员要么从其他行业引进，要么是企业自身培养；同时，数字技术、智能建造、大组织的信息化管理等，都对人员的需求结构提出了新的要求。

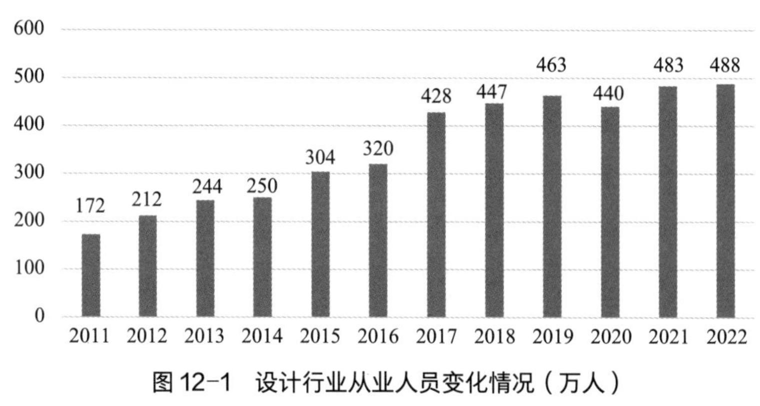

图 12-1 设计行业从业人员变化情况（万人）

数据来源：住房城乡建设部《全国工程勘察设计企业统计资料汇编》。

人才数量和结构的需求变化，是设计企业面临的长期挑战，而传统行业的支付能力又不可能出现大的提升，要在支付能力有限的条件下解决人力资源需求问题，更是难上加难。

从供给的角度看，高校的扩招，似乎给建筑业提供了源源不断的人员供给。2022 年大学本科毕业人数 1000 万人、研究生毕业人数 150 万人，扣除继续深造和出国留学人员的数量，简单预计总供给超 900 万人，为设计行业每年约 25 万人的需求提供了很好的基础。但与此同时，每年报考土木工程专业的生源在不断下降，很多名校的土木工程专业都归入提前批招生，2023 年 11 月底清华宣布了停招专业，其中便包括水利水电工程、土木工程、水利科学与工程、工程管理、交通工程等。名校的老专业尚且如此，普通院校的土木类专业的退热程度更不难推测，雪上加霜的是，土木工程专业优秀毕业生，还有很多会进入新兴的行业，在互联网行业、高科技行业都有他们的身影，优秀人才进入工程行业几年后再转行到其他领域也是比较常见的。网上对职业吸引力和设计一线的薪酬吸引力有很多调侃，设计“民工”和互联网“码农”一样开始在互联网上流行，在职人员流动速度不断加快，流向投资公司、房地产开发公司。与高科技、互联网企业上市时的一夜暴富相比，设计行业只是细水长流，这些调侃，哪怕并不客观，也对行业人员的供给产生了巨大的负面影响。

优秀的新生源供给增长乏力甚至下降，已成为行业和企业发展的巨大挑战。

从供需平衡的角度看，我们可以看到两个问题：一是供需总量上的矛盾，未来的供给难以跟上需求，供需之间的缺口越来越大是趋势，当一种资源出现短缺，哪怕缺口不大，也会带来价格的巨大改变，可以预见，设计企业需要不断提升自己在人力资源端的支付能力；二是供需结构上的矛盾，即使总量不存在问题，设计行业的转型和技术提升也使人员结构的需求发生了很大的变化，市场难以提供行业转型和技术提升需要的人才，这一部分人员将更加短缺。

某水利设计企业的领导告诉攀成德："过去我们的很多新人来自清华等名牌大学，这些年已经很难招聘到清华的学生了。"另一家交通设计企业的领导告诉我们："过去我们可以在 10 个应聘者中挑选 1 个新人，现在 2 选 1 都已经很难了。"从求职者的角度看，合适的工作难找；从招聘者的角度看，合适的员工难找，即使找到足够数量的员工，要让他们在设计岗位长期坐"冷板凳"，需要有强大的文化影响力和突出的组织同化能力。

行业供需矛盾凸显，部分设计企业的人员结构出现严重老化。从设计企业人员的年龄结构来看，金字塔结构是最合理的，老中青三结合，年轻人比例高，大多数设计企业认为平均年龄最好不要超过 35 岁。然而，"金字塔"和"35 岁"成为大多数设计企业人员结构的奢望；有的设计企业呈现出倒三角形、倒梯形的年龄结构，更多的设计企业呈现出橄榄形、锐三角金字塔的年龄结构，对于企业发展和人员成长而言，这样的年龄结构，会引发很多问题。

年轻代表着活力、希望和未来，设计企业的领导者都非常关心这个问题。

那么多大的平均年龄是合适的呢？很难有标准答案。攀成德在进行设计行业调研时，几位民营建筑设计企业的管理者认为："要保持活力，平均年龄不要超过 30 岁。"一家省级交通院的总经理告诉攀成德："最近几年，我们正在努力降低员工的平均年龄，从前几年的 40 岁降低到了目前的 37 岁，我们的目标是 35 岁。"而一家水利水电设计企业的领导告诉攀成德："我们业务下降，最近几年都没有招聘新人，现在的平均年龄超过了 42 岁，未来真不知道怎么办。”这三家企业都是大型设计企业，都是细分行业的龙头，结合他们的观点和攀成德长期的咨询实践，我们认为，平均 40 岁是设计企业的年龄上限，35 ～ 40 岁是设计企业能接受的年龄段，设计企业要努力把平均年龄降到 35 岁以下，当然不同专业存在着一定的差异。

与人员结构老化伴生的问题是设计企业干部队伍的老化。二十年以来，攀成德在为设计企业提供咨询服务时，常常见到 30 多岁的年轻院长，年轻的副院长则更多，那时候设计企业干部队伍非常年轻。这固然有特殊的时代背景，改革开放以前出现的人才断档，为优秀人才提供了脱颖而出的机会。改革开放带来巨大的市场机会，新兴行业还未大批量出现，为设计企业聚集了众多人才。20 世纪八九十年代，优秀的工程专业大学毕业生中，大多数把设计企业当作自己的职业首选。今天，40 多岁的副院长已经算是很年轻的了，50 岁以下的正职领导成为行业中“熊猫级”的代表性人物。一位网友向攀成德抱怨：“年龄大的人把持着重要岗位，缺乏创新拼搏精神，不作为，让年轻人没有盼头，年轻人干几年只好离职，然后这些企业又开始从学校招人。”现实和抱怨构成了事实，有什么办法可以改善吗？在华为，很多 45 岁的干部被要求腾出岗位给年轻人，他们不到 50 岁即可退休，这是科技企业的做法。设计行业的核心力量在国有大型设计企业，大部分国有设计企业很难执行这种制度，丰富的从业经验、深厚的人脉积累、固化的岗位权力，再加上良好的身体素质，让大多数在岗的大龄领导者找不到让位的理由，即使有少数“缺乏创新精神，缺乏拼搏精神，不作为”的领导，个人对权力的迷恋以及固有的制度设计，也依然能让他们熬下去。但从行业和企业发展的角度看，没有年轻化的干部队伍，企业的活力就会下降，没有活力的企业就不会有未来。

从供需矛盾、业务转型、技术升级、管理团队年轻化等众多角度看，资源短缺和资源竞争将成为未来五至十年企业的决战点，不重视这些问题，就会出现人员的青黄不接，甚至团队都很难成型，更不用谈业务增长、模式转型和技术升级。设计企业的人力资源管理需要有新的思考，老调重弹不行，需要有新的“弹法”。

12.2 选育用留：老调怎么新弹

选、育、用、留是企业人力资源管理的四个关键环节。设计行业虽不是新兴行业，但在传统行业中具有较高的地位，位于产业链前端，知识型企业受人尊重、收入稳定、工作环境不错，从业人员再就业进入产业链其他环节的空间广阔，职业拓展容易。过去，这些因素让设计企业在选育用留方面具有很大优势，也正因为具有这样的优势，导致他们在这方面用心和用力程度不够，方法技巧过于陈旧，改革力度不大。随着行业供需的失衡，对于选育用留这个老调，设计企业也需要有新的弹法。事实上，很多设计企业也在不断适应供需失衡的行业新态势，试图把这些老调弹出新味道，值得行业人士思考、借鉴，并不断创新。

“选”是第一环节。

谷歌首席人才官拉斯洛• 博克写过一本书《重新定义团队》，谷歌员工数量从他入职时的6000人增长到写作书籍时的近5万人，在全球40多个国家设立了70多个办公机构，也让谷歌成为目前职业人士首选的工作地之一。谷歌是互联网企业的翘楚，其赛道与设计行业不同，但在人力资源方面的竞争也依然激烈，谷歌在人力资源管理，尤其是如何选聘到优秀人员方面，是值得设计企业学习的，行业人士可以阅读《重新定义团队》来理解拉斯洛的思考以及谷歌与时俱进的做法。

选人的环节首先是需要有可选之人。设计企业需要认真做好人力资源规划，清楚地测算人员的总体需求、各业务板块的人员需求、各专业条线的人员需求，只有清楚知道与业务发展相匹配的人员需求，才可能找到足够合适的人去支撑业务的发展。其次是研究供给，正如我们在前面探讨的，设计行业的人力资源供给越来越难以满足需要，企业认识到这是难题，才能提前做好准备。金螳螂是装饰行业的龙头企业，在设计行业，金螳螂并没有多高的江湖地位，但金螳螂的设计人员数量巨大，达到6200人的规模，这已经不亚于一家大型综合甲级设计企业；金螳螂每年把大量设计人员转到施工环节，把他们培养成项目经理，所以设计环节每年需要招聘大量新人，以弥补设计人员的不足，他们是怎么做的呢？主要是通过和大学合作培养，在苏州大学设立“金螳螂学院”，学院部分课程由金螳螂设计，并由金螳螂提供授课老师，因此金螳螂也借此提前锁定了很多生源。通过这样的合作，让金螳螂不断接触到了年轻一代，了解了他们的思想观念、求职特点、对工作的要求等，从而整体提升了金螳螂对人才供给端的理解。目前，我们还很少看到大型设计企业与大学共同合作培养人才，冠名大学学院则更少见，是没有意识到呢？还是不以为然呢？我们认为金螳螂的经验一定值得更多的设计企业去借鉴，我们也相信大学的建筑学院、土木学院会出现更多设计企业的名字。在此，我们也做点延伸探讨，以地域和数字命名的设计企业，要冠名大学学院存在很多难题，大学二级学院冠名“天华学院”“寰球学院”“赛迪学院”等倒是可能的,但冠名“湖北院学院”“山西院学院”“××公院学院”“城建总院学院”确实还是有些别扭的。

除了校园招聘，设计企业也需要更加注重社会招聘，在社会招聘中需要普通招聘和猎头招聘并重。某大型民营建筑设计企业的董事长把人力资源招聘和优秀人才的猎聘当作自己的首要工作之一，他告诉攀成德:“我出差，一半时间是寻找同行中的优秀人才，和他们在咖啡厅、茶馆沟通，短期来不来我们公司并不重要，当他想离职的时候，会想到我们就行。”在开门引才方面，很多企业的管理者，已经把“三顾茅庐”当作自己工作的一部分。

选人的环节第二是选人要准。如何准确选人呢？快速流动的社会，为每个人选择工作提供了无限可能，因此企业在招聘过程中需要面对巨大的面试工作量，而面试需要非常有经验的人才能对应聘者做出比较准确的判断，但往往企业里能看准人的“老炮”总是很忙，不可能有那么多时间来从事招聘，即使有那么多时间，“老炮”的时间成本也是很高的。据攀成德内部统计，作为咨询机构，我们的人均招聘成本超过 1 万元。所以，招聘工作需要在准确率和效率之间求平衡，怎么办？用“中西医”结合的方式，或者干脆只用“西医”的方式，把大多数环节固化为用标准的、成熟的测试工具来对人员进行测评，把招聘质量控制在一定的偏差范围内，并通过对数据的长期观察和对比，来进一步缩小招聘中的偏差。

企业管理的正规化在于众多的环节，我们要相信工具的力量。提供工具的企业，对于常见问题、现象、时代特征的研究，远比一个公司人力资源部门的研究要更深刻，即使对于行业和岗位特征还不那么熟悉，在人性洞察和证伪方面的水平，远比一般人要高明，这些工具带来的效率提升以及偏差的减少，也是一般组织很难达到的。对于这个环节，大多数企业的经验非常丰富，我们在此不再赘述。

“育”是第二环节。

育人就是关注员工的成长，育人的成本往往比选择的成本更高。育人的策略众多，研究者为此也花费了大量的精力。摩根、罗伯特和麦克三位学者合著的《构筑生涯发展规划》比较好地诠释了育人的方式，即人才培养的“721 学习法则”：在员工个体能力的发展过程中，70% 的效果源自挑战性的工作实践（压担子）；20% 的效果源自与榜样共事以及上下级 / 同级之间的反馈和指导（帮带指导、交流复盘）；10% 的效果源自正规培训（讲授和自学）。这个基本规则把育人的方式讲得非常清楚，我们认为它也适合大多数设计企业大多数岗位的育人，“实践是最好的老师”“做好现在的工作是最好的培训”“知易行难”等广为流传的观点，在一定程度上很好地印证了“721 学习法则”。

“721 学习法则”具有普遍的适用性，在认识到普遍规律的同时，设计企业需要关注一些特殊人员和他们在特殊时期的成长，比如高级人员、新业务人员、转岗人员、特殊岗位的人员，其特殊性和特殊时期的“育”做起来很难，也往往被忽视。

高级人员。华为有这样的总结：“高层人员的使命感、中层人员的压力感、基层人员的饥饿感。”不同层级人员的管理和培养方式是不同的，大多数情况下，企业高层、企业家是没办法或者很难被培训出来的，很难在内部找到高层人员的指导者，在外部也很难找到标准的学习材料，大多是靠工作实践中的自我修炼。培养高级人员的使命感、避免高级人员过早出现“彼得效应”，这些既是企业要面对的现实，也是很难解决的问题。但优秀的设计企业必须为此投资，只要方式和策略对路，这些投资回报还是很高的。

新业务人员。新业务是企业过去没有过的业务，所以企业内部往往没有老师。那就在市场上找，市场上有专家吗？可能有，也可能没有。总是有人先行，先行者就是专家。但先行者往往不愿意共享自己的经验和体会，为什么？因为会增加自己的竞争对手，即使有的人愿意共享，但这些专家往往工作也非常忙，或只善于做不善于说、不善于总结，其经验的传递也未必令人满意；而市场上很多所谓的“专家”也往往不是真专家，因此解决新业务人员的能力提升也并不容易。

设计企业转岗成为越来越常见的现象，无论是新业务还是新模式，设计企业需要在有限的资源供给情况下，想办法解决人员能力提升的问题，否则会付出惨痛的代价。快速变化的外部环境，需要企业快速育人，又不能拔苗助长，育人的挑战也因此越来越大。

“用”是第三环节。

用人就是把合适的人放到合适的岗位上，给予合适的报酬。千百年来，这都是政治家、军事家、企业家、思想家思考的重大问题，今天依然有很多人从用人的角度去解读《史记》《三国演义》《西游记》《水浒传》，虽然也给人启发，但要解决这个问题还是很难。

把合适的人放到合适的岗位，是所有没有私心的管理者追求的目标，怎么才能做到呢？只有少数天才能很快、很准地判断出某些人适合干什么，大多数普通管理者只能判断某些人不适合做什么。把合适的人放在合适的岗位，有个比较简单、实用的办法，就是轮岗。就像我们手头有螺丝，哪个螺母能配上螺丝呢？不断找螺母去试，拧上了就是合适的。

用人之策在于给予合适的报酬，任正非先生有一句话：“把钱给够，不是人才也能变成人才。”这是网络流传还是任总原话，我们无从考证。华为官方的说法是“在价值创造后，评估价值和分配价值”。激励是很难解决的问题，有汗牛充栋的书籍、数不胜数的策略探讨这个问题，我们在此也未必能比其他人谈得更好。我们的建议是，设计企业的考核应该更加透明，激励机制应该基于价值有更多的倾斜，尤其是国有体制下的设计企业。中国建筑有排名文化，每年会用各种指标来排名，其三级公司有所谓“十大号码公司”“十大区域公司”，我们曾笑言这是中建的“孙子”兵法，与这些“孙子”公司的负责人探讨这个问题时，他们说：“能排进去个人收入自然不会低，但更重要的是排名的公开、公布，是面子，是压力。”中建的这 20 个“孙子”公司为中建贡献了多少营业收入？我们没有准确数字，攀成德预计其营业收入有5000亿～7000亿元，中值约6000亿元，相当于中建营业收入的40%。中建的各类三级子分公司有多少个？粗略估计不会少于400家。

关于分配的“倾斜”，一些优秀民企做得很好，攀成德掌握的情况显示，有大型民营设计企业的核心人员，工资和奖金收入达数百万元，如果加上股权收益，则收入更高。国有大型设计企业中高级人员的收入则有待提高，某大型设计集团的副总告诉我们：“我年薪税前60万”，颇多无奈和委屈。但我们看到“混改”和“双百行动”正在推进，未来实现突破的可能性还是存在的，我们期待“混改”和“双百行动”为行业发展、大型设计企业变革注入新的发展动力。

“留”是第四环节。

一位优秀建筑设计企业的总经理告诉攀成德：“我们企业在行业具有比较好的声誉、口碑，企业发展也不错，也因此成为行业猎头关注的对象，很多优秀的人才被其他企业挖走，留人成为企业发展过程中巨大的挑战。”设计行业人员竞争已经逐步社会化，这是趋势；优秀企业成为行业的人才培养基地，也是趋势。而这些趋势，对行业和优秀企业，并不是坏事，人员的社会化竞争能凸显人才的价值，优秀企业成为人才基地，也是社会价值，如果不是优秀企业培养人才，难道是落后企业培养人才？

根据我们对高科技和互联网等行业的了解，设计行业并不是人员流动最快的行业，设计企业的人员可以向上游、下游流动，横向之间的流动虽然存在但还不是非常多，比如有色行业的人到黑色行业、建筑行业的人到市政行业、铁路行业的人到公路行业，技术壁垒还是比较高的。此外，设计企业一般不会给出太出格的薪酬来吸引人才，人才在区域之间的流动也不是非常显著。

我们习惯于讲三个留人，所谓的“薪酬留人”“感情留人”“事业留人”，这个说法和马斯洛的需求层次理论并没有多大差异，即关注人的需求和需求升级，但设计企业领导需要更深入思考的问题是，三个方面的权重各是多少？在三个方面都能做好的企业有多少？根据攀成德的观察，“薪酬能留人”的企业，“感情留人”“事业留人”的水平也并不差；“薪酬留人”而“感情不留人”“事业不留人”的企业不多。由此看来，薪酬是“1”，感情和事业是放大器，没有薪酬的“1”，感情和事业只是水月镜花。设计行业的从业人员不傻，如果“酒”不好，再好的包装也没有多大用。所以，设计企业要认识到，提高员工的收入是留人的根本。我们曾见到这样的情景，一些设计企业在行业景气的时候收入很高，各种关系都找过来，希望安排人员进来；行业不景气的时候，大家敬而远之。企业的“感情”和“事业”在行业起伏过程中有多大变化？我们认为“感情”几乎没变，“事业”因行业前景可能会有变化，但是哪个行业能没有波动呢？

此外，江湖上有句话“钱能解决的问题都不是问题，钱能解决的问题尽可能用钱来解决”，即使如华为所在的行业，如任正非先生的人性洞察，没有钱华为也是留不住人的。有一家建筑企业，在绩效方面强调“用阿拉伯数字说话”，其经济的激励让人心动，所以才有那么多人为此孜孜以求。

当然，企业有成本的限制，能拿出来的激励是有限的。设计全行业的人均利润约 6 万元，如果行业从业人员人均收入提高 6 万元，整个行业的利润就是零，由此行业的资产收益就是零，谁愿意成为这个行业中企业的股东和投资者呢？企业又怎么发展呢？优秀的设计企业，只能努力提高人均效率，从而提升员工收入和企业利润，不断扩充自己的支付能力，才能在提升薪酬的过程中赢得利润和竞争。

资源无论如何都是有限的，怎么解决激励呢？那就需要抓住关键人员的激励，有一个说法：“一头狮子带领的一群绵羊，能打败一只绵羊带领的一群狮子。”这仅是一个说法而已，现实中这样的情况并不存在，但这个问题，也非常有趣。

攀成德在开展行业调研时，问过被调研人员：“如果行业下行，公司业务不足，贵公司如何处理人员问题？”国企、民企和外资设计企业，给出了差异很大的选择。国企的选择是大家收入都降低，不裁员；民企的选择是亏损就裁员，直接关闭某些亏损子公司；外资设计企业的选择呢？他们说：“我们企业已经经历了一百多年的风风雨雨、起起伏伏，也经历了扩张、萎缩的大大小小周期，当行业下行的时候，我们会毫不犹豫裁员，但裁哪些人我们会认真考虑，裁员尽量不影响企业的核心能力，要留下核心和关键的人员，即使亏损也要养，这样在行业起来时，公司业务就能迅速扩张，我们可以再招聘一些新人，继续为客户提供优质服务。”不同企业会做出不同的选择，从扩张时的激励和萎缩时的保留，其选择高下立判，同时，也可以看出企业到底应该把激励的重点放在哪里。

从选育用留这个老调新弹中，我们可以看到设计企业人力资源管理的重要性，远非人力管理部门力所能及的。我们也看到，很多设计企业的人力资源部门人员老化、思想观念老化、工作方式老化、工作节奏缓慢，与年轻人的代沟已经到了无法沟通的程度。这样的设计企业，要么就是自嗨，要么就只能乞求“壁垒”的保护了。

12.3 岗位轮换：设计企业能做吗

与设计企业类似，攀成德也马马虎虎算是知识型企业。由于规模不大，攀成德的内部“轮岗”其实很不容易，但我们从“轮岗”中收获颇多，所以专门来探讨“轮岗”这个话题。

要找到足够的适合岗位的人总是很难，所以“轮岗”是企业盘活既有人力资源的重要手段。但轮岗存在一定的场景前提，并非所有的企业或岗位都适合轮岗。市场化的场景下，企业不需要轮岗，或者说轮岗的重要性并不大；而行政化的场景下，轮岗还是很有必要的。此外，对于技术岗位，其实是没有办法轮岗的。我们在深圳见到一位企管部负责人，他曾经任职于财务负责人岗位，我们跟他探讨：“财务总经理做企管总经理合适吗？企管总经理能做财务总经理吗？”他的回答简单直接：“都行。”某设计企业的副总做了八年的结构工程师，转型做人力资源管理和财务管理，工作非常出色，这几段经历丰富了她的知识结构和阅历，她对企业管理的深刻理解是很多“天生的”管理者所不及的。

从学理来看，轮岗到底能解决什么问题？

把合适的人放到合适的岗位，轮岗是最好的办法。大多数人并不知道自己真正擅长什么、喜欢什么，“轮岗”的尝试是好办法。擅长和喜欢都是比较出来的，轮岗就是企业和个人双重比较的策略。其次，轮岗可以增加不同岗位、不同部门之间的相互理解。即使是最好的企业，其内部也有本位主义、有部门墙。客观地说，没有人愿意跟其他人过不去，没有部门愿意跟其他部门“作对”，很多矛盾源自彼此不理解，轮岗可以增加对彼此的理解。在竞争的商业环境下，在行业处于关键节点的时间段，没有一个岗位、没有一个部门的岗位是好做的。即使对于董事长、总经理这样的岗位，也并非每个人能理解醉酒的难受、舟车劳顿的烦恼。除了增加理解，企业也能更多地挖掘出内部人才，企业好用的人才有几个条件：理解行业、理解企业、理解岗位的职能、善于做这个岗位。大多数设计企业的人员素质都非常高，学习能力强，完成工作的转换比其他企业更容易，从这个角度看，设计企业是最适合轮岗的，尤其是技术岗位转换到职能管理岗位。

轮岗有成功案例吗？当然有，大多数院长都是轮岗和晋升二者的结合。从企业组织的角度看，华为的轮岗制度是大多数设计企业可以借鉴和参考的，华为从事管理的人，绝大多数源于技术、销售、客户服务等岗位，有的人即使在华为做到了 21 级、23 级，他们在华为的第一个岗位就是“码农”，最后才成为业务线的事业部总经理。

如何逐步推进轮岗，来实现轮岗的价值？

建立机制，塑造轮岗文化。中建内部有原则性的轮岗规定，除非特殊人才、特殊情况，在一个岗位任职不能超过三年，在一个组织的任职时间不能超过六年，读者可以通过网络去查找到详细的内容。

除了强制轮岗，也有员工的自愿轮岗，企业则更应该顺势而为。

只有认识到轮岗是企业文化融合、打破部门墙的好策略，可以增加人才溢出效应、增加人才供给，设计企业才能更加积极主动、创造性地运用轮岗的策略，人才价值才更能得以发挥，设计企业也因此能获得意料之外的发展动力。

13　看新陈代谢：流水不腐，户枢不蠹

人类的新陈代谢是自然界的正常现象，人员的新陈代谢是企业发展的正常现象。在计划经济时代，企业或者事业单位的人员调动是一件非常不容易的事情，人员入口是企业招聘年轻的新人，人员的出口要么是人员调动要么是企业欢送退休的老同志，管理者和员工都习惯了这种人员更替和新陈代谢的方式，而市场经济打破了这种方式，人员流动方式改变、流动速度迅速加快，越来越多的人不再愿意从一而终。

客观地说，也并非完全的市场经济，由于政府的行业管制和服务产品的特殊性，设计行业内部存在诸多壁垒，市场端存在市场经济和计划经济的灰度平衡；相反，人力资源端的管制壁垒则很低、自由度很大，市场化程度反而比其市场端高很多，且其趋势不可逆转。

不断加剧的人力资源端竞争，对设计行业和设计企业的进步没有负面作用，反而会起到很多正向的助推作用。优秀设计企业应该努力拥抱这种趋势，吸引优秀人才、优化组织能力、提升组织效率、提供优质服务，以此形成良性循环；而缺乏竞争力的设计企业则会在这场竞争中失败，形成负向的循环。优秀的技术专家、优秀的设计企业管理者也应该努力拥抱这种趋势，因为竞争会提升优秀人员的身价。互联网行业、高科技行业、竞争激烈的行业，优秀人员的身价远比设计行业的优秀人员身价要高，并非设计行业的人员不够优秀，而是因为竞争还没有其他行业激烈。在设计行业，靠关系和混日子的设计、经营、行政人员也越来越没有市场，但如果竞争不能淘汰他们，就不是正常的市场规则，而是行政化的规则，行政化规则是永远没有未来的。“市场在资源配置中起决定性作用”，这既是党中央的信念，也是正常的市场经济规律，在市场端如此，在资源端也是如此。

13.1 如何看待人员流动

人员流动、吐故纳新是企业的正常情况，更是设计企业发展的基本规律。

设计企业应该如何看待人员的流动和流动率?

首先是流动率的高低。多高的流动率正常? 先来看一些优秀企业的情况，十多年前，美国通用电气如日中天，时任 CEO 的杰克• 韦尔奇提出要激励前 10% 的优秀员工、淘汰后 10% 的落后员工，通过杰克• 韦尔奇的观点，我们大致可以看出通用电气每年的流动率高于 10%。知名高科技企业华为最近几年的人员流动率低于 5%，其核心领导认为这样的流动率偏低。而一些研究报告显示，大型会计师事务所的人员流动率高于 20%。

由于行业不同，企业的整体流动率在 5% ～ 20% 都是正常范围，而且企业本身对流动率有自适应能力，管理水平低的企业会快速提升薪酬水平，以此来增加吸引力并留住员工; 管理水平高的企业，即使人员快速流动，依然能保持内部运行的流畅，能经受比较高的流动性冲击。

设计企业多高的流动率算正常? 我们认为 5% ～ 20% 都算正常。

我们熟悉的某优秀建筑设计企业，人员流动率在 15% 左右，其核心领导告诉攀成德:“这是正常的，对企业的经营、管理者和员工心态没有什么影响。”与此同时，企业在人员流动中，不断完善内部相关管理环节，还能提升企业的管理水平。这位领导还告诉我们:“公司要求每一位员工进行年度休假，且他必须保证在休假期间，其他人员或岗位能迅速接上这些工作，不影响工作的正常开展。”这家企业把员工休假当作员工流动的“演习”，正是这种常态的“演习”，提升了企业的管理水平。根据攀成德对设计行业的理解，要对客户服务、经营、管理不造成大的冲击，20% 的流动率是大多数设计企业能承受的上限，而流动率低于 5% 的企业，就很难有活力，如果取中值，10% ～ 12% 的流动率应该是设计企业正常的人员流动比例。

在分析流动率的同时，设计企业还要分析流动人员的结构，分析流进的是什么人、流出的是什么人，包括他们的知识结构、年龄结构、专业结构、工龄等。如果流进的都是企业紧缺的、创造价值的、增强核心能力的人，而流出的是企业多余的、消耗价值的、给品牌“刮金”的人，则这样的人员流动和换血是健康的，谁不希望这样呢？当人员进出对企业本身影响不大，但对成本降低有好处，这样的流动也是健康的。事实上，一些律师事务所、会计师事务所采用高流动率来降低企业成本，本身就是一种策略。

对于高、中、低三个层次的人员流动，又应该有怎样的看法呢？

一位企业的领导者对设计企业高层人员流动的看法是：“大型设计企业会经常碰到这个问题，有时候某些个人可能没有办法跟组织一起走下去，这种情况具有必然性，比如说对于‘70后’的人员，我们去年和今年还是走了不少‘70后’的骨干，有的还是高管，当然有些可惜，但是我们也认识到这个事情具有必然性，人到了这个时候，如果不能够再往上走，一定会去寻找新的出路，40多岁的人还没觉得自己老，而组织里面没有那么多机会给他，他就会选择再去开辟新的天地，如果企业认识到这类情况具有必然性，那就必须让年轻人跟上。如果只是‘70后’走，‘80后’成长不起来，这个组织就会很危险，但如果是走一个‘70后’，有两个更加优秀的‘80后’人才能顶上，组织就会更加优秀。腾出位置给更优秀的年轻人，组织并没有失去什么，‘80后’成长不起来比‘70后’流失更加危险。”

除了面对高层的流动，企业也需要理解人员流动的基本规律，高层流动速度慢，基层流动速度快，这不仅是企业的追求，也是正常的社会统计规律。基层的年轻人更希望在不同企业、不同行业增长自己对社会的理解，看到不一样的世界，即使没有薪酬、感情和事业三个方面的原因，也可以怀着“世界那么大，我想去看看”的心态而流动。

企业要避免哪些非正常的流动呢？

一是团队式流失。一个“诸侯林立”的企业，往往会出现这样的情况；一个管理松懈的组织，也有可能出现这样的情况；一个长期不变革，突然出现激进式改革的组织，更有可能出现这样的情况。设计行业是传统行业，总体来看，外部环境和企业的发展不会出现突变，除非万不得已，才需要“沉疴用猛药”，管理者在发展和变革时尤其需要慎重，避免因过激改革而出现这样的困局。

二是关键人才的流失。所谓“关键的少数是关键”，关键人才往往是“撬动地球”的支点，这样的支点一旦失去，也相当于团队的流失。人才市场、猎头都是关注这些优秀的关键人才，企业在留住关键人才方面需要着力思考，这些关键人才在市场上的价值会越来越高。

总之，人员流动的界限就是不影响组织的文化、客户服务的能力和正常的经营管理。

人员流动有可以利用的正向作用吗？当然有。

合适的人员流动能增强组织能力。“三湾改编”是很经典的案例，从3000人减少到700人，虽然人员大幅减少，但结构更加优化、理念更加统一、信念更加坚定，正是由于“三湾改编”才有后来井冈山的“星星之火，可以燎原”。

合适的人员流动能优化年龄结构。不同年龄段的优秀人员总是少数，普通人是大多数。老同志中也有很多人并不优秀，甚至很多人只是资历比较老而已，加强大龄人员的流动，对于企业后备人才的成长非常有好处。华为45岁以上人员批量退休的机制，为企业增添活力带来了很好的正面作用，虽然华为为此付出了不小的代价，但华为一定认为这么做是值得的。很多设计企业的平均年龄都已经达到这个水平，再不通过人员的流动来优化年龄结构，企业将面临更大的活力挑战。

合适的人员流动能优化知识结构。本书在前面的篇幅里，反复探讨了业务创新、区域拓展、模式转变和技术更新，没有人员的流动，就不可能让人员结构与企业的业务实现匹配。

流水不腐、户枢不蠹，只要能保持总体结构的稳定，设计企业的人员流动就能使企业的人力资源配置得到优化，既可以避免企业的人力资源错配，也可以避免社会人力资源的浪费。

13.2 业务波动下的梯队建设

我国设计行业经历了近四十年爆发式的业务增长，但长期高速增长并非行业的常态，起起伏伏是未来设计行业需要面临的新常态。此外，某些业务扩张和另一些业务萎缩，或者在某些区域业务扩张和在另一些区域业务萎缩，是大中型设计企业面临的经营常态。

面对这样的情况，设计企业如何进行梯队建设？

对于业务扩张的设计企业，面临的难题是人员不足，既可能是数量的不足，也可能是结构的不足。扩张型企业需要做好三个工作：

第一，结合业务发展需要，做好人力资源的需求计划。细致的人力资源规划，不仅需要测算人员的数量，还需要进一步核算与业务匹配的梯队和层级人数，也就是清楚知道自己需要多少人，需要什么样的人，什么时候需要什么样的人，这些人需要放在什么区域等等，心中有一本明晰的账。

第二，寻找人力资源的来源。要么自己培养和提拔，要么是外部引进。如果是自己培养，那么潜在的培养目标在哪里？如何培养，选拔的节奏又是什么？如果是从外部引进，从哪里引进？需要什么代价？引进人员和内部人员之间的薪酬如何匹配？如何有节奏、有步骤地引进这些人员？

最近几年，大型设计企业的业务朝工程总承包转型，项目管理人员大量短缺，从大型施工企业引进项目管理人才是常见的策略。设计企业需要思想更加开放，因为这些人员的引进可以大大缩短设计企业转型的时间。

第三，引进人员的消化及其与组织的融合。引进优秀人员并不容易，优秀人员在原来的企业也备受重视，所以企业引进人员总是要花巨大的代价，要么给职位，要么花金钱，或者二者兼顾。同时，企业引进人才也未必成功，存在文化、管理方式、工作习惯的差异。

我们在某大型设计企业调研时，访谈过从大型建筑央企跳槽到设计企业的总承包业务负责人，他虽然已经入职好几年，但总进入不了角色。他告诉我们："设计企业在做总承包时，资源调配的决策速度慢，决策时各方面相互牵制，与原来所在施工企业的直线职能式、军队式指挥文化差异巨大。"

扩张业务时，设计企业面临人力资源数量和质量的紧缺，靠设计企业内部的资源调整很难达到业务发展的需要，梯队建设的挑战不仅是眼前的也是长远的，不仅是数量的也是质量的。对此，企业需要保持开放的心态和足够的重视。

对于萎缩业务，设计企业又如何考虑梯队缩减呢？

第一，需要思考业务萎缩是暂时的还是趋势性的。暂时性萎缩，则可以借鉴外企留住骨干的策略，我们在前文中已经探讨过这个问题。如果认为业务的萎缩是趋势性的，则要毫不犹豫地进行组织整合和人员裁减。减少专业设置，减少专业所数量，组建为综合性的业务组织，一些可以借用其他业务部门的专业，采用横向借用的方式，不再设立专门的部门，在组织整合的同时裁减人员。最终的目标是组织、人员数量与业务量匹配，避免人浮于事。趋势性的业务萎缩，在机械设计、煤炭设计等行业都出现过，我们看到机械行业在快速的调整中，中国联合实现了“绝地—转型—领跑”的重生（详细内容参见微信公众号“勘察设计前沿”成正宝先生的演讲速记文章《绝地—转型—领跑：中国联合的转型之路》），而一些熟视无睹的设计企业，则陷入了真正的绝境，我们见过近千人的煤炭设计企业，既不做组织调整，也不做人员优化，大家都耗着，领导不作为、员工也无奈，新人不再有、老人出不去，近千人的设计企业营业收入才一两亿元，连年亏损，一群人在建筑业大发展的时代里等着“泪干蜡尽”。

第二，发挥富余人员的作用。设计行业的技术人员，只要思想观念稍微转变，大多数技术人员都可以很快实现转型。为什么？底层技术具有相通性。煤炭行业的机械技术人员，与建筑行业的机电技术人员、港口码头的机电技术人员，在底层技术上并不会存在很大差异，只是在规范、标准等行业知识方面存在较大差异。但学习是技术人员的长处，只要思想开放了，能力的问题能在比较短的时间内得到解决，即使进入不了新行业的主赛道，在辅赛道做出一些业绩是完全有可能的。机械行业的中元国际在医院建筑设计行业并不输给部级建筑设计企业，同为机械行业的中国联合在建筑等多个细分市场领域多有斩获，煤炭行业的中国煤科重庆设计院，在重庆的建筑、市政设计领域做得风生水起，这些转型案例在设计行业都广为流传，“没有夕阳的产业，只有夕阳的思想”。当然，企业在业务转型过程中，如何做好机制设计也是很重要的，中国煤科重庆设计院分灶吃饭、分散突围、农村包围城市的转型策略，值得面临窘境的设计企业借鉴。

13.3 如何让队伍保持活力

设计企业要推动新陈代谢，促进员工队伍的年轻化、干部队伍的年轻化是必然选择。

企业不年轻化行不行？多大年龄是人类丧失活力的时间点？并没有人能给出有说服力的准确结论。

巴菲特和芒格两位 90 岁以上的老人，掌管着数千亿的投资基金；很多美国总统在任时就有 70 多岁；1904 年出生的邓小平同志，86 岁时才卸任中央军委主席。杰出的领导者，他们的智慧能弥补体力的不足，其思想的活力更与年龄无关，甚至随着年龄的增长，愈发魅力十足。但小概率事件并不是社会的常态，对于大多数人来说，随着年龄的增长，知识不断折旧，且学习能力下降难以弥补知识的折旧，精力和体力下降使其无法适应市场的竞争和客户要求的快速反应。因此，队伍的年轻化是企业实现新陈代谢的常规动作。

设计企业，尤其是大型国有设计企业，老龄化趋势非常明显。在本书第 12 章中，我们对形成的原因和面临的挑战有过比较具体的分析。那么怎么解决这个问题呢？答案是竞聘或者任期制。

竞聘与体制无关，与企业的管理风格相关。竞聘的效果取决于过程的“三公”，决定于是否求真。

2021 年，苏中建设组织 224 个中层岗位竞聘，使全体中层管理人员平均年龄相比上一轮下降了 3.7 岁；其中总部中层正副职 23 人，相比上一轮下降了 6 岁；区域公司正副职 65 人，相比上一轮下降了 2 岁；工程公司正副职 136 人，相比上一轮下降了 3 岁。新上任的 75 位中层管理者中，“80 后”有 48 位，“90 后”有 13 位，青年人才占比进一步提升，有效地推进了公司中层队伍的年轻化建设。

苏中建设每三年组织一次竞聘，在十五年内连续推进了 5 次，竞聘不仅使企业保持组织活力，也让干部队伍保持年轻。虽然队伍中也有接近退休年龄的老同志，但竞聘也让他们不敢有丝毫懈怠，否则奔腾的后浪会迅速地拍过来。一个不敢丝毫懈怠的人，必有活力；一个没有人敢懈怠的团队，必有活力。

当然，并非所有企业都采用竞聘模式来推进队伍的年轻化，也可以利用任期制来实现领导的更替。很多国家的总统都是任期制，这是新老更替的案例，企业的复杂程度远不如国家，国家可以，企业当然也可以。很多卓越领导者利用绩效考核来强力调整，也是年轻化的策略。

不管什么策略，只要能实现目标，都是有效的策略。然而，我们的观察和调研显示，形势正在变得越来越严峻，设计企业的平均年龄越来越大，中层干部和核心管理者的平均年龄越来越大,企业的活力在不断丧失。星光不问赶路人，星光也不问赶路的企业，大型设计企业又有多少能做到不断地新陈代谢？没有活力的企业，谁又能在星光中赶路？

14　看核心人员：价值支点，相得益彰

对知识型企业和知识型员工的管理都是非常困难的，有研究表明，大学、医院、研究所、设计企业的管理比制造型企业、普通商业企业的管理难度要大得多，大多数适用于普通组织的管理学书籍，在知识型企业的管理上都会碰壁。从“知识型员工”到“学习型组织”，欧美管理学者对此用心颇多，他们的很多研究值得我国的知识型企业去学习。

设计企业是知识型企业，其员工大多数是知识型员工。研究设计企业、设计人员、设计企业的核心人员，是研究设计企业管理的重要内容，但管理学的研究还不够深入，我们对此的探讨，也只是希望提出问题、共同去寻找答案。

14.1　设计师为何难管

管理到底是逆人性还是顺应人性？在知识型企业比在制造型企业更难做出选择。有时候，管理知识型企业就像管理一个朝廷的内廷，我们甚至认为，性格耿直、雷厉风行的董明珠女士，也未必能管理好一家大型设计企业。

20 世纪 60 年代，德鲁克先生创造了“知识型员工”这个概念，认为“知识型员工”是“那些掌握和运用符号和概念，利用知识或信息工作的人”，并断言“作为追求自主性、个体化、多样化和创新精神的员工群体，激励他们的动力更多是来自工作的内在报酬本身”。

知识型企业和传统企业的管理存在很大的不同。

在传统企业中，土地、资金、劳动力是企业运营的主要资源，因此传统企业的管理很大程度上是管理有形资源，而知识型企业管理的核心是知识，资源的特殊性决定了其管理的特殊性，知识管理的基础是理解知识并对其进行有效管理。

有人把知识分解为显性知识和隐性知识。显性知识主要是指专利、科学发明和特殊技术等形式存在的知识，也包括我们在学校学习的各种教材、图书馆的藏书、影像等等。隐性知识存在于员工头脑中，难以明确地被他人观察、了解，员工的创造性知识、思想，你能感受到，但又摸不到。知识管理是什么？“为企业实现显性知识和隐性知识的共享提供新途径的管理，其目的在于通过知识共享、运用集体智慧提高组织的应变和创新能力”，知识管理主要包括知识工具集成、员工间的知识交流、知识环境的构筑以及把知识作为资产来管理和知识管理的风险规避等内容。

显性知识的管理和传承相对容易，隐性知识的管理则比较难。如何管理隐性知识？隐性知识的管理要把分散在各个员工头脑中的零星知识资源整合成强有力的知识力量，使企业能够更好地运用人才资源的集体智慧，提高对市场的应变能力和创新能力，形成知识创新能力和企业的核心竞争力。

大多数设计企业，在知识管理方面还有很大的提升空间，既有管理和技巧问题，也有人性问题，我们在此不再多费笔墨。

研究知识型企业的管理，要认真研究知识型员工。

自德鲁克先生在20世纪60年代提出知识型员工的概念，六十年过去了，今天的知识型员工与他提出的时代已经大不相同。知识型员工在数量、类型、层次多样性方面都有很大的区别。即使到了今天，我们依然只能用对比的方式来探讨知识型员工的特点：与体力劳动型员工相比，知识型员工有哪些特点？

有专业特长和较高的个人素质。设计企业的招聘都有专业和学历门槛要求，员工都具有较高的专业教育背景，也掌握一定的专业知识和技能，因此其员工综合素质高于社会平均水平，如开阔的视野、强烈的求知欲、较强的学习能力、宽泛的知识层面以及其他方面的能力素养。

有实现自我价值的强烈愿望。陈胜、吴广的革命口号是“王侯将相，宁有种乎？”，而周恩来先生青年时就立下“为中华之崛起而读书”的宏愿，不同追求背后的思想境界高下立判。知识型员工具有较高的需求层次，更注重自身价值的实现；不太喜欢事务性工作，更热衷于具有挑战性、创造性的任务，并尽力追求完美的结果，渴望通过这一过程充分展现个人才智，实现自我价值；更倾向于拥有宽松的、高度自主的工作环境，更愿意在自我引导和自我管理的环境下工作。从微信公众号“建筑前沿”和“勘察设计前沿”文章后留言的差异中，我们可以看出设计行业从业人员与施工从业人员的心理存在较大的差异。

个性强且蔑视权势。由于富于才智、精通专业，大多数人个性突出，建筑设计企业的建筑师就是典型代表。虽然他们尊重知识、崇拜真理、信奉科学，也不愿随波逐流、人云亦云，更不会趋炎附势、惧怕权势或权威。当然，对知识的探索和对真理的追求以及对权威的蔑视是创造性劳动本身的属性。管理学中有一个概念，领导者权力有多个来源，即职位权力、奖励权力、专家权力、强制权力等。在知识型企业中，专家权力占比非常大，可以对上级、同级和下属产生影响，因此传统组织层级中的职位权威对知识型员工往往不具有绝对的控制力和约束力。

工作过程难以实时监控。知识型员工的工作创造性活动居多，工作过程往往没有固定的流程和步骤，大兴机场、虹桥机场、浦东机场都是优秀的作品，哪个好？即使被评为最丑建筑，也会有不同的观点。灵感和创意可能发生在任意的工作外时间和场合，工作过程很难实时监控，传统的操作规程对他们的大多数工作没有意义。

此外，工作成果不易直接测量和评价、工作高流动性等，都让设计企业的管理变得异常艰难。知识型企业的管理者，既需要具备较高的专业技能，又需要理解人性和知识型企业的特点，这样才能较好地实施管理，但往往有不少管理者以技术员工的心态去处理知识型企业的问题，这会引发知识型企业管理中诸多的矛盾。

那么，知识型企业要不要建设有约束性的管理体系呢？答案是肯定的，所谓没有规矩不成方圆，即使在蔑视权威的知识型企业，规则也是重要的。知识型员工在蔑视权威的同时，也会一定程度上蔑视制度，但设计企业不能因此而罔顾制度。制度可以探讨、可以修改，但在修改之前，即使现有制度不合理，也必须按照制度执行。

其次是寻找具有专家权力、有追随者（人格魅力）的人成为管理者，让他们成为企业的管理者、经营者、技术带头人。把这些关键的少数放在管理者的位置，本身就能增强管理的权威性，他们设计的体系推行起来也更加容易。

14.2 “院长”重要还是“院士”重要

2020 年，攀成德调研了 65 家设计企业，有两个问题我们必问被访者：“贵院首先是设计院还是有限公司？”“对于你们公司，您觉得是院长重要还是院士重要？”调研时，我们告诉被访者，这里说的“院长”泛指设计企业的高级经营管理人员，“院士”泛指设计企业的高级技术专家，并非两院院士，在本章中探讨的“院长”和“院士”也如前所述。

我们统计了调研的结果：30% 的被访者认为首先是“设计院”，70% 认为首先是“有限公司”;60% 的被访者认为“院长”重要,30% 认为“院长”和“院士”一样重要，10% 认为“院士”重要。我们无意评价调研结果的对错，只关注观点本身以及观点背后所反映的行业和从业人员心态的变化。

“院长”和“院士”相当于设计企业这个紧固件的螺栓和螺母,“院长”和“院士”哪个重要，无异于说紧固件的螺栓和螺母哪个重要，也许问题本身是个伪命题，但探讨这个得不出结论的伪命题，对于我们理解设计企业核心人员的价值，还是有重要意义的。

“院长”的价值在哪里？有多重要？

我们认为，“院长”的价值在于认清外部市场、明确战略规划和分配资源；在于塑造企业文化、建立组织体系、培养团队，在于困难和转型时坚定地改革并身先士卒地做出表率。

认清外部市场、明确战略规划和分配资源是“院长”的第一项工作。

对于市场、战略和资源，我们在本书的前面章节都有论述，在此，我们只探讨为什么这是“院长”的价值和“院长”的工作。清醒地认识市场和客户需求，需要有全局性和系统性的视角。一般人员在一线工作，多数看到的是点，少数善于思考的一线人员能看到线；高级管理人员有全局性的经营信息，能看到统计数据，能对数据进行分析，因此思考更全面和深刻。

攀成德分析过某大型设计企业的三年经营合同，将合同额从小到大排列后发现，80% 合同数量形成的合同额占合同总额的 6%，不是“二八规则”，是“一九规则”。进一步分析显示，有些小合同是为了后续大合同的需要而签署的，但还是有很多低效的小合同。从合同的分析，我们也发现该企业战略规划不清晰、二级经营单位对战略理解错位，这些都会造成内部资源的错配。看到这些问题不容易，要解决这些问题则更难。这类事情谁去做？院长。做好了，有没有价值？显然价值非常大。攀成德在长期服务设计企业的过程中发现，大多数设计企业并没有很好地解决这个问题，一些行业的专业设计企业，随着市场的波动而潮起潮落，因此感叹时运不济。但为什么有些时运不济的设计企业能找到新的时运呢？在于他们对市场的认真、对战略规划的认真、对资源的合理调配。

塑造企业文化、建立组织体系、培养团队是“院长”的第二项工作。

我们发现，在同样的时间点、同一区域诞生的民营设计企业，经过十年、二十年的发展，有的长成参天大树，有的却起起伏伏、平平常常。我们也发现，起点差不多的国有设计企业，经过十年、二十年时间的磨砺，有的愈发显出青春活力和壮志雄心，有的却老气横秋、难以为继。

外部市场一样，内部的起点也一样，为什么后来会有这么大的差别？答案是因为有不同的“院长”。建筑设计行业有很多发展非常快的民营建筑企业，经过二十年的成长，基准方中、天华、华阳国际等企业的人员规模都超过了 5000 人，他们无一不是在企业文化、组织体系、团队培养上付出了艰辛的努力，也取得了巨大的成就。天华的柳玉进先生告诉我们，天华的文化是“简单、直接、充满爱”，这七个字在天华的文化和管理实践中具有丰富的内涵，产生了巨大的管理效应。同样，基准方中的钟明先生，每天都能及时掌握公司的经营和人员情况，没有成熟的管理体系，这些都很难做到。

设计行业有人调侃：“客户什么要求都要满足，加班很晚、跪式服务……”也许现实中确实存在过分的客户。但换个角度想，如果我们自己是甲方，不也是希望有良好的品质、及时的服务吗？没有所谓的“跪式服务”，只有好的服务和差的服务。此外，提供好的服务并不丢人，做火锅的“海底捞”，服务有口皆碑，服务员的热情、仔细让人很暖心，但同时我们也可以看到他们的自信。“院长”的工作就是要打造这样的组织，但带领知识型员工打造具有服务精神的知识型企业并不容易，如果能打造出这样的组织，就能塑造出强大的竞争力。有人说，柳先生、钟先生是人性大师，虽然他们自己并不这么认为，但他们一定比一般人更理解、更善于在知识型企业中建设企业文化、建立组织体系和培养团队。至于这些工作的价值，其企业的发展就是证明。民营设计企业在塑造企业文化、建立组织体系、培养团队方面有体制和机制的优势，国有设计企业则难度更大，需要在理解人性的基础上，更进一步研究体制和改革技巧。

在困难和转型时坚定地改革，身先士卒做出表率是“院长”的第三项工作。

2007 年，攀成德为某行业领先的大型土木设计企业做内部改革，企业的业务饱满，经营没有问题，但机构臃肿、机制陈旧、分配平均主义。在我们做改革方案的设计和实施的过程中，企业内部地动山摇，甚至出现一些过激行为的苗头，作为方案设计者，“攀成德”也因此被一些员工调侃为“攀缺德”。今天，这家大型土木设计企业已经是设计行业的翘楚，回头来看，很多员工感慨，没有当初的改革，也许不会有今天的成就，这就是“院长”推动改革的价值。

同样，在转型时“院长”也需要“身先士卒”。何谓“身先士卒”？作为将领，打仗时冲在最前面，这是表率，也是精神。任正非先生有言：“我若贪生怕死，何来让你们去英勇奋斗？”

当企业转型时，“院长”能不能兼任转型业务的负责人？当企业需要区域拓展时，“院长”能不能率先“离家别口”？转型成功的企业总是令人羡慕，中电建华东院在数字化转型方面的成功令人羡慕。但我们也注意到，二十年来其数字化公司的董事长一直是设计院的一把手兼任，持续二十年调集资源，其中前十七年是补贴的。今天的成功值得庆贺，但连续补贴十七年，如何面对员工的质疑？如何去说服员工接受持续的不成功？如何鼓舞团队在绝望中寻找希望？如果最终失败了呢？老大是否顾及自己的声誉？有带头冲锋的将军，才有不怕死的士兵。“院长”在这方面的作用和价值也是巨大的。

“院士”的价值又在哪里？有多重要？

我们认为“院士”的价值也可以从三个方面来总结：品牌价值、经济价值和技术价值。

“院士”在某些领域是权威，具有相当的品牌价值。

品牌可以解决信任问题，可以降低交易成本，可以获得优先被选择权，在信息不对称和信用低的社会里尤其有价值，而在设计这个技术性很强的行业，尤其如此。西北建筑设计院张锦秋院士是唐建筑的权威，是基于个人的品牌价值；SOM是公共建筑的顶尖设计企业，其品牌承载在于众多优秀建筑师组成的团队；中冶京诚是冶金设计和总承包的领先企业，其品牌在于各专业专家组成的专家团队。无论是个人、群体还是团队，他们都为设计企业的品牌做了很好的背书，“院士”的品牌价值也因此得以体现。

“院士”在设计企业的经营中，具有相当的经济价值。

由于权威的不可复制性，权威也可以成为设计企业的核心能力。张锦秋院士在唐建筑上的权威地位，决定了西安在建设任何标志性唐建筑时，西北院都自然是首选，权威降低了营销难度，提高了经营的成功率，也带来服务质量的领先，可以获得经营的溢价。一个城市希望塑造地标式公共建筑，SOM参与的概率会比一般企业高；在冶金行业任何领先项目的竞争中，中冶京诚、中冶南方、中冶赛迪也因专家团队能获得先发优势。在经营环节如此，在履约环节更是如此，由于权威地位获得经营的领先地位，这些设计企业会做更多的项目，培养出成熟的团队，而成熟团队的经验又会带来履约的高效率和低风险，这些都会变为履约环节的效率和效益，经济价值也因此提高。经营环节和履约环节的双重效益叠加，成就了“院士”在设计企业中的经济地位。

“院士”在设计企业的长远发展中，具有相当的技术价值。

我们用“点－线－面－体”来形容不同技术人员的境界，初入行业的助理工程师，做的工作主要在“点”上，所以能力也在“点”上；而“院士”见多识广，经历风风雨雨，既能理解行业的发展方向，也知道现实的难度，其能力系统、深刻、立体。无论是现实难题的解决，还是发展方向的把握，都会高人一筹，即使不能解决全部问题，哪怕仅仅是避免了肤浅的错误，也是院士价值的体现。

设计企业需要利用“院士”的价值，并以此为支点，取得放大效应。事实上，很多设计企业正在利用“院士”的江湖地位，推动设计企业的发展。大型建筑设计企业以大师名字命名的工作室、上海的林同炎李国豪工程咨询公司等，都是利用“院士”价值的杰出代表。既然“院士”的价值巨大，“院士”又不是天生的，设计企业则更需要重视“院士”的培养，从土壤、机制、体系等多个维度去付出努力。同时“院士”也需要“管理”，在待遇、精神、资源等诸多方面给予特殊的支持。

从前面的探讨中，我们看到了“院长”和“院士”的重要性。那到底谁更重要？

如果没有好“院长”，就不会有好的设计企业；而没有好“院士”，就不会有好的项目品质。有了好“院长”，可能会有好“院士”，即使暂时没有，也可以吸引和培养好“院士”；而没有好“院长”，好“院士”可能会流失。在攀成德看来，有好的技术专家和技术团队，设计企业的发展可能更加轻松和顺畅，而好的管理体系和机制，则可以源源不断地吸引和培养出好的技术专家和技术团队。一些优秀的民营建筑企业在发展初期，并没有或者只有少量的技术专家和技术团队，通过机制激励和文化塑造，源源不断地壮大了自己的技术专家团队和设计队伍，这还是能给我们不少启发的。

从上面的探讨，我们大致可以得出结论，“院长”和“院士”就是设计企业的价值支点，相互支撑着设计企业的发展，两股力量相互融合、相得益彰。

人是最复杂的动物，有人说，历史是人性的解剖图。设计企业如何透视知识密集型组织的人性？认识人性的善和恶、美和丑、奉献和索取，并找到激发前者、抑制后者的策略，这是一门非常复杂的学问。

攀成德服务大中小型设计企业，接触众多的企业管理者，每个成功的企业都有善解人性的管理者，虽然策略不同、方式不同、手段不同，但基本的原则一致：激励优秀人员，鼓励贡献者和长期主义者。

随着时代的变化，在社会的众多行业中，设计行业对人才的吸引力在逐步下降，人力资源工作的重要性会进一步提高。此外，新时代里新入行的年轻人的思维与过去大不相同，也需要管理者调整自己的思维来不断适应，尤其需要重视的是干部队伍的年轻化和人力资源管理部门人员的年轻化。

在初写本篇内容的时候，小米花 100 亿美元进军智能电动汽车的消息进入我们的视野，雷军先生亲自担任电动汽车业务的董事长和 CEO，他说愿意赌上所有的财富和声誉。在此轮修订本篇内容的时候，小米 SU7 已经量产上市，人们争相排队预约，有海外机构已将小米列入了全球前 10 大车企的行列。

设计企业在经历改革开放四十余年的持续增长后，面临的团队挑战越来越大，但我们也认为，这正是设计企业打造团队作战能力的最好时候。只有具有战斗力的团队，才能迎接未来更大的挑战。我们期待设计行业的变化，我们也期待设计企业的变化，我们更期待在经历洗礼后产生一批具有国际竞争力的设计企业。

第 6 篇

展望未来：骤变时代，奋力前行

现在有一个词叫“VUCA”，中文翻译为“乌卡”，被广泛用来形容我们面对的外部环境，即所谓“乌卡时代”。2020 年，让每个人、每个企业、每个行业，甚至每个国家都深刻感受到什么叫“乌卡时代”。

“VUCA”是什么意思？它由 Volatility（易变）、Uncertainty（不确定）、Complexity（复杂）、Ambiguity（模糊）四个单词的首字母组合而成。20 世纪 90 年代，美国军界在美苏争霸以后，发现国际局势变化越来越难以预判，于是把这些变化的特点总结为“VUCA”，后来，企业把这种思想运用到自己的经营实践中。无论是英文还是中文，这四个词的意思都非常明确，“易变性”是指事情变化非常快；“不确定性”是指很难预见结果；“复杂性”是指影响每件事结果的因素越来越多，可能是相关的，也可能是不相关的；“模糊性”是指各种条件和因果关系之间不明确，推理和逻辑判断会受到巨大的挑战。

四个词综合在一起，要深刻理解还是不容易的，在实际的工作和生活中，基于“VUCA”来思考和做决策的难度更大。乌卡时代，很多现象会颠覆我们的经验，过去常有“大而不倒”的说法，海航集团的破产重组、华夏幸福的债务危机，让我们看到“大而不倒”不再成立；诺基亚被微软收购时，其 CEO 说：“我们并没有做错什么，但不知道为什么，我们输了。”这就是乌卡时代。

从总产值来看，大建筑行业一直保持着相当规模的体量（超过 30 万亿元），行业中有不少设计企业的现金流、利润也都还不错。乌卡时代似乎和这个古老的行业并没有多大关系，是这样吗？不是。虽然行业现实的增长或许依然存在，但增长时代终将“毫无悬念”地离我们远去。正如我们已经探讨过的行业趋势，建材使用量已经过了顶峰，预示着行业增长并不是真实的工程量增长，更大可能是一种货币现象；细分行业的波动正在加剧，而且波动的细分行业数量正在增加，行业市场波动的特点表现为市场下降速度很快，而恢复往往比较慢。建设模式的变化，也给设计企业带来了新的挑战，例如在业务上，从设计咨询到工程总承包、全过程咨询，显然是最大的挑战，在我们看来，工程总承包不只是业务模式和组织能力的变化，更应该被看作是设计企业商业模式的变化，由此带来的挑战显然不只是能力建设的问题，更是组织重塑和风险管控的巨大难题。2020 年 12 月，有 62 年历史的江苏冶金院申请破产，设计企业作为技术服务型企业，经营不好、有困难是可以理解的，但以 16 亿元的负资产破产，还是让人吃惊的。有分析认为，江苏冶金院破产的原因是其在设计咨询业务逐步萎缩的大背景下，大力开展业务转型，但最终却倒在了新业务转型上。

当然，影响设计企业未来发展的因素还有很多，比如人口问题，新生婴儿数量不断下降、人口结构老龄化，将给行业带来市场端业务的下降和资源端人才的缺乏；比如中美之争，将影响设计企业的业务国际化等等。

当今的中国，是人类文明史上从未有过的建筑业大时代，站在新的时点上，当高速增长不再，高质量发展成为新主题，行业进步的方式由此改变；当简单重复不再有效，当平行发包模式被改变，当增长不再是“以做大为做强和做优的前提”，一个新的时代来临：它是业务数字化的时代，是模式融合的时代，也是企业蜕变的时代。

15 面向未来：前路崎岖，风光无限

面向未来，不确定性是我们这个时代的特征，在看到蕴含风险的同时，也要努力寻找机会；在不确定性的环节中寻找部分确定性，针对确定性，快速行动；面对不确定性，即使前路崎岖，也要积极探索，在探索中寻找未来。

15.1 走向明天，未来在哪

未来在哪里？我们先看看行业的确定性。

第一个确定性，传统市场增长不再。

过去的市场是设计企业的“天时”，华设集团杨卫东董事长在攀成德“预见”系列年会上谈道：“中国这四十年来，只要是做房建、做基础设施的企业，一直就是高速发展的，只要不是那么差，应该说都有很大的机会保持一个快速发展的步调。但是未来的四十年，我们还能保持一个快速发展的态势吗？我觉得很难了，至少整个行业跟整个国民经济一样，进入新常态，进入低速增长阶段。那么在这样一个阶段，设计企业怎么成长，对我们来说是一个挑战。”中交一公院丁小军副院长也谈道：“改革开放以来，中国基础设施投资保持了高速增长，基础设施建设取得了系列显著成就。现如今，建筑类企业利润、经营性现金流与盈余现金保障倍数以及两金占比等关键财务指标下滑明显，传统基建投资下行是必然趋势，转变投资主导型思维已成为必然要求。建筑类企业要把握好转型发展的关键期，选好转型发展的主攻方向。”

过去所有设计企业的发展有“天时”之利，而“天时”正在发生改变，靠市场增长带来的机会越来越少。那么现在要靠什么呢？靠竞争。随着固定资产投资见顶，业务总量逐步固定，行业整体的设计咨询业务收入要提高，只有一种可能，就是提升设计费率。但这可能吗？设计费率的高低决定于市场，随着竞争加剧，设计费率整体的提升空间有限，即使能提升，也需要经过血雨腥风的市场洗礼，靠优质的设计品质和服务来提升费率，且费率提升应该是少数领先设计企业的事。

第二个确定性，价值链融合是趋势。

统计数据显示，2022 年设计行业中总承包收入达到 4.5 万亿元，是纯设计业务收入的 8 倍；进一步分析，总承包收入占行业总收入的 51%，与上年相比增长约 13%，约等于城镇固定资产投资的 8%。工程总承包业务已经成为设计行业收入最大、增长最快、塑造行业竞争力最突出的业务，有大型设计企业做到新签合同额近千亿元、营业收入数百亿元，主要是源自工程总承包业务的快速增长。

第三个确定性，创新也可以成为业务。

创新既是一种活动，也可以成为业务，且呈现出多样性。比如中电建华东院的数字化业务快速增长，比如部分设计企业通过在新型装备、特殊材料方面的突破进入运营领域，通过某些新技术、新工艺、成套设备集成逐步朝技术、制造、服务、运营、维保的全生命周期领域发展。全过程咨询服务推行，既带来工程的价值提升，也带来行业的收入提升，攀成德对设计企业的调研显示，虽然全过程咨询的市场还在起步阶段，总量还不能跟设计咨询的市场规模相比，但增长迅速，部分设计企业在全过程咨询服务业务上的收入已经过亿；从提供方案、图纸到提供项目建设全过程的服务，是社会发展的方向，也是设计企业能力建设的方向。

行业的确定性一定会成为企业的确定性吗？不一定，同样的事情，不同人和不同做法，可能会产生不同的结果，设计企业需要有深度思考，这里我们做几个方面的探讨。

探讨一，区域拓展的不确定性。

大型企业不可能只在一个区域经营，对优秀的设计企业来说，不断进行区域拓展是未来的常态。区域化的优点在于贴近市场和客户，服务的反应速度快，客户感受好，节省时间成本和差旅成本；而带来的问题是区域资源和能力不足、大项目和疑难问题难以应对。

大型设计集团在区域化布局方面做了众多尝试，建筑设计企业中的基准方中、天华、联创、华阳国际等，市政设计企业中的市政西北院、北京城建设计集团等，都有众多的区域机构，他们设计标准的区域组织机构，通过标准的岗位体系、流程体系、薪酬体系来简化管理，同时不断提升业务属地化、人员属地化的水平。这些企业的属地化区域公司在总部品牌、大型战略合作伙伴的支撑下，开始生根、成长，成为集团重要的收入来源和核心能力建设的支撑。

不过，攀成德也观察到区域拓展并非适合所有的行业、所有的企业。不同的细分业务或同一细分业务的不同 STP（即市场细分 Market Segmenting、目标市场 Market Targeting、市场定位 Market Positioning）在区域化方面的要求并不相同。有的设计业务，项目非常大，比如铁路项目、高速公路项目，单个项目的投资额有几百亿元甚至上千亿元，项目持续时间比较长，“项目即市场”的情况下，是否需要设置区域机构是值得探讨的。

是否区域化，和企业的业务地域属性有很大的关系。任何产品总带有一些地域属性，而是否要区域化一定程度上取决于这类属性的强度。设计院一向靠技术、品牌吃饭，因此管理者常有一个顾虑，便是区域化敏捷与专业化建设的矛盾。直观来看，区域化的组织貌似缺少专业统战，也分散了专业力量，但重点在于如果认准了区域化，便意味着产品的专业性本就带有很强的区域属性，或者说区域化也正是专业化的一种体现。大型房地产商的组织往往是区域化的，各区域内几乎都有基于同一产品的技术标准，因为不同地区的土质、光照乃至人文习俗等差异巨大，专业性是大有不同的，只有区域化才能把专业化真正深入和落实到各区域层面。当然区域化的架构下也有两级专业化的要求，其中区域级构建的是专业化实战力量，总部级构建的是“大专业标准＋大专业引领＋共享协同”的中后台支撑力量，缺一不可。

是否区域化，和企业的 STP 有很大的关系。如果企业定位于高端项目，对人员的要求非常高，从成本和资源的稀缺性来看，企业不太可能储备众多的高端人才，属地化还是比较难的，比如中国院、北京院、华建集团等，即使要设置分支机构，数量也未必多。如果企业定位于中端项目，对人员的要求降低，从成本和资源稀缺性的角度看，压力并不大，贴近市场和客户、做好服务成为企业的竞争力，属地化成为当然的选择，例如，基准方中在建筑设计领域以“把客户当上帝”和“做好服务”著称，如果没有属地化，无论是时间成本还是差旅费，都是企业难以承受的。如果企业定位于低端项目，对人员的要求不高，其压力主要来自成本，则需要有更小的属地化划块，划块不再是省级区域，而是需要划分为地级市区域。

是否区域化，还和企业的管理能力有很大的关系。区域化推进也并非易事，大多数企业的区域化并不成功，原因不仅在于品牌和技术能力，更在于管理能力。粤港澳大湾区、长三角和京津冀地区，市场开放、规模大、人才众多，是很多企业区域拓展的必选之地，但同时，这些区域高手众多、人才竞争激烈，对企业竞争能力的要求比中西部地区更高。丰满的理想，是需要现实能力去支撑的，没有竞争优势，区域拓展往往很艰难。

探讨二，专业化的不确定性。

对于技术服务型公司而言，专业化显然是生存的法宝，但也存在不确定性。

为什么要专业化？是因为一个人很难同时在好几个领域做出成就，技术服务型的设计企业虽然有组织规模，但也很难在众多领域做出突出的成就，“专业的团队干专业的事情”是有道理的。再加上设计行业长期的条块分割，形成了森严的壁垒，在自己的领域往往占领市场主赛道，业务上驾轻就熟，别人很难进来，但自己也同样很难进入别人的主赛道。在攀成德“预见”系列年会上，我们探讨过从“井田法则”到“丛林法则”，几十位设计企业的领导中，有人认为“井田法则”还很难打破，大多数行业“井田法则”依然明显，比如铁路、公路、冶金、有色等，即使是在“丛林法则”明显的建筑和市政设计行业，高端市场的“井田法则”依然明显。

但专业化也有可能成为桎梏。在煤炭、有色、化工、农林行业，大量局限于专业化的设计企业陷入困境，一位企业的领导开玩笑：“即使修个猪圈也试图用资质保护自己，但依然有保护不了的时候。”如果企业落在一个狭窄的行业，即使在行业内有竞争力，但碰到行业的起伏时也会一筹莫展。因封闭而自我，因自我而狭隘，因狭隘而落后，因落后而陷入生存困境，在设计的细分行业里，这类案例还是比较常见的，专业化能挽救设计企业吗？未必。

探讨三，工程总承包的不确定性。

业务横向延伸，开展工程总承包业务，逐步朝价值链后端发展，不断做大业务规模，是未来设计企业发展的一个方向。事实上，很多大型设计企业都在做这种尝试，专业类的设计企业（如化工、有色冶金、黑色冶金设计企业）启动早，尝试多、业绩可圈可点；土木类的设计企业也开始了尝试，有些企业已经做到了相当的规模，如铁三院、上海市政总院、上海城建总院等，多数大型设计企业在价值链延伸时取得了实效。

朝工程总承包转型是行业发展的确定性，却未必是企业业务发展的确定性。根据攀成德的观察、调研和分析，三个层次的认识代表三种水平：基本认识是，抓住市场机会。既然有政策的东风，为什么不抓住这个机会？很多建筑设计企业从事工程总承包，既增加了合同总额，又提升了施工图设计的业务量，至于是真做还是假做，做了再说。中等认识是，业务纵向延伸，企业需要提升能力。传统设计企业都知道，既有设计能力并不能满足业务纵向延伸的需要，必须在组织、人员、管理体系、资源匹配上加以改进和优化，需要在过程中付出学习成本。高层次的认识是，业务纵向延伸，是商业模式和风险模式的改变。工程总承包是企业商业模式和风险模式的改变，需要企业进行全方位调整，并做艰难的能力提升。

三个层次的认识，会走上三条不同的道路。每条道路需要付出的努力是不一样的，得到的结果也不一样。第一、二种认识虽然可以获得短期效果，但如果不改变认识，未来的道路会越走越难，问题会逐步凸显出来。第三种认识，从一开始，就是一种打大仗、打硬仗的准备，付出的努力显然最大，一开始也许极其艰难，投入产出比也很不匹配，但时间越长久，效果越明显，这种不走捷径的思维反而能找到捷径。

但是，大多数生存良好的设计企业，很难从舒适区走出来，即使在技术端具有先天优势，也很难做好工程总承包业务。总承包到底是天使还是魔鬼，存在巨大的不确定性。与总承包业务类似的是设计企业从事投资业务，设计企业需要认识到，投资业务也是企业商业模式和风险模式的改变，是天使还是魔鬼，同样存在不确定性。

探讨四，兼并重组的不确定性。

兼并重组一直是企业界比较有争议的方式，好之者视之如蜜糖，悔之者视之如砒霜。

海航集团曾经是兼并重组的快枪手，在2020年破产重组时，清理发现其囊括了1539家公司，业务涉足12个大行业、44个细分行业。在建筑施工领域，最近几年绿地集团采取了快速的兼并和重组行动，把贵州建工、广西建工、西安建工、天津建工、济南城建等归入囊中，组成了绿地大基建集团。

设计行业的兼并重组案例也并不少见，2013年金螳螂控股HBA70%的股份；2014年江河创建收购梁志天设计师有限公司70%股权；2014年华建集团收购了美国的威尔逊室内建筑设计公司；2015年华设集团收购了宁夏公路院不低于67%的股权；2016年苏交科收购了美国TestAmerica和西班牙工程设计咨询服务商Eptisa等。

有人辞官归故里，有人星夜赴考场，“收购兼并”各有各的理由。有人调侃，兼并重组的成功率比婚姻的成功率还要低（现在婚姻的成功率并不高），可见兼并收购是件很不容易的事情。

AECOM堪称设计咨询领域中以收购求发展的经典案例，有统计显示AECOM业务的增长一半来自自身的业务发展，一半来自兼并收购，其收购案例遍及全世界。AECOM的经验值得设计企业的管理者借鉴。

在并购理念上，AECOM的扩张逻辑是“与其和竞争对手抢市场，不如将竞争对手变成自己的一部分”，通过运作各有所长的品牌，构建自己在不同专业、不同地域的战略布局。

在融合策略上，坚持国际化与本土化结合。AECOM一方面推广其成熟的技术管理和企业管理体系，另外一方面，又通过选择当地的优秀合作伙伴，借助原有的基础快速发展；文化高度包容，通过并购，迅速获得了大量优质人力资源，同时也为这些人才提供了更广阔的成长空间；据统计，AECOM全球最资深的250名高管中，有61%来自被并购企业，有一半以上是来自非美国的并购对象。

在业务协同上，坚持业务多元化、产业链一体化。通过并购，其业务涉及基础设施、环境、规划设计、能源、水务和政府服务等众多领域，为业主提供全生命周期的服务（设计与工程技术方案－施工管理－运营与维护服务），也可以为业主提供一个或者多个环节的服务。

相比 AECOM 并购成功案例本身，我们认为，研究他们为什么选择这些理念、操作方式是什么、谁是操盘者，这些其实更有价值。兼并重组是一门新的技术活，需要花费比业务经营更多的心思，没有缜密的思考和务实的运作，出问题的概率远大于成功的概率。

走向未来，设计企业有太多的问题需要思考。有领导问我们："在设计行业，什么样的企业会走向辉煌？什么样的企业会走向平庸？什么样的企业会走向死亡？又是什么方式会让企业走向死亡、平庸和辉煌？"这些问题常常使我们陷入深思，设计企业面临这样的考验，攀成德也面临这样的考验，所有企业都面临这样的考验。

托尔斯泰曾说："幸福的家庭都是相似的，不幸的家庭却各有各的不幸。"走向辉煌的设计企业是相似的，走向死亡的设计企业各有各的缘故。

由此，我们想到了《追求卓越》一书。《追求卓越》是美国彼得斯和沃特曼合著并在 1982 年出版的名作，他们认为，卓越的企业有八大特点：

一是崇尚行动。世界是复杂的，要快速反应，崇尚行动能使公司具备更强的应变能力；组织流动性对于公司来说非常重要，实验所花费的代价比严密的市场研究或谨慎的人力运用要少得多，却更为实用。重视简化制度，改革烦琐的工作程序，实现结构简单而人员精干。

二是贴近顾客。服务至上，认真搞好售后服务，能赢得顾客的信赖，增加公司营业收入。

三是自主创新。上下各层能够充分授权，既保持大企业风范，也发挥小企业作风；启用讲求实际效用的人；鼓励内部的激烈竞争，实行频繁交流。

四是注重人才。视员工如合伙人，把他们当作提高生产力的来源；提倡组织规模小型化，使员工个人独立作业，独当一面，而且出类拔萃，从而保证高效率的工作。

五是重视价值观。公司领导者通过个人的关注、努力、不懈的精神来塑造令员工振奋的工作氛围和环境。

六是做内行的事。每个人都努力成为自己工作的专家，以个人的一技之长弥补组织的短板，形成组织的综合能力。

七是简化工作，简化人事。实行单纯的组织结构，让责任更加明确化，避免由组织结构复杂导致的瘫痪。当环境迅速变化时，组织又具有一定弹性。

八是宽严并济。实现公司的中心方向与个人自主的和谐兼容。

这本书出版已经四十多年了，时代已经发生了很大改变，社会全面进入互联网时代，我们有了更先进的工具，比如管理手段的信息化、沟通手段的多样化，沟通的及时性、沟通成本大幅度降低，区域的局限性也不如从前，给组织管理带来了更多的便利。但在众多变化的大背景下，还是会有很多不变的东西，彼得斯和沃特曼阐述的基本原则在今天依然适用，尤其是对设计这类相对传统的行业。

能找到案例佐证吗？

彼得斯和沃特曼强调“简化工作，简化人事，实行单纯的结构，让责任更加明确化，避免由组织结构复杂导致的瘫痪。当环境迅速变化时，组织又具有一定弹性”，与天华强调的“简单”文化很相似。天华柳玉进先生说天华的文化是“简单、直接、充满爱”，在攀成德“预见”年会上，蒋齐副总给我们讲述过天华倡导的“简单铸就竞争力：简单方可灵动，简单方可精准，简单方可锐利，简单方有信任……”我们无须计较《追求卓越》提到“简化”与天华提到的“简单”概念上的差异，只要在操作上达到一致，就是成功。

“做内行的事”，设计企业应该而且必须聚焦。当细分行业足够大的时候，不仅应该聚焦于能力，同时也应该聚焦于业务；当细分行业市场萎缩的时候，则应该聚焦于能力建设，基于能力做业务拓展。

什么样的设计企业会走向平庸？

走向平庸的设计企业总有各种各样的难题，要么细分市场份额下降，面对市场份额的下降又束手无策，没有勇气去挑战困难；要么面对良好的市场，但组织活力欠缺，组织效率低下，没有竞争力；要么内部矛盾重重，即使有好市场、好业务，也干不好；要么面对新技术、新业务，墨守成规，裹足不前，被舒适区的温暖迷惑，慢慢在温水中失去战斗力，成为“温柔梦乡”的牺牲品。

只要在国企工作的人都知道什么叫“三项制度改革”，长期以来，这个词是领导报告里的高频词，代表着改革的信念、信心、方向、策略和手段。但同时，这个词也代表着行政化、低效和人浮于事，为什么？市场化的公司不能停留在这种管理的初级水平，设计企业最优质的资产是人，人最具价值的是活力，“三项制度”是激发人员活力最基础的策略，基础的策略都做不好，还能谈什么技术创新、企业辉煌？没有对内部管理的孜孜以求，没有对客户服务的孜孜以求，没有对技术的孜孜以求，设计企业走向平庸是大概率事件。

什么样的设计企业会走向死亡呢？

探讨这个问题很残酷，美国管理学家爱迪斯写过一本书《企业生命周期》，在这本书中他说：“企业是有生命周期的，走向死亡是所有企业的归宿。”他把企业的生命周期分为十个阶段，而最后的三个阶段是“官僚初期、官僚晚期以及死亡期”，读者不妨从字面对比身边的设计企业，是否有“官僚”色彩？是在官僚初期还是官僚晚期？

我们见过某行业设计企业，级别很高，各种关系庞杂，曾经辉煌过，当然现在不行了，行政色彩严重，服务品质差、运行效率低，内心依然高傲，依然有“副厅级”的气势，我们无法判断他们是官僚初期还是官僚晚期，但官僚意识是不容否认的。从计划经济走向市场经济的过程中，设计行业确实存在某些僻静的角落，“春风不度玉门关”呐！但设计企业需要清醒地意识到，最后走向市场的，即使是强者，也会成为最终的弱者。

在结束这部分探讨时，我们再做一个总结：相比其他行业，设计行业未来的不确定并不多，但设计企业却面临诸多的不确定性；漠视不确定性，逃避业务市场的竞争、资源端的竞争，抱怨江湖的改变、规则的不公，不去建设组织能力的企业，最终要么走向平庸，要么走向死亡。而主动迎接不确定性的挑战，去拥抱竞争，即使面临绝地，也能实现转型和领跑。

15.2 走向世界，出路在哪

走出国门，走向海外，是国内一流设计和施工行业的追求。事实上，无论从新签合同额、营业收入等数据指标，还是从标杆业绩、品质工程等典型业绩来看，中国的工程企业已经取得了不俗的业绩。

在对外承包工程经营业绩取得增长的同时，我国设计企业在全球竞争力也日益增强，美国 ENR《工程新闻纪录》2023 年度“全球工程设计公司 150 强”的排名显示，中国电建以近 200 亿美元的成绩蝉联榜首，中国能建、中国交建、中国铁建等 25 家企业榜上有名。

如今，设计企业走出去有必要、有经验、有机遇，更有挑战。随着我国国力的不断增强，设计企业将会有更多走出去的机会，但能力提升、经验积累、团队形成和品牌建设，都将会是一个漫长的过程。

1. 走出去的问题

总体上看，虽然我国设计企业的海外营业收入呈上升态势，但是整体份额还很小。从数据上看，我国设计企业的收入主要来自国内，考虑我国大建筑行业的市场容量，这本身无可厚非。但相对而言，海外设计收入确实占比过低，事实上我国的设计企业真正市场化参与并赢得国际竞争的案例是较少的，设计企业的国际竞争力整体偏弱，体现在哪些方面呢?

区域布局相对单一。我们纵观全球大建筑行业，欧洲、亚洲、美国仍是主要战场。对国内设计企业而言，亚洲、中东和拉美地区仍是国际收入主要来源地，加拿大、澳大利亚、美国、欧洲等中高端区域仍是难以攻破的高地。国内设计企业的平均国际收入和国际化率相比于国际头部设计类企业较低，更多的是依靠广大国内市场支撑全球业绩和排名。相比之下，欧美国际设计企业的海外市场布局则更加均衡（图 15-1）。

业务产品结构失衡。随着“一带一路”倡议的深入实施，给我国企业创造了更多参与国际市场的重要机遇。其中，电力领域的不断输出和合作升温为企业拓展电力国际业务提供了千载难逢的机遇，国内企业在电力领域拥有绝对优势，在交通运输和油气工业领域也有不俗表现。但在其他一些更加市场化、国际竞争更为激烈的领域，例如建筑、通信、有害物处理等，国内设计企业依然很难打破西方国家垄断的局面。

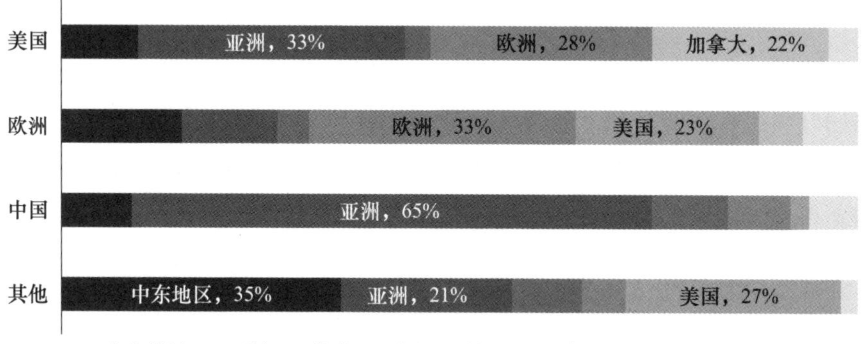

图 15-1　2020 年 ENR 国际工程设计公司 225 强不同区域企业的海外布局情况

技术标准影响力弱。从企业微观层面来看，一直以来，相关技术标准的不同是摆在我国设计企业面前的首个拦路虎。国际工程业主一般都要求按照国际通用标准或所在国标准来进行项目设计，如果对国际标准的熟悉程度不高，便难以控制项目的风险，并且在项目执行阶段也需要花费大量的时间和精力进行标准对接。近年来，我国虽然在水电、风电、铁路、港口、桥梁等工程技术上逐步具备了世界领先的技术和施工水平，但由于欧美国家长期把持国际标准制定的主导权，我国工程技术标准的国际化并不顺利，在很多国际工程合同中，都附带有采用欧美标准、聘请欧美专家、通过欧美标准机构认证等条款，中国工程技术标准只有在对外援建项目上的应用才相对多一些。

国际化人才短缺，包括熟悉国际业务的复合型及属地化人才。设计咨询服务属于现代服务业，绝大多数项目涉及所在国的工作方法、审批流程，交付物的内容和深度也需要满足项目所在国的惯例和习俗，因此对于人员属地化的要求相对是比较高的，而目前我国企业采取的从总部派遣适应中国作业习惯的工程师在很大程度上不能满足业主的需求。同时国际工程设计人员不仅要掌握设计专业知识，同时还需要了解项目所在国的语言、风俗、文化、商务、沟通谈判等一系列习俗或规则，在任何企业，这种复合型人才都相对稀缺。

2. 走出去的策略

坚定战略信念。我国建筑业进入存量竞争时代已是不争的事实，“这个世界本来就不存在直线型的增长，在你前面埋伏的是各种各样的临界点等你去跨越。

跨过去了就继续前行，没跨过去就换条命再来”。也许国际化征程对于设计企业来讲未必是非生即死的选择题，但它一定是一个临界点。因此企业应该以终局布当局，尽早在思想意识、资源投入、能力建设、关系网络、实践经验等维度构建国际化管理体系，因为体系的构建不是一朝一夕就能完成的，也做不到召之即来、来之能战，需要一定时间的积累和打磨。

持续建设综合能力。改善设计企业的商业模式，坚持以规划咨询先行，以设计为龙头的工程总承包项目为重点，提升设计咨询能力和国际化水平。组建专业技术水平高、业务经验丰富的职业化专家团队，开展区域发展规划研究，深入分析项目所在地的资源、环境、地缘、产业、政策等，从技术、装备、设计、建造、运营等方面提供全方位支持。以优质的设计咨询服务，带动勘察、监理、项目管理、建筑施工、装备制造、运营维护等全产业链输出。加强与国际咨询服务商的合作，学习借鉴其驾驭海外市场的能力和开展 EPC、全过程咨询服务的丰富经验。根据业务拓展需要，收购国外具有关键市场生产经营核心资源的优质企业，特别是国际咨询企业、拥有先进技术的研发机构等，缩短企业开拓海外市场的进程。

提升经营能力。在市场经营方面，绵绵用力，建立国际化营销网络，拓宽国际市场渠道；也要深化“政、银、企”联合，加强与国家有关部委、驻外使馆、参赞处等的沟通和联系，加强与国家开发银行、中国进出口银行、中信保等金融机构建立战略合作关系，充分利用信用保险产品提前进行风险防控。选好合作伙伴，强化协同机制。

熟悉和运用国际惯例。在项目履约方面，按照国际通行的模式、程序和标准，建立完善适应国际业务发展的生产经营模式，确保在工作程序、专业设置、工作方法与手段、项目管理等方面符合国际惯例，主动适应市场需求。按照 FIDIC 通用的工作程序与准则，规范工程项目的管理制度、流程和程序，编制适应国际工程的项目管理手册。

建立国际化团队。在团队建设和人才培养方面，加强 FIDIC 合同条件、国际工程项目管理、项目所在国相关法律法规等的培训（或认证）工作，重点培养国际项目经理、国际业务经营管理及复合型人才，同时加强属地化人才的引进与培养工作，双管齐下解决国际化人才短缺的问题。

3. 走出去的品牌建设

被大众广泛而深入认知的品牌，可以助推企业实现高附加值、可持续的市场转化，知名品牌能够在国际市场上创造独特的竞争优势和更多的外溢效益。

品牌资产的浅层构成是品牌的知名度和信任度，这是品牌资产最基础的两项内容。对于设计企业而言，要在国际市场上树立独特的市场形象，借助援建工程是一个非常好的切入点，可以起到引流的作用。在此过程中通过高端交流直接或间接参与顶层规划，为欠发达国家描绘未来基建发展蓝图，在履行国际社会责任的同时，通过更高的视角，建立先发优势，拓展更加广阔的市场空间。通过打造一批精品示范工程，从工程质量、安全保障、环境保护、投资收益、技术创新、全产业链发展等多方面精心组织，及时总结推广经验，塑造“中国工程”的国际形象，提升“中国服务”的国际影响力。

4. 走出去的风险控制

强化国际项目风险管理评估机制，加强项目风险管理，着力搭建完善的风险管理体系。在项目经营开发前期就项目所在国的市场准入和退出、劳工、税收、外汇管理、工程建设、环保、法务、政局、治安等方面的风险因素进行充分评估论证，建立风险库和风险事件库，通过风险识别、分析、评价与控制，有效规避潜在的风险，实现风险管理规范化、标准化、科学化、动态化，提高风险管控效率与效果。

15.3 数字时代，挑战在哪

新时代，互联网化、数字化和智能化是工程技术的最大趋势。在国内，生活的互联网化、支付的数字化，已经相当普及，人们不再需要钱包，微信和支付宝可以解决绝大部分的支付问题。

资本市场对时代发展的趋势，作出了自己的回答。在多变的内外部环境驱动下，过去以及现在，大型设计企业纷纷以技术、管理和资本为突破口，进行多渠道尝试，寻求破局之路，路径之一便是上市。我们对上市后的设计企业进行如下分析：

为什么上市？一是为了吸引资本，通过扩充资本，为公司夯实既有业务、开拓新业务打下基础；二是为了提升管理，通过市场化、股份化反向倒逼公司管理效果，提升公司运作效率；三是为了丰富激励，通过股权、期权等方式激励员工，丰富激励手段、提升活力。

上市后在做什么？事实上还是那几件事。一是设计和咨询，通过上市融资能够扩大布点、扩大业务范围，但业绩提升仍有很大的局限性，管理支撑也可能跟不上；二是工程总承包，但设计企业并不擅长于此，且上市融的那点资金不足以轻资产企业承担工程风险；三是全过程咨询，但这项业务不上市也可以做。

如果我们去分析上市设计企业的市值变化，应该不难发现，工程咨询、设计咨询的这类轻资产、服务型企业，资本并不看好上市后的价值。而真正吸引资本的那些企业，有的或许是处在了风口，更多的是面向了未来、面向了数字时代。

有人认为，谷歌市值的 80% 来源于其掌握的数据，即数据的即时化和数据的不断累积。同样，数字化也是设计企业的未来。建设数字化的前导是设计，一个数字化的世界是从设计开始的。

1. 数字化是机遇更是挑战

（1）数字化是机遇，为设计企业转型升级，实现高质量发展提供了基础。

设计行业本应是技术密集型、知识密集型行业。但是，行业发展到今天，行业的技术含量似乎越来越低。在一些细分行业，设计行业的从业人员已经沦落到“白领民工”的状态，设计师靠出卖劳动力换取性价比并不高的收入，在这些行业，如果不是资质管理的需要，设计企业似乎已经是可有可无的存在。为什么会出现这样的情况？除了怪罪于业主和资本的强势以外，攀成德认为，这和设计企业自身技术创新效果不明显、服务质量提升有限、业主能力进步有很大的关系。

在技术创新方面，近些年来设计行业对技术创新重视的程度大大增强。从技术发展投入和专利增加速度上看，设计行业的技术创新似乎步伐挺快。但是从效果来看，设计行业的生产效率并没有实质性提高，如果再考虑通货膨胀和设计收费的停滞，设计领域的技术创新成效并不明显。这里可能有很多因素，数字化程度不高应该也是其中之一。

在这样的背景下，设计企业要在核心竞争力建设方面下功夫，需要在塑造自我业务特色的基础上，持续提高运营效率，提升服务价值，适时开拓新的业务领域。数字化技术在这些方面都可以发挥巨大的作用。

提高运营效率是设计企业数字化转型的基本要求。提高运营效率包括了管理数字化、营销数字化、生产数字化、技术数字化等方面。住房城乡建设部发布的《2016～2020年建筑业信息化发展纲要》里对设计企业信息化建设提出了三个要求：一是推进信息技术与企业管理深度融合；二是加快BIM普及应用，实现设计技术升级；三是强化企业知识管理，支撑智慧企业建设。就是指管理数字化、生产数字化和技术数字化这三个方面。

在进行设计企业管理提升时，例如在导入项目管理体系时，我们经常会说“管理制度化、制度流程化、流程表单化、表单信息化、信息智能化”，就是在管理标准化的基础上，通过管理信息系统的导入固化流程、提升效率、积累数据、辅助决策，从而促进企业管理水平的提升。

BIM是设计企业生产数字化的主要工具，推广基于BIM的协同设计，开展多专业间的数据共享和协同，应用BIM进行设计方案的性能和功能模拟分析、优化、绘图、审查，以及成果交付和可视化沟通，获得设计质量和效率的提高已经是设计行业的共识。

技术数字化是指在完善设计企业技术标准和知识库的基础上，通过知识管理信息系统的建设，实现内部知识共享，以充分挖掘和利用企业知识资产的价值。

营销数字化对于消费品行业更为重要，通过大数据了解分析消费行为，开展线上互动和社交网络营销已经逐渐取代广告成为互联网时代的重要营销工具；对于设计行业，营销数字化重点在于客户关系的管理，通过建立企业统一的客户信息系统，按照重要性和发展潜力对客户进行合理分级，对不同级别的客户利用各类不同的渠道开展接触、维护关系、保持良好的品牌形象，以促进企业忠诚客户群的形成。

提升服务价值是设计企业数字化转型应该追求的目标。一项针对亚洲 BIM 技术用户展开的收益研究表明，尽管这些用户 BIM 技术的利用程度不同，但总体上有 97% 的投资商实现了正投资收益，建筑公司同样也给出了积极的反馈，其误差和遗漏降低 41%，返工减少 31%，项目估算准确性提高 21%，项目工期提速 19%，废物处理优化 23%。因此，如果有了数字化技术为依托，设计企业开展全过程咨询或工程总承包业务的技术优势会更加突出，更能够有效弥补自身工程建设管理能力和项目管理人才欠缺的短板，在为业主提供额外价值的同时，也为企业高质量发展找到可行的路径。

拓展新的业务领域是设计企业数字化转型需要关注的方面。在城镇化建设的中后期，随着工程增量的逐渐减少，如何挖掘存量业务、结合新技术寻找新的发展空间，关系着设计企业的长远发展，数字化为拓展新的业务领域提供了多种可能。例如应用 BIM 技术可以延伸拓展资产管理和设施管理服务业务，通过 BIM 系统抓取的机电设备数据可为业主提供高效准确的生命周期估计，有助于预防性维修和设备更换安排等。再例如在基础设施领域，通过预埋传感器，借助互联网技术，可以建立基础设施的数字化档案，实现对基础设施运行情况的实时监测和及时维护。在广阔的智慧领域（智慧建筑、智慧水利、智慧交通、智慧城市等），设计企业有更大的舞台。

就设计行业而言，在今天看来，随着个人执业资格管理、设计责任保险等配套机制的完善，运用数字化技术整合全社会设计师资源成为平台型设计企业也许会成为某些设计企业的战略选择。另外，设计行业内也有企业开始尝试搭建服务型平台，在为自我业务提供整合社会资源服务的同时，探索成为建筑业“阿里巴巴”的可能性。简而言之，数字化给设计企业提供了更多发展的路径。

（2）虽然数字化是机遇，但挑战也是巨大的。

企业数字化转型投资巨大，但失败率似乎居高不下。有机构对国内企业信息化建设的情况做过统计，在我国企业实施企业资源计划系统（ERP）项目的二十多年历史中，总成功率不到 30%。在国外，企业数字化转型失败的案例也不在少数，就连 GE 这样的百年工业巨头，也免不了兵败工业互联网。

从近些年对各行业的数字化程度研究来看，结果并不乐观。

设计企业数字化转型缓慢主要有三个原因：

其一，业务原因："吨位大"的天然业务特征决定了数字化转型犹如"航母过弯"。

建筑业是一个体量庞大的庞然巨物，是一个发展历史悠久的行业，设计行业虽然属于其中一个环节，但是由于工程建设上下游之间链接的紧密性，难以割裂开来看，单一的设计行业数字化转型要撬动整个行业的数字化转型，无疑是一件非常困难的事情。在这种体量大、历史久的行业，转型的过程必然是"先看，后转"，一定要有转型成功的先例，才有可能出现行业大规模的转型。而这样成功的先例，在现有的情况下，无疑是很稀少的。数字化转型不仅是对设计行业，进而对整个大建筑业而言，也必然如"航母过弯"，道阻且长。

其二，数据原因：基础数据缺失、过程数据孤岛等问题阻碍了"数据湖"的形成。

数据是数字化转型的基础，就整个建筑业来说，从物料数据、项目数据到管理数据、市场数据等，数据一直是行业内绝大多数企业理不清楚的一笔糊涂账。对设计行业来说，地理基础数据虽多但不健全，缺少数字化的地理数据系统，目前虽然正在快速建设，但与项目需要相比仍有很大的差距。各类数据的缺失和割裂，阻碍了"数据流"汇成"数据湖"，"数据湖"难以形成，行业数字化转型的速度必然缓慢。

其三，思维原因：以标准和项目为核心的固有思维理念限制了以客户和体验为核心的新一代商业运作模式的探索。

对整个设计行业来说，其思维从来都是以标准和项目为核心，从市场开拓开始，大多数都是业主有项目意向后，才意味着一个项目的开始，也是整个项目工作的开始，在项目的全过程中，设计标准贯穿着始终，以符合规范为设计原则，这样的思维必然让大多数人陷入项目重复的定式思维。相反，在数字经济时代，以客户需求和用户体验为初衷和核心的思维，意味着更多的创新和更复杂的业务环境，需要去寻找新一代的商业模式，满足客户不同的需求。

这三大原因，制约了设计企业寻找数字化转型路径的速度，行业的数字化转型也必然落后于其他行业。

2. 设计企业数字化转型

第一，对于设计企业来说，施工项目管理提升的核心是别掉进坑里（防风险），在这个上面跟施工企业去竞争，不是设计企业的优势，设计企业要避开这个短板。但在达到一定程度之后，对设计类工程公司的边际收益是很有限的，由于人的精力是有限的，这一点上并不是设计企业花大精力一定要去做的事情。

第二，设计类工程公司的核心竞争力是设计，必须赶上设计工具革命性升级的列车，一是全方位协同，二是数字化交付。

第三，设计类工程公司必须在设计的初始为项目（更高的要求是为服务的客户）注入数字化的基因，为智能化打下基础，为全生命周期黏住客户创造条件。我们的东西一定要让客户全生命周期都需要使用，我们得把总的数字模型永远掌握在自己手里，虽然客户也有，但是客户掌握的是“物理实体＋部分的数字模型”，最终我们永远被客户需要，或者说我们永远有为客户升级、创造价值的可能性。

第四，智能化的理想彼岸是数字双胞胎，是数字孪生和实体工厂逐渐从一个个的形似达到神似的无限逼近过程；可落地的实现路径是通过解决单一功能数字孪生与实体设备无限逼近过程，无论是用传统的机理模型，还是大数据模型，还是两个结合着来解决，关键是要帮客户解决问题，要解决实体工厂遇到的痛点问题。

第五，提升对应用场景和客户需求的认知，并将这种认知以数字化和智能化的技术形成解决客户痛点问题的产品是走向智能化的落脚点。EPC 的 P，最终得通过产品来打动客户，通过 E 的设计能力＋ P 的产品核心竞争力来拿到 EPC 项目，企业才能建立起优势。

设计企业需要在战略、组织、人才、企业文化等多方面做好准备。

首先，制定数字化转型战略。数字化转型战略不只是 IT 规划，本身应该是战略规划的一部分，即用数字化思维去思考如何推动企业发展。此外，数字化转型需要强有力的领导，是典型的“一把手”工程。企业数字化是企业的业务功能、组织结构和运行机制不断调整和改变的过程，是员工的工作习惯和企业文化不断适应数字化、拥抱数字化的过程，必然在传统企业内部会遇到种种阻力。为了突破阻力，设计企业需要做好顶层设计，明确数字化转型的阶段目标，制订实施计划，通过内部培训、外部学习在企业内部营造数字化转型的氛围，形成组织的认同。

第二，完善组织结构。战略决定组织，企业需要完善当前的组织结构以适应数字化转型的要求。传统的设计企业往往缺乏独立的信息化部门的设置，即使有也更多地定位于软硬件采购和维护。数字化转型需要新设立部门来整合和推动相关工作。新设立的数字中心不能仅仅把自己定位于IT技术部门，需要转换角色，充当企业内部的顾问，积极与各职能部门、业务部门开展交流，在充分了解企业管理和业务的基础上，一起来探讨通过数字化提升运营效率、拓展新业务的机会。

第三，开展标准化工作，建设统一的数据平台。传统的设计企业内部往往已经有诸多管理信息系统和业务信息系统，但是各系统大多是“信息孤岛”的状态，彼此没有连通，降低了整体应用效率，缺乏系统规划和统一的数据平台是主要原因。在企业数字化转型时，建设统一的数据平台是重要的基础工作。某种程度上讲，数字化企业的核心是企业的数据仓库，而好的数据仓库建设的前提是企业的标准化建设。因此，设计企业需要高度重视标准化工作，为数字化转型奠定良好的基础。

第四，培养数字化人才，建设数字化企业文化。传统的设计企业以工程技术人才为主，缺乏数字化相关人才，这需要通过外部招聘、内部培养多种渠道予以解决。优秀的数字化人才往往是稀缺的，人才流动率也比设计行业更高，因此，设计企业需要完善数字化人才的激励机制，例如为数字化人才开辟专门的职业发展通道，以提升留才效果。在培养数字化人才的同时，设计企业也需要有意识地逐步调整企业文化。传统的设计企业文化相对而言比较保守，而数字化企业需要一个适应变化更快、协同水平更高、风险接受意愿更强的企业文化，在数字化转型的过程中，设计企业需要在稳健和“善变”的文化之间取得平衡。

但同时我们也想要强调，数字化是工具、是载体、是工作方法，它服务于工程建设与运营，但它不能提供设计价值，不能解决设计的本质问题，设计能力永远是设计企业的核心竞争力，这一点是不会变化的。

3.“设计＋ AI”是未来

设计行业所具备的创意依赖、细节烦琐、流程规范、人力密集等特征为 AI 赋能行业提供了良好的先决条件，目前设计业务各环节已逐步涌现 AI 工具助力提质增效，美国超过半数的工程设计企业已经开始制定 AI 战略，AI 将给行业带来何种变化、如何借力 AI 强化核心竞争力成为设计企业管理者日益关心的话题。

业务方面，欧美设计企业在 AI 应用方面走在行业前沿，明星事务所 Zaha Hadid Architects 在多数项目中使用 DALL－E2 和 Midjourney 生成设计概念，高技派代表 Foster ＋ Partners 在能效分析、结构优化和可持续设计方面运用 AI 以优化建筑的能源消耗和环境性能，营收规模蝉联榜首的国际设计公司 Gensler 也将 AI 作为分析、协作工具以优化设计方案、提升设计效率。国内设计企业在 AI 应用方面亦有亮眼实践，华建集团房建 AIGC 设计平台已初具雏形，并在优势领域积累了庞大的数字资产；中南建筑设计院研发了建筑创意具现软件“Giant AI”以及生成式大语言模型“ChatA DI 安全助手”；湖南省建筑设计院开发的云端工具 HD－AidMaster 植入了高度贴合方案设计师工作流程的 AIGC 功能模块……

管理方面，相较于施工行业头部企业逐渐普及了 Procore、PlanGrid 等集成了 AI 技术的成熟项目管理软件的应用，AI 在设计行业的渗透率偏低，行业头部企业较关注 AI 在企业内部数据整理与标准化方面的潜力，利用外部算法模型进行数据处理是未来 AI 赋能设计企业管理的可行途径之一。

AI 在设计业务各环节的效用如何？

方案设计阶段，基于足量的历史数据结合 AIGC 技术，可有效实现人工替代或 AI 辅助设计——Stable Diffusion、Midjourney、ChatGPT 等 AI 模型在此阶段可彼此互相配合输出，快速生成多个设计方案，帮助设计师在短时间内确定最佳的建筑形态；Spacemaker、TestFit 等 AI 工具可快速生成建筑平面布局。简而言之，方案设计阶段，AI 可代替人脑来穷尽大量的可能性，从而尽可能找到最优的结果，以提高工作效率与质量。

初步设计阶段，设计师需在方案基础上进一步细化布局、结构、材料等信息，对设计师经验依赖度高，且涉及多个专业之间的紧密配合，自动化难度较大。目前全面应用于此环节的 AI 工具较少，在个别细分领域如能效分析、通风模拟等方面有一些传统软件（如 EnergyPlus、Autodesk Insight）植入了 AI 技术以优化分析效果。

施工图设计阶段，设计内容以节点细化为主，耗时较长、内容烦琐，但流程相对规范，自动化基础较好，已有 TransBIM 等可快速输出全专业施工图成果的 AI 工程施工图设计平台，细分设计模块如房间布局优化、智能设备布置、智能管线排布、大样自动成图、车位 / 楼梯布置等也已具备雏形，此阶段的 AI 输出成果虽仍需人工检查复核，但已能切实提升设计效率，未来有望实现 100% 的人工替代。

同时，设计行业 AI 应用在一些领域仍然存在局限性。

首先是创造力局限。设计是一种具有创造性的行为，创造意味着由“无”到“有”，现有的 AI 工具多以机器学习为技术核心，而机器学习被称为“学习”，就意味着 AI 天然地被限制在提供给它的数据集中，因而很难期待 AI 能产生“新”的内容。此外，工程设计尤其是建筑设计的创新性往往与人类的情感体验相关，由于 AI 无法真正体验和理解人类的情感和直觉，使得 AI 难以创作出引发情感共鸣的方案。

其次是判断力局限。由于对设计方案的评价具有多维性、主观性等特征，AI 工程师难以为 AI 模型提供通用的评价标准，即便 AI 模型能够基于特定的数据集创造出一种新的敏感性，这种敏感性的正确 / 适用与否仍有赖于人的介入与判断，换言之，方案生成的过程仍不可脱离人的干预与引导，设计师未来的工作也许会迭代为 AI 模型制定运筹架构逻辑并不断训练优化模型，但这也从侧面说明了设计师不会被 AI 所替代。

最后是功能性局限。目前 AI 尚无法完成三维模型优化、初步设计深度的全专业成果生成以及复杂度较高的施工图设计等工作，但在已有的 AI 模型、算法基础上，相信此类局限假以时日便能有显著的突破进展。

AI 也为设计企业带来一系列挑战。

第一是成本投入。将AI技术无缝整合到现有的设计流程和工具中非常复杂，需要大量的时间和资源，一方面，AI技术的引入和实施成本高昂，包括购买软件、硬件设备以及进行员工培训等，对于设计企业而言是一项重大投资；另一方面，设计企业在使用AI开展设计业务时有不同的侧重点和需求，因此企业需要投入定制化研发，并与技术供应商合作，确保AI工具的适用性以保障技术投入能够带来实际的价值和效益。在固定资产投资增速放缓的背景之下，设计企业经营端承压明显，是否要将有限的资源投入到AI技术引入上、以何种策略引入可实现AI技术的最佳投入产出比是追求AI时代核心竞争力建设的设计企业们普遍面对的难题。目前设计企业总体风险偏好保持较低水平，对AI的投入力度以试探和跟进为主，少数头部企业在AI技术上倾注了大量资源但成效尚难以量化评估。对于尚未涉猎AI技术的设计企业而言，逐步引入AI技术，从小规模试点项目开始，逐步扩大应用范围，或许可实现成本风险与技术效益兼顾的目标。

第二是数据建设与管理。AIGC作为工程设计行业在AI时代的主要工具，其技术原理为通过对大量数据的分析和学习，自动提取特征、发现规律，并据此生成新的内容，因此其有效性高度依赖于已有数据的质量，换言之，除底层算法以外数据集是更加核心的壁垒，具备大量历史项目数据的设计企业可将数据“投喂”给AI模型，不断提升AI模型的适配度，进而提升输出成果质量，建设自身在AI时代的核心竞争力。对于尚未具备自有AI模型的设计企业，不论未来是直接引进成熟模型，还是自行开发和迭代模型，数据的建设与管理都是发挥AI模型效用的必由之路，设计企业需要对过往项目数据进行收集、清洗、标注、集成与分析，这要求企业能够建立完善的数据治理框架，制定数据隐私与数据安全管理策略。目前，设计企业在数据管理方面普遍处于较初级阶段，对项目成果、知识沉淀缺乏系统的管理规划，为AI模型的对接增加了难度。

第三是人才建设。若将AI人才视作某一类专业型人才（如结构工程师等），设计企业对其选、育、用、留大多颇有心得，但考虑到AI应用场景与设计业务的高度贴合以及对企业未来发展的深远影响，设计企业所需的绝不是（起码在当下阶段）深耕AI领域的技术人才，而是能够以AI赋能设计、团队、企业的复合型人才，在这种需求之下，我们可初步提炼出设计企业所需的 AI 人才画像：能够运用 AI 技术实现设计业务提质增效，即熟练掌握 AI 工具使用技能的同时具备成熟的设计能力；能够基于设计业务全流程视角运用 AI 工具提升团队协作效率，即了解 AI 在各个专业之下的应用场景，通过合理统筹实现专业间、专业内各环节的紧密衔接；能够助力企业建设 AI 时代的核心竞争力，即具备数据库建设、AI 设计平台建设策划、AI 模型训练等能力。不难看出，具备上述画像特征的人才一定面临着更加多元的就业选择，企业若想从现有的设计人才中培养出此类复合型人才也要投入可观的资源、时间成本。在行业下行，企业苦于降本增效的今天，如何建立高效路径并以合理的资源投入培养 AI 人才、如何精准高效吸纳外部 AI 人才、如何留住优秀 AI 人才都是设计企业面临的难题。

如同当下一些设计企业会“攀比”绿色技术的应用，可以预见以后的设计行业会就 AI 的应用程度展开竞争，设计业务的单位成本会随 AI 渗透率的提升而逐步下降，设计企业人均创收的“天花板”将发生本质变化，也许未来设计企业间的竞争会变成企业所“培育”出的 AI 模型之间的竞争。面对有望颠覆行业格局的 AI，设计企业应当拥抱变化，尽快找到 AI 时代的生态位，并基于自身资源全力塑造竞争壁垒。

无论是走向明天还是走向世界，我们可以看到行业带给我们的市场挑战，而数字时代的到来，又改变了企业的技术发展、生产作业路径。企业只有在变化中改变自己，去迎接挑战，才能找到未来的发展之路。

16 勇于变革：半是选择，半是行动

没有企业的时代，只有时代的企业。每个企业都处在特定的时代环境之中。时代是变化的、行业环境是变化的、客户需求是变化的、政策是变化的，因此企业也需要持续改变，来适应外部各种的变化。

16.1 为什么要变革

首先是企业外部环境的变化。

外部环境的变化包括市场竞争态势变化、经济形势和国家产业调整、技术进步、法律政策变化等。结合设计行业的情况来看，这些方面都在发生变化，有些是渐变，有些是快速变化，有些是跳跃式突变。从行业变化的角度，我们大致可以做出方向性的判断：国内建设投资和大多数细分行业的投资，已经或者逐步到了顶点。过去二十年、三十年的投资持续增长的时代结束，企业需要在没有增量的市场里竞争，从在增量里寻找发展空间到在同行的“口里抢食”，难度逐步增大，设计企业的区域拓展，就是和既有区域的设计企业进行竞争；要实现持续增长，如果不和国内同行“抢食”，那就要拓展海外市场，但走向海外也有诸多困难和挑战，对于经验丰富的设计企业，也需要很长时间去适应。设计行业的产能正逐步呈现总体过剩的态势，这种态势可能会越来越明显，同质化竞争现象越来越严重，价格竞争会越来越成为最常见的手段。

我们从以下几个方面来分析行业的竞争。

是什么导致细分行业内竞争加剧？设计工具不断改善、技术手段不断改进，提升了行业的产能，致使行业产能逐步过剩；即使产能不变，一些细分市场的波动或下行，也会导致产能过剩，使行业的竞争加剧。竞争强度不断增加，要求企业在效率、品质、服务等方面不断提升。

是什么导致行业间的竞争加剧？细分行业内加剧的竞争，必然敦促企业转型，向离业务较近的其他细分市场寻找业务，或者在行业上下游寻找业务。虽然不同细分行业之间短期内壁垒依然严重，设计企业要转型新业务的时间也比较长，即使要从事新业务也难以进入这些行业的主赛道，但为此努力的企业越来越多，“现在进去，当然也有人认为我们做不了一流、二流，我们认为，现在进去了，将来说不定就可以成为一流、二流”，持有这种勇气转型的企业，会像鲶鱼一样搅动设计行业的江湖，让整个设计行业很难找到蓝海。

设计企业的保守文化也会因此被激活。过去数十年形成的行业和区域市场格局、资源分配机制等，既成为行业变革的难题，也会成为竞争的突破口。为什么？越封闭的行业越自我，越自我则越落后，越落后则越低效，这是一般规律。高效企业只要摧毁壁垒，就能迅速赢得竞争优势，迅速打败既有行业的低效组织。哪些壁垒容易突破？在资质、团队和市场化的市场资源方面相对容易突破。综合甲级资质让多家综合甲级企业已经突破了资质的壁垒；人才端的快速流动，为突破壁垒创造了快速组建团队的可能，设计行业已经出现整个团队从A企业投奔B企业的现象；当然最根本的还是在市场，我们看到部分市场需求已经高度市场化了，如房地产行业的设计市场，如深圳的市政建设市场，都是高度开放的。虽然还有一些细分行业的设计市场开放度不高，但开放已经成为趋势，我国建设“内循环”大市场的趋势就是消除各种壁垒，市场壁垒是“内循环”改革的必然趋势。

其次是组织内部条件变化。

组织内部条件的变化主要包括三个方面，内部管理条件变化、管理方式改善、管理水平提高；企业目标改变、业务扩张和业务发展；内部机制优化。

内部管理条件变化，包括很多方面，比如区域化、集中办公被打破、沟通难度增大等；管理方式改善，比如信息化手段的提升，这是效率的提升，也是习惯的改变；企业对管理精细度要求的提升等。

企业目标改变，往往是发展欲望的体现，也会给管理提出巨大的挑战。不同规模的企业管理差异很大，1500人、10亿元设计咨询收入的企业，与6000人、40亿元营业收入的企业，在管理层级、组织设计、分配机制上是不一样的，不仅需要层级的增加，也需要管理方式的改变；即使规模相似，对增长速度的追求不同、对未来发展的追求不同，其内部对管理的要求也不尽相同。业务和模式变化对管理变革的挑战则更大，公路设计企业进入市政领域，化工设计企业进入能源领域，港航设计企业做区域开发设计，都是管理条件的变化；设计企业如果做工程总承包和投资，其管理所面临的挑战会更多，包括战略方向、组织结构、人员团队、技术要求、风险控制等诸多方面。

内部机制优化，是永恒的管理问题。成熟的大型设计企业，多数都形成了固化的利益机制，要打破既有的利益机制，不是一件容易的事情。从业务角度看，成熟、有品牌和竞争力的业务是收入和利润的来源，而创新的、资源短缺的业务，还需要塑造竞争力、塑造品牌，需要不断投入、需要攻坚克难，收入不多，利润往往为负。人性是趋利的，要做到“不让雷锋吃亏”，如何鼓励技术人员从事创新业务？如何让创造收入和利润的既有机构与创新机构收入平衡，甚至向创新机构倾斜？从人口角度看，人口老龄化时代来临，工程师红利正在消失，未来人才的供给不再充足，如何在激励老同志的同时，又能吸引年轻人的加入？我们在第 5 篇中已经探讨过这个话题，设计企业在人力资源端的竞争对手，已经不再局限于同行，而是全社会，是与高科技、互联网、金融行业竞争，需要在行业之间抢人才，而我们的支付能力，与创新领域、资源丰厚的行业相比，还是有很大差距的。

最后是期望和实际情况差异较大。

即使外部环境和内部条件都不改变，只要企业的期望值发生改变，企业也必须改革，比如，从行业一般地位希望变成行业龙头，从小规模希望发展为中大规模，企业就必须提升为客户服务的品质和效率，必须要改变过去的思路、方法、技术、分配机制等。

处于商业社会环境的管理者，都清楚“逆水行舟、不进则退”的道理，即使自己不退步，只要友商进步，自己的生存空间就会被挤压。所以，最好的防守就是进攻，进攻的策略是不断提升企业的发展目标，激励全体管理者和员工为之奋斗，而不断提升的发展目标又往往和企业现实的差距明显，因此就必须不断改善资源组合，改进管理机制等，这些改变，都是企业变革。

设计企业虽然在创新上和高科技、医药、互联网企业存在差距，也有一定的差异，但在传统行业里，它是知识和知识分子密度较高的企业。知识型企业的管理难度和大学、医院、研究机构一样，由于其工作的特殊性、工作评估难度以及人员特点等因素，导致其管理难度大，变革难度更大。

无论是什么原因，或者基于什么目标，设计企业要进步、要发展，要塑造持续的竞争力，改革在所难免，既然在所难免，那就要坚定地踏上持续的改革之路。

16.2 有哪些变革重点

一是生产组织模式。

生产组织模式，也就是企业围绕所提供的产品、服务，系统性组织生产的方式。这里面会涉及最小生产单元、人员构成与分工、组织界面与责权利等多项内容，在行业中也经常被称为项目管理模式。项目管理模式可分为三大类：职能型、矩阵型和项目型，其中矩阵型又分为了弱矩阵、平衡矩阵和强矩阵。不同类型的项目管理模式下，对项目经理的职权、项目经理角色定位、项目控制主体、资源分配等要素特征有着不同的界定，也可以简单理解为横向管理（项目）、纵向管理（行政）以及中间状态（权重不同）。

作为以技术为核心的知识密集型企业，在过去很长一段时间里，设计企业很少谈生产组织模式这个话题，但从“十三五”开始到现在，越来越多的企业逐渐意识到既有模式已不适应新时代生产履约的需求，因此逐步开始考虑生产组织模式的变革。为什么要变呢？这在最经典的政治经济学中早有解答：“生产力决定生产关系，生产关系要适应生产力的发展，生产关系是生产力发展的形式，生产关系会反作用于生产力”。这句话对标到项目管理上，“生产力”可以理解为“企业能提供的产品及水平”，“生产关系”则可以理解为“生产该产品的生产组织模式”。当前设计企业面临的内外部环境已经发生了深刻的变化，建筑市场供给关系变化、技术进步与成熟等要素对旧有生产组织模式提出了挑战，要进一步面向市场、面向客户，提升响应速度和服务水平。

很多设计企业在筹划生产组织模式变革时，迈出一小步后又退了回去，有的是因为既有模式仍能维持，害怕改变；有的是因为配套机制不健全，无法简单地只调整项目管理模式；更多的是因为项目管理模式的变化，会引发企业核心群体（业务中层）的权力变化，预期风险阻力太大而不敢妄动。无论选择如何，我们始终认为，更加市场化的、更加以项目为核心的生产组织模式，才能实现更对等的责权利、更好的管控模式、更优的项目利润率，这是大势所趋。

二是工时与成本管控。

随着设计行业市场化程度不断加深，精细化管理需求增大，对设计企业项目成本管控提出了更高的要求。实践中，设计企业在项目成本管控方面存在着一定不足，主要包括：无法及时、准确了解企业各个项目的成本费用情况、盈利情况，无法有效计划和控制项目成本；缺乏经验数据积累，如人工费、劳务分包、晒图费等在整个成本体系中的比例，无法为以后的成本测算、快速报价提供参考，成本管理失效；核算体系以“部门”为单位、实付实收，而非以“项目”为单位、收付实现。

在这种大背景下，一些设计企业在内部管理上开始推行工时制，有的是为了满足 IPO 上市的核算要求，有的是为了项目的成本控制，有的是为了给市场报价提供参考。构建一套基于工时制的成本管控系统，一是要基于行业参考数据，去测算企业的大数据；二是要配套企业标准人工时单价，再根据项目类型、规模、复杂程度做进一步细化计算；三是要做好过程管理控制，包括工时填报要求、审核要求、流程等；四是要完善项目核算机制，在系统后台中自动核算项目的直接、间接成本，配套相应的表单、机制、流程。

成熟的工时制是一个长期课题，企业需要通过对项目数据的不断梳理积累，包括项目的合同额、人工成本、专业比例、核算数据、人工时单价标准等，逐步形成公司层面不同类型、难度、规模项目的相应成本管控标准，并使这个标准趋于合理，应用方式逐步从指导参考到硬性挂钩实施。从长远看，工时在营销端能够指导报价；在实施端能够为实施计划编制及进度监控提供依据，提供项目效率和效益的考核工具，推动项目管理实现精细化；在人力资源端能够为项目人力资源调配提供参考，为人工成本核算、项目奖金分配、项目绩效考核提供关键依据。

三是定额与取薪模式。

谈到工时，就不可避免地需要谈到定额。通过不同项目工时的填报与统计，不断地进行数据积累，就能形成公司层面的定额数据。事实上，设计企业几乎都有自己的一套定额，大到公司项目的总体定额标准、不同专业间的分配比例标准，小到一张图纸对应的标准产值或奖金，不管准不准确，都是经过了历史经验沉淀，同时在内部形成了相对稳定的共识，虽然很多设计企业的专业院所貌似都对比例划分的公平性颇有微词。

到底该怎么理解“定额”这个概念？其实单从字面就能看出，定额是一种量化的思想，即把一件工作所需的工作量标准化出来，讲究的是结果、是产出，跟工人的计件并无本质上的差别，只不过计件的量化相对简单、通用性强，而设计的量化更为复杂、差异化更强。目前多数设计企业走的是定额的取薪模式，即总奖金包根据项目完成产值提奖，再往下的奖金包根据专业比例去分配，最后分到设计师的奖金则根据个人完成定额（图纸）量去做分配。这样基本实现了多劳多得，但貌似也存在不少问题，比如图纸返工怎么办？通过图纸定额难以体现的工作量怎么办？事实上，这些问题也确实出现在管理实践中。

从取薪模式的角度来看，其实设计定额、按图纸分配奖金、计件制等是一脉相承的，背后的思想都是量化与提成。理想中的提成制是最好的分配模式，它能真正实现多劳多得、按劳分配，但事实上，提成制有其局限和天花板，根源是定量、定额的颗粒度有极限，总有些工作是有价值且难以量化的。因此，至少在目前可预期的企业管理手段和水平下，对设计师按提成取薪的方法是不长远的，按投入取薪或许才是优秀企业、优秀团队、优质业务的激励主线，通俗说法就是年薪制。

提成制还是年薪制？我们需要多方面去考虑，例如业务发展的不同阶段、不同类型岗位的业务属性，有些岗位天然适合提成；例如企业的管理水平，年薪制需要基础数据参考和机制的支持；例如企业文化和团队素质，年薪制需要信任、职业、具有理想的企业文化，也需要一支高素质的队伍。并非所有设计企业都该一味追求年薪制，年薪制是最终理想模式，但并非每个企业、每类岗位当前的最佳模式，毕竟我们都还处于社会主义初级阶段。

16.3 如何推进变革

变革之道，是千百年来人们研究的高深课题。经济学家许小年先生曾经谈到中国的政治改革，在他看来，我国历史上有点动静的改革有五次，三次失败、两次成功。他评述“失败的改革和成功的改革”时说：“失败的改革都相似，成功的改革也都相似，中国历史上经历过多次改革。失败的改革，今天作为案例的是西汉末年的王莽的改革、王安石的改革、清末光绪帝的改革，我认为这三次改革是失败了……成功的改革说起来是历史的调整，成功的改革出现在第一次和最后一次，就是商鞅的改革和邓小平的改革……回顾历史是为现实服务，但是历史永远不会重复它自己，所以历史仅对我们有参考的作用。”我们不是历史研究者，历史上的国家改革者，都是强者，引用许先生的观点，既非赞同也非反对，只是想表达变革之难、变革有其规律、变革不可随意。

设计企业如何把握变革之道呢？

1. 关注变革的目标

设计企业的变革是什么？以客户为中心，为客户价值创造，“企业存在的唯一目的就是创造顾客”。设计行业虽然属于一个大行业，但各个细分行业又涉及国民经济的各个子行业，处于政府和各类业主客户的固定资产投资建设项目的前端，对固定资产的形成具有决定性作用，其核心价值体现在为客户提供各类工程建设服务中所发挥的灵魂和先导作用，决定了客户投资项目全生命周期里的有形或无形的价值产出。设计企业生存和发展空间的大小，取决于为客户创造价值空间的大小。而不同客户对乙方选择的标准存在差别，其价值需求的关键点可以归结到服务提供者的价格、质量、效率、技术及增值服务几个方面，政府客户与房地产开发客户的价值需求点不同，高科技企业与制造型企业的需求点也不同，因此，企业变革也需要围绕客户需求的这些关键点来展开，才能够真正实现为客户创造价值，也才能够找到企业自身生存发展的根基。

2. 把握变革频率和变革幅度之间的平衡

攀成德从变革频率和变革幅度角度设计了一个两维的变革矩阵，并不复杂，供企业管理者在变革时思考。变革幅度可以分为小、中和大，变革的频率可以分为低、中和高，通过对变革频率和变革幅度的分类，我们可以得到如图 16-1 所示的矩阵。

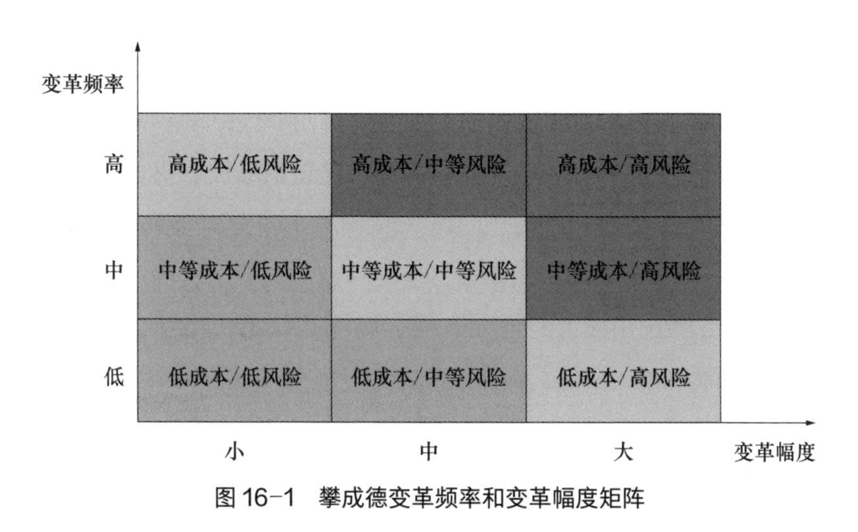

图 16-1　攀成德变革频率和变革幅度矩阵

矩阵横轴的变革幅度与风险的关系怎么理解呢？

变革幅度小意味着：变革的范围比较窄，涉及企业内部的部门、人员、作业程序等都比较少；变革的内容与企业过去的操作方式差距不是太大，不会从根本上改变大家的习惯和理念；更多的是优化企业的管理，而不是根本性的改变。毫无疑问，这样的变革实施的难度小，推进相对容易，实施的风险就比较低。

以攀成德的观察，设计企业进行的绝大多数的变革都属于幅度小或者中等的变革，比如在薪酬结构、梯度方面的调整，企业财务资金的逐步集中，流程的逐步完善，项目管理的不断规范等等。我们看到，多数企业都在不断完善企业各方面的管理，这些完善多数都在不断进行，并且效果也在不断显现。

变革幅度大，可能意味着：变革的范围比较大，涉及企业内部的部门、人员、作业程序等就比较多；变革的内容与企业过去的操作方式差距大，需要根本性地改变大家的习惯和理念；更多的是塑造企业新的管理模式，而不是企业管理的小修小补。毫无疑问，大幅度的变革意味着存在较高的变革风险。

企业管理信息化、企业业务模式转型（设计企业向工程公司转型）等，属于变革幅度比较大的变革方式。我们看到成功上线信息化项目的企业并不多见，短时间内业务模式转型成功的企业比例也是比较低的。显然，不是企业的决心不够大，付出的努力不够多，而是事情本身确实不容易。

矩阵纵轴的变革频率与成本的关系怎么理解呢?

变革频率低就是企业轻易不改革，不改革则变革成本比较小。如果企业外部环境、技术条件、客户需求等都不发生变化，企业无须变革，也不会有生死存亡的问题。法国波尔多的传统酒庄，演绎着数百年的传奇，他们的经营方式、管理方式很长时间都只发生很小的变化；瑞士有很多企业固守手表行业，日本有小企业传承数百年，这些企业在体制、机制、技术、营销、客户等方面都没有发生太大的变化；我国历史上周朝建立的井田制、宗法制等，持续数百年，改变都很少；这是低频改革的案例，然而这样的例子对于企业而言，并不是社会的主流，多数企业很难有这样的幸运。

变革频率高则意味着企业需要经常设计、推进方案，企业管理者和员工需要经常熟悉和适应新的变革方案，变革方案推进需要调整相关的管理程序，时间和精力投入、适应过程都关系到变革成本的增减。

通过上面的分析，我们可以得到这样一个结论：管理者在推进管理变革时，既要关注高频改革的成本，也要关注大幅度变革可能带来的风险。需要在变革幅度和变革频率之间求得平衡。

在企业内部，实际的变革，并非可以随意调整其幅度和频率。有些变革幅度是难以调整的，如企业的体制改革、企业的信息化、企业在某些行业的战略调整以及由于战略调整引起的组织结构的重大变化等；有些变革的频率也难以自己控制，比如央企的“三年改革行动”，节奏的控制是上级时间要求决定的。对于重大变革和快速变革，管理者需要有充分的思想准备，在人力、财力和内部思想动员上有足够的储备，以保证变革成功。

多数情况下，企业的变革幅度和频率也是可以进行调整的。大幅度管理变革采用分步走的方式，通过增加变革频率，减少变革幅度，让变革幅度和变革频率进行有机结合。优秀的管理者往往善于将管理变革做得水到渠成、润物细无声，即使由于变革频率增加而适当增加了管理成本，但也会因为同时降低了变革风险，从而减少了企业内部波动而大大节约了变革的成本。

3. 寻找变革的契机和领导者

变革是企业生存与发展的必经之路。企业的变革总会伴生着企业的发展、成长和卓越，没有变革就不会有企业的进步。就设计企业而言，变革也总是在进行中，也许原因各不相同，动力各不相同，但我们发现大多数都是被动变革，积极主动的变革总是少数。

如何寻找变革的契机？外部推动力和内部危险出现都是变革的良机。

外部推动力，在前面已经有所探讨，但更多需要探讨内部危机出现时的改革契机。当外部环境变化时，企业内部如不做调整，将会导致企业管理、服务与外部环境不适应，企业的状况会越来越差，企业内部危机也因此出现。这是坏事吗？是的，企业生存难以为继。是好事吗？是的，变革的机遇来临。企业在危机出现时，变革阻力会减少，变革动力会增加。为什么？员工都能体会到，大部分人也能看清楚，为了自己更好的未来，愿意牺牲眼前的利益，求得长远的利益，这就是阻力减小、动力增长的原因。

谁是变革的领导者？企业高层。我国几千年的历史，农民起义成功的并不多，他们居于社会的底层，他们知道政治失误的各种现象，但如何改变现状，只能盲人摸象；社会改革的力量，要成功，需要顶层的政治家。企业变革的规律也是如此，企业高层，或者见识和能力达到高层水平的管理者，才具有远见、卓识，才具有全局操盘的能力，来把握企业的变革。

但高层在变革的操作上，还存在“怎么让操作落地”的问题，真正的变革执行者在企业的中层。高层通过思想的发动，促进中层的推进，基层的执行，才能真正把变革执行到位。对于变革，如果既有由上而下的顶层思考，又有由下而上的动力和执行，变革成功推进的概率会大幅度增加。改革开放的总设计师邓小平，在关键时刻，保护了“傻子瓜子”，保护了乡镇企业的发展，对中国改革开放起了至关重要的作用。

企业管理和变革固然没有社会管理和变革的难度大，但企业管理和企业管理变革也是一个艺术的过程。把企业的管理和变革做得润物细无声，无疑是一个艰难和长远的挑战，无法做到完美，但如果我们更好地理解企业变革的规律，也一定能够做得更好。

4. 推进变革

许小年先生谈道："社会的大变革，多数都是失败的，但社会又是在变革中前进的。"企业家要把推进变革当作生活的平常，如果企业管理者只有一项工作，那就是推进企业的变革。企业家也需要为变革失败做好准备，接受变革过程中产生的各种麻烦。

如何推进变革？重视方案设计和利益平衡，化解阻碍、增加动力，既着眼目前又着眼未来，既考虑组织能力又考虑客户价值，在变革的迷宫中寻找前进的道路和组织的执行力。企业管理需要认识到，从事商业并不是什么难事，但做成一个优秀的商业组织却是异常艰难的。

谁会成功？二十余年服务于中国设计企业的经验，让我们深深体会到推进变革的重要性。那些绵绵用力、久久为功的变革者往往会成为优秀的经营者、管理者，持续变革的企业往往会成为行业的领先者。在行业见顶和快速变化的新时代，唯有变革才能赢得未来。鲁迅先生说过"希望无所谓有，无所谓无"，我们坚信，当干旱来临，探索者终能觅得甘泉；当黑夜来临，坚定者终会迎来黎明；当冬天来临，奋斗者终会赢得春天！

统计数据显示，我国设计行业 2022 年从业人员 488 万人，营业收入 8.9 万亿元，利润总额约 2800 亿元，人均利润不到 6 万元。我们做一个模拟测算：如果设计行业人均拥有净资产 50 万元，简单计算行业权益资产 2.4 万亿元；以行业 2800 亿元利润计算，则行业净资产收益率约为 12%；如果把行业整体看作公司，取华设集团和华建集团市盈率的平均值 10 计算，归属于股东净利润为 2800 亿元，则设计行业这个超过 480 万人的超级上市公司总市值约为 2.8 万亿元。如果和苹果公司做一个对比研究，苹果公司 2023 年从业人员约 14 万人，营业收入 2.8 万亿元（3800 亿美元，以 1 美元兑换 7.3 人民币计算，下同），净利润 7000 亿元（970 亿美元），人均利润 500 万元（69 万美元），公司市值 21.8 万亿元（3 万亿美元，2024 年 5 ～ 6 月均值）。

行业和企业之间难以对比，不同行业之间差异也很大。我们也曾经问一位行业权威人士：“行业统计数据有多靠谱？我的测算有多靠谱？”他说：“都不靠谱，但行业公布的统计数据最为权威；你的估算也不靠谱，但你有创新，没有人这么测算过。”这样的对比，基于数据，也可能不公平，但我们依然可以看到巨大的差距。

回顾历史，大建筑业与人类文明一样久远，或者说大建筑业本身就是人类灿烂文明的一部分，从埃及金字塔到玛雅文明，从都江堰到秦直道，这些超级工程都是人类智慧、勇气、责任的承载体；那时候苹果在哪里？在树上。审视当下，大建筑业依然是人类生活的保障；苹果在哪里？在口袋里、在桌子上、在耳边。展望未来，大建筑业依然是人类生活的保障；苹果在哪里？将推动人类的进步。

此时，我们的耳边响起了一家顶级建筑设计企业老院长的话：“我们行业和我们企业，像没落的贵族。”历史和现实从来给不出公平的结论，在人力资源端，我们需要和苹果这样的新贵族竞争，只有吸引高端的人才，我国的设计行业才有未来、才能赢得信任和尊重。我们行业的血统是高贵的，但高贵的血统唯有创新才能获得新生、得以延续。我们透视设计这个古老行业，既非批评和抱怨，也非追求公平，而是希望寻找行业的未来。

最后，我们感谢您与我们相伴到此，把书读完的读者们都对作者给予了无限的信任，您的信任将敦促我们风雨兼程，奋斗不息。

附录 1　书中论及企业简称与全称对照表

书中论及企业简称与全称对照表（排序不分先后）

序号	简称	全称
1	万喜	万喜集团（Vinci Group）
2	竹中工务店	日本株式会社竹中工务店
3	HBA	Hirsch Bedner Associates/ 赫希贝德纳联合设计顾问公司
4	TestAmerica	美国 TestAmerica Environmental Services, LLC
5	Eptisa	西班牙 EPTISA SERVICIOS DE INGHNIERIA,S.L.
6	SOM	美国 SOM 建筑设计事务所（Skidmore, Owings and Merrill）
7	中建 / 中国建筑	中国建筑集团有限公司
8	中交 / 中国交建	中国交通建设股份有限公司
9	中国铁建	中国铁建股份有限公司
10	中国中冶	中国冶金科工股份有限公司
11	中国能建	中国能源建设集团有限公司
12	中国电建	中国电力建设集团有限公司
13	中国化学	中国化学工程股份有限公司
14	国机集团	中国机械工业集团有限公司
15	成达公司	中国成达工程有限公司
16	中国天辰	中国天辰工程有限公司
17	寰球公司	中国寰球工程有限公司
18	中冶京诚	中冶京诚工程技术有限公司
19	中冶南方	中冶南方工程技术有限公司
20	中冶赛迪	中冶赛迪集团有限公司
21	中交一公院 / 一公院	中交第一公路勘察设计研究院有限公司
22	中交二公院 / 二公院	中交第二公路勘察设计研究院有限公司
23	中交公规院 / 公规院	中交公路规划设计院有限公司
24	中交四航院 / 四航院	中交第四航务工程勘察设计院有限公司
25	铁一院	中铁第一勘察设计院集团有限公司
26	铁二院	中铁二院工程集团有限责任公司

续表

序号	简称	全称
27	铁三院	中国铁路设计集团有限公司（原“铁道第三勘察设计院集团有限公司”）
28	铁四院	中铁第四勘察设计院集团有限公司
29	铁五院	中铁第五勘察设计院集团有限公司
30	机械二院	机械工业第二设计研究院
31	机械三院	机械工业第三设计研究院
32	机械五院	机械工业第五设计研究院
33	机械十一院	机械工业第十一设计研究院
34	机勘院	机械工业勘察设计研究院
35	中电建华东院 / 华东院	中国电建集团华东勘测设计研究院有限公司
36	中电建成都院	中国电建集团成都勘测设计研究院有限公司
37	中电建中南院	中国电建集团中南勘测设计研究院有限公司
38	沈阳铝镁院	沈阳铝镁设计研究院有限公司
39	贵阳铝镁院	贵阳铝镁设计研究院有限公司
40	中船九院	中船第九设计研究院工程有限公司
41	西北电力院 / 西北院	中国电力工程顾问集团西北电力设计院有限公司
42	中石油工程公司	中国石油工程建设有限公司
43	中石化炼化工程集团	中石化炼化工程（集团）股份有限公司
44	中建西南院	中国建筑西南设计研究院有限公司
45	中国煤科重庆设计院	中煤科工重庆设计研究院（集团）有限公司
46	北京城建设计集团	北京城建设计发展集团股份有限公司（原“北京城建设计研究总院”）
47	市政西北院 / 西北院	中国市政工程西北设计研究院有限公司
48	中南建筑院 / 中南院	中南建筑设计院股份有限公司
49	中建三局设计院	中建三局集团有限公司设计院
50	中国联合	中国联合工程有限公司
51	天华集团 / 天华	上海天华建筑设计有限公司
52	基准方中	成都基准方中建筑设计有限公司
53	联创	上海联创建筑设计有限公司
54	同济建筑院	同济大学建筑设计研究院（集团）有限公司
55	苏交科	苏交科集团股份有限公司
56	华东总院	华建集团华东建筑设计研究总院
57	华建集团	华东建筑集团股份有限公司
58	中水北方	中水北方勘测设计研究有限责任公司

续表

序号	简称	全称
59	华阳国际	华阳国际设计集团
60	华设集团	华设设计集团股份有限公司
61	北京建筑院 / 北京院	北京市建筑设计研究院有限公司
62	中国院	中国建筑设计研究院有限公司
63	CCDI	悉地国际
64	上海市政总院	上海市政工程设计研究总院（集团）有限公司
65	上海城建总院	上海市城市建设设计研究总院（集团）有限公司
66	中元国际	中国中元国际工程有限公司
67	西北建筑设计院	中国建筑西北设计研究院有限公司
68	中铝国际	中铝国际工程股份有限公司
69	江苏冶金院	江苏省冶金设计院有限公司
70	宁夏公路院	宁夏公路勘察设计院有限责任公司
71	林同炎李国豪工程咨询公司	上海林同炎李国豪土建工程咨询有限公司
72	梁志天设计师有限公司	梁志天设计集团有限公司
73	地铁设计	广州地铁设计研究院股份有限公司
74	垒知集团	垒知控股集团股份有限公司
75	华图山鼎	华图山鼎设计股份有限公司
76	百利科技	湖南百利工程科技股份有限公司
77	建科院	深圳市建筑科学研究院股份有限公司
78	汉嘉设计	汉嘉设计集团股份有限公司
79	三维工程	山东三维石化工程股份有限公司
80	中衡设计	中衡设计集团股份有限公司
81	新城市	深圳市新城市规划建筑设计股份有限公司
82	筑博设计	筑博设计股份有限公司
83	中国海诚	中国海诚工程科技股份有限公司
84	设计总院	安徽省交通规划设计研究总院股份有限公司
85	甘咨询	甘肃工程咨询集团股份有限公司
86	勘设股份	贵州省交通规划勘察设计研究院股份有限公司
87	设研院	河南省交通规划设计研究院股份有限公司
88	永福股份	福建永福电力设计股份有限公司
89	建研院	苏州市建筑科学研究院集团股份有限公司
90	合诚股份	合诚工程咨询集团股份有限公司

续表

序号	简称	全称
91	启迪设计	启迪设计集团股份有限公司
92	杭州园林	杭州园林设计院股份有限公司
93	镇海股份	镇海石化工程股份有限公司
94	中设股份	江苏中设集团股份有限公司
95	杰恩设计	深圳市杰恩创意设计股份有限公司
96	威尔逊室内设计公司	威尔逊室内建筑设计公司
97	中建三局	中国建筑第三工程局有限公司
98	中建八局	中国建筑第八工程局有限公司
99	上海建工	上海建工集团股份有限公司
100	隧道股份	上海隧道工程股份有限公司
101	宝冶	上海宝冶集团有限公司
102	二十冶	中国二十冶集团有限公司
103	贵州建工	贵州建工集团有限公司
104	广西建工	广西建工集团有限责任公司
105	西安建工	西安建工集团有限公司
106	天津建工	天津市建工集团（控股）有限公司
107	苏中建设	江苏省苏中建设集团股份有限公司
108	济南城建	济南城建集团有限公司
109	金螳螂	苏州金螳螂建筑装饰股份有限公司
110	江河创建	江河创建集团股份有限公司
111	苏州中材	苏州中材建设有限公司
112	广联达公司 / 广联达	广联达科技股份有限公司
113	华为	华为技术有限公司
114	腾讯	深圳市腾讯计算机系统有限公司
115	谷歌	谷歌公司（Google Inc.）
116	高德	高德软件有限公司
117	微软	微软公司（Microsoft Corporation）
118	美国通用电气	美国通用电气公司（General Electric Company）
119	三星	三星集团（SAMSUNG）
120	阿里 / 阿里巴巴	阿里巴巴集团控股有限公司
121	小米	小米科技有限责任公司
122	诺基亚	诺基亚公司（Nokia Corporation）

续表

序号	简称	全称
123	海底捞	四川海底捞餐饮股份有限公司
124	海航集团	海航集团有限公司
125	华夏幸福	华夏幸福基业股份有限公司
126	绿地集团	绿地控股集团有限公司

附录 2　评审专家意见（部分）

说明和致谢

在本书完成第三稿后，我们一边修改书稿的文字错误，以便能为读者呈现更好的可读性；一边打印出来邮寄给行业专家评审，请他们提出意见，以便本书能呈现更具启发性的观点。

行业专家们从不同高度、不同角度、不同层次对本书提出了非常具有穿透性的观点，这些观点对本书的完善起了很大的作用，也让我们看到自己的局限、肤浅，同时我们希望在第二版的时候，能更多地融入这些观点。

从某个角度看，我们认为行业专家们的观点可能比书稿正文更有价值，能给读者带来更深刻的思考。过去出版的书籍，没有呈现评述观点的惯例，但我们想为什么不能尝试打破这一出版惯例呢？基于此我们在本书的最后，把他们的观点呈现出来；同时，为避免篇幅过大，我们在保留他们观点不变的前提下，对文字略加缩减。

衷心感谢这些精彩观点，行业是我们的“衣食父母”，让我们为她的发展和繁荣共同努力。

作者　李福和

2021 年 5 月

李总：

已拜读了《设计企业战略透视》这本书，总体上感觉不错，我在目录处做了一些标注，是我个人的意见。工程设计是工程建设的龙头，是灵魂，应该也完全发挥先导作用。从这点来讲，它不是“被动的”，文章对于“被动”行业的定义等不能让人信服。

对书稿的意见已标注，供参考；书稿已寄出，请查收。

中国勘察设计协会　汪祖进

2021年5月

李总及各位编委：

非常感谢您们的信任与邀请，感谢攀成德公司多年来对工程建设设计行业发展做出的贡献。参与书稿评审的过程对我来讲也是一个极好的学习机会。经认真研读，现反馈学习体会与建议如下：

一、这是一部全面反映工程建设设计企业战略的专业著作。作者通过对工程建设设计行业、战略、业务、组织和团队的透视，以及对未来的展望，全方位反映了工程建设设计行业的总体概况、发展历程、特点特征及发展趋势，用系统观念详细描述了设计企业战略的内容、背景、方式方法及发展方向，这将对工程建设设计企业的未来发展产生重要影响、起到重要作用。本书是一部难得的专业咨询著作。

二、全书总体框架、构思完整，整体性强，逻辑关系清晰，内容简练丰富，具有鲜明设计行业特色，充分反映了行业及企业的热点、难点及关注点。著作站点高位、观点明晰，有理有据，有分析、有案例、有总结归纳，具有较强指导借鉴作用。

三、部分学习体会与建议

1. 建议书名为《工程建设设计企业战略透视》，对设计范围加以限定。

2. 第1篇“透视行业”中，建议增加“看国运，现代复兴使命”一节，重点描述工程建设设计行业在国家现代化建设及中华民族伟大复兴中的使命责任与发展前景，反映当今时代把握新发展阶段，贯彻新发展理念，构建新发展格局，促进高质量发展这一主题主线。

3. 建议将“被动行业，顺势而为”改为“服务行业，顺势而为”，不使用“被动”一词。

4. 设计行业总收入与设计咨询业务收入是按投资额费率取费，而建筑业产值是按投资额计算产值收入，统计口径不同，建议不放在一起比较，分开比较好。

5. 在企业资质内容中，建议增加有关综合甲级资质对设计企业的影响作用。

6. 在“中外对比下的设计行业”中，建议重点关注有关设计阶段划分与深化设计体系改革问题。国际上，通常是设计企业不做深化设计，深化设计由总包企业完成，设计企业对深化设计开展指导、审核和批准服务。这是全过程工程咨询和建筑师负责制都要涉及的改革重点问题，影响巨大。

7. 在双循环格局中，建议未来更应关注“一带一路”海外投资业务，更加关注企业国际化战略，增加国际化业务合作与交流，以此带动国际人才的培养。

8. 在透视战略中，建议进一步关注设计在提升产品品质价值和质量方面的重要作用，强调发挥设计师主导作用，在民用建筑中大力推行建筑师负责制。

9. 在设计企业经营中，建议围绕全过程工程咨询这一主题，强调在工程建设的规划、策划、设计、施工、运维、更新及拆除全生命期开展经营活动，当下更应关注城市国土空间规划、城市设计、城市更新改造等新兴业务。

10. 建议在企业经营中，区分企业性质特征特点，充分开展多元经营和特色经营。

11. 结合新发展阶段需要，建议在企业业务中，全面关注数字化经济与数字化产品发展，深入推进智能智慧工程建设。要努力关注生态环境建设，积极为碳达峰碳中和目标实现开展工作。

12. 充分发挥设计企业优势，建议在工程建设设计行业首推全过程工程咨询模式，在民用建筑中推行建筑师负责制，让专业的人士干专业的事，在此基础上逐渐扩大工程总承包业务，并十分重视相关风险防范。

13. 在“透视组织”中，要跳出专业所和综合所的传统，不搞一刀切，鼓励企业根据自身实际选择多样灵活组合模式。

14. 在“透视团队”中，建议尽快呼吁建立高素质复合人才培养机制，从教育改革开始，结合未来需求，制订新的培养计划与目标，解决行业高端人才短缺状况，为行业高质量发展提供人才保障。

15. 在“展望未来”中，建议围绕新发展阶段、新发展理念、新发展格局及高质量发展提出新的目标建议与行为举措。

时间短促，学习有限，不一定正确，仅供参考。

谢谢！

中国勘察设计协会　周文连

2021 年 5 月

李总：

纵观《设计企业战略透视》这本书，提出了很多勘察设计企业目前面临的、迫切需要解决的问题，而且在这本书里面也对这些问题做了积极回应和探讨，有很多很鲜明的观点，提出了不少解决的办法。我感觉将来这本书如果出版的话，会非常受广大设计企业关注，也会非常受欢迎的，这是我整体的一个看法。

具体的修改建议，我有 6 个方面的看法：

1. 全书篇章结构的建议。目前全书一共 6 篇，从大的结构上来讲，把这 6 篇作为并列部分，是不是合适？书名是《设计企业战略透视》，最终的归结点应该是战略。从战略来讲，它跟组织、业务、团队都不是一个层级的，组织和团队都属于战略的要素。是不是可以分成 3 篇，第 1 篇叫“概览设计行业 / 设计行业概览”；第 2 篇叫“纵览设计企业战略要素”；第 3 篇叫“透视设计企业发展战略”。关于篇章序号，建议采用第几篇、第几章、第几节的方式，按照中国的惯例。

2. 篇章整合的建议。（此部分因篇幅原因文字省略）

3. 关于篇章的比重。第 1 篇有 38 页，第 2 篇有 34 页，第 3 篇有 36 页，第 4 篇有 44 页，第 5 篇有 21 页，第 6 篇有 50 页。从篇章均衡来讲，是不是可以做一些调整。第 5 篇可以变成战略要素里面有关资源要素的研究和分析，除掉人才的资源之外，还有其他的资源，包括信息资源、关系资源等，这样 21 页就可以再增加一些。第 4 篇篇幅较多，主要还是在第 11 章可以简化部分内容，文字也可以更简练。第 6 篇篇幅较多，可以适当删减。

4. 篇章标题的风格和名称。整本书的风格还需要进行适当整合和归并，保持一致，现在明显感觉前 3 篇篇章名称的风格和第 4 篇、第 5 篇的风格不一样，第 6 篇的风格跟前面的又不一样。前 3 篇都是提问式或者回答式的，第 3 篇从第 8 章开始风格就转掉了，到第 4 篇标题的风格就完全不一样了。从标题的名称上看，需要调整保持全书始终风格一致。

5. 关于书中的一些观点。对本书大部分观点还是认同的。书中第 11 章谈到研发，对设计院的研发来讲，是不是一定要这么写？如果这么写的话，设计企业面临的研发投入太多，不一定承受得起，也没必要，不可能要求设计企业跟华为一样投入那么多资金用于尖端技术的研发和开发，没有哪一个设计企业会这么干，也不会认同这个观点。设计企业毕竟还是应用型的企业，更多的是有了好的、先进的、新的技术，会拿来用，而且拿来用要比其他企业早一点、前一点，不需要领先一步，领先半步就够了，只需要领先一点点。设计企业更侧重技术的集成和应用，更多的不是原创性地进行高端技术的研究和攻关。怎样保持企业在研发方面始终领先半步？这是需要下功夫的。

关于书名。这本书的名字，现在叫《设计企业战略透视》，究竟是什么战略？是不是定位成“发展战略”更好？《设计企业发展战略透视》是不是吸引力和指向更强一点？这本书未来针对的读者群体应该是设计企业的领导和骨干，谈怎么发展是不是更好一些？再者，战略是非常广泛的东西，如果定位为发展战略，是不是更严谨一些？但是，鉴于攀成德已出版了《建筑企业战略透视》，把本书的名字改了也不一定更合适，并且《设计企业战略透视》也更加简洁。

中国联合　成正宝
2021 年 4 月

李总：

紧赶慢赶，将大作通读一遍，收益良多。限于水平和时间，谨作了一些微小的修改，供参考。改得不当的，略过即可。

感谢第 2 版采纳了一部分我对第 1 版的建议。

谢谢信任和重托！

中国联合　成正宝

2021 年 5 月

李总：

书昨天收到了，今天用了一天好好拜读了，很棒，很受启发，没有更好的建议了。只有一点，从传统设计企业入手，怎样建立创新和研发体系，来推动新理念、新技术的融合？

华设集团　杨卫东

2021 年 5 月

李总：

看了两遍，很有启发并大有收获，有一些体会和思考，已在文中做了标注。

中电建华东院　时雷鸣

2021 年 5 月

李总：

正在拜读《设计企业战略透视》，因为俗务烦扰，时间精力能力均有限，尽管只能碎片化阅读，依然觉得酣畅淋漓，无论是时代、国家、行业维度，还是战略、业务、组织视角，都既大气磅礴，又鞭辟入里，行业里非常缺乏这样一本书，记录历史，引发思考研讨，放眼未来。我个人不认为我有能力评审这本著作，更多的还是借鉴学习，尽管有些观点或者评价看法，我个人不完全理解或者认同，但我认为，这恰恰是这本书的价值所在，因为其中所包含的广度视角，深度思考，敢于直面问题，引发解决之道的讨论，浓厚的情怀才是最宝贵的。预祝早日出版。

再次向您和您的团队致敬！

中汽工程 戴旻

2021年5月

李总：

因为五一长假，上班后才收到《设计企业战略透视》（初稿第三版）。一口气读下来，收获很多，敬佩攀成德各位专家对建筑行业、设计企业的过去、现在的总结以及对未来的判断和设想，很多观点感同身受。以下，根据我在设计企业工作多年的实践，谈几点认识。

关于“战略”。隶属于集团的设计企业很难保持自己的独立性，战略制定受制于上级集团，民企尤其是上市公司独立性强，决策机制灵活，战略目标更贴近市场需求。此为其一。其二，企业的战略基本上是“一把手”战略，设计企业也不例外。因此战略的好坏、是否可行，全看“一把手”的胸怀、能力、水平甚至包括年龄，大部分企业战略目标或愿景、使命都是口号式的，是否科学？能否实现？在执行、中期评估、修订等方面需要有保障机制并形成循环。

关于“定位”。设计院定位为科技型或创新型企业应该符合客户、市场及合作伙伴对设计院的期望，科技创新人才及成果也是设计院核心竞争力之一。但是，并非所有的设计院都能够投入可观的研发资金，也并非所有的设计院都有研发能力，需要分级、分类。作为行业“领头羊”的设计企业有能力、有使命、也有充裕的资金来保障研发团队的生存，从而能保持自己的行业地位，在市场上对重大、复杂工程有话语权。与此矛盾的是地方保护、知识产权保护等问题影响了大型设计院的研发积极性、主动性。

关于“转型”。无论延链还是相关多元，都要量力而行。设计院参与投资，是将投资作为一种经营的手段而不是主业。参与 EPC 是为了挖掘设计价值参与管理，而不是参与土建施工。相关多元最重要的是将传统业务领域的部分专业在新领域进行共享，而不是另起炉灶，各自为政。业务转型，突出一个“转”，避免摊大饼的模式。

关于“组织”。设计院的组织应该是生态型或平台型。无论是区域事业部还是业务事业部都应该是以赢利为利润中心，在每个平台上都有一些专业院作为内部供应链，这些供应链可以是成本中心，主要是为平台起支撑作用。各部门在平台上依托项目相互依存，利益共享。至于项目级的生产组织，随着数字化、信息化以及企业内部协同设计平台的打造，生产组织的边界越来越模糊，需要创新以降低生产成本，提升运营质量，“猪八戒”的生产模式可以好好借鉴为设计院所用。

关于“团队”。人员老化是趋势，工程师已经不是什么高大上的职业，近几年大型设计院对 985 高校毕业生的吸引力在减弱。一方面，行业产能过剩，另一方面年轻人有更多的就业选择。正如我们在海外遇到的欧美咨询公司的工程师普遍存在老龄化的问题一样，难以逆转。另外，在人才方面，大土木、一专多能是方向。人才输出端的高校应该考虑社会及企业的需求，这是一个系统性问题。工程局对大学生的吸引力更弱，设计院或许还能延迟几年。

关于“未来”。设计院的未来，从趋势上看会面临着大洗牌，大浪淘沙。或兼并重组，或改头换面，或自生自灭。丛林法则在设计行业也不例外。大型设计院多元化、集团化、区域化、国际化是必然的选择；中、小型设计院通过改制划归大型国企集团对设计院未必是好的归属，母集团也同样面临着转型、重组等命运；小型民营设计院可以考虑向专业设计事务所方向发展。各种层级的设计院对自己的定位把握好，都有生存和发展的空间，这也是设计企业战略规划的意义所在。

中交一公院　丁小军

2021 年 5 月

李总：

《设计企业战略透视》我看完了，非常荣幸能先睹为快！不是恭维，我在阅读的过程中，一直在想，这本书可以作为公司管理干部的教材，是一本非常实用的教科书。书中很多章节，对我个人从知识结构上也给予了很多完善，很多段落在文字上特别精彩，通透且有感染力！

开诚布公，书中有一个观点，我持谨慎态度：关于轮岗那一段。我个人认为轮岗有很多弊端，天华至少不会在政策层面鼓励轮岗，我个人成长的例子也不是轮岗的典型案例，我更觉得应该是，强化企业领导的“伯乐”角色的产物。

先说说轮岗的弊端，第一，轮岗的成本非常高。任何岗位若要真正创造价值，都需要长期积累。设计公司尤为如此，90% 的设计师需要在自己的岗位上长期积累，并没有那么多岗位值得轮。第二，一个企业除非是运营型管理，什么权力都集在中央，那么轮岗的障碍不大。如果一个企业已经选择了强调独立的经营责任，势必轮岗困难。

在天华，我个人认为做得比较好的是“发掘人才”，年会时发现人才，打球时发现人才，座谈时发现人才，关键时刻挺身而出的，默默善后的……他们都是人才，然后看到他们的未来，帮助他们成功。所以是发现人才在先，因人设岗在后，力求用人精准，不会为了轮岗而轮岗。

相似的，我对“竞聘”实现新老更替，也持谨慎态度，好的企业是帮助员工成长，哪怕他老了，鼓励他在 40 岁做 40 岁该做的事，50 岁做 50 岁该做的事，这就叫做员工发展，这才是最为理想的，而不是年轻人上了之后，年纪大的没有交代。当然实在无法突破自我的，也得认，但并不是组织层面不创造这样的机会。目前书中的这段描述，只提到如何更替，如果能对员工长期发展有所兼顾会更理想。

想到哪写到哪，一点没有把李总当外人，不当之处，请谅解。

天华集团　蒋齐

2021 年 5 月

李总：

匆匆读完这本书，收获良多，谈不上审稿和建议，对书中的一些内容和观点，有共鸣也有一些我个人的看法。

近些年才有全生命周期服务客户的理念，设计企业要思考转向在整个生命周期为客户创造价值。我认为设计咨询的能力要从参谋走向参谋长才能有地位，有地位才能有高价值，当然前提是能力是超越客户预期的能力。

关于轮岗，我有一点不一致的看法，我认为企业中应该只有较小比例的人才（潜在人才）才有（或应有）轮岗提升的机会，大多数人应该是专业化（大多数人把一件事做好还是不容易）。

中冶京诚　张宝岭

2021 年 5 月

李总：

拜读了新作，有些个人感触随文附上。

或许答复得有些晚了，还望见谅。其实我个人认为著书立说本无对错，均是学术见解，目前这样带些锋芒的观点应该更接近事情的真相，也是咨询公司对行业的最大贡献——穿透企业的面子而且横向打通行业，描绘更加真实的逻辑关系。因此，我个人的观点是否妥当，是否会被贵司采用其实也是不重要的，仅希望能做一块他山之石好了。

之前拜读过贵司组织编撰的《工程建设项目管理系列丛书》，受益颇多，因此也盼望贵司新作早日付梓出版，为“十四五”之初面临诸多困惑和 VUCA 的业界同仁提供借鉴。

最后再次感谢贵司通过微信公众号不断分享行业思想，希望未来能看到更多更好的原创作品。

中交一航院　邢军

2021 年 5 月

李总：

本书对从事大建筑业的设计企业进行了多维度、多视觉、多方位的透视，根据历史发展的沿革，解构了两类设计企业不同的演变和它们所做的种种尝试，在结尾篇提出自己的判断，读后受益匪浅，下面提出个人一些不成熟的想法，供参考。

目前设计院的转型模式之一就是沿着产业链的上下游延伸，所以会有“是做专业化的全过程咨询公司”还是“做工程公司”之间，成为争论的焦点，其实专业设计院（冶金、化工、电力、核电）成功转型为工程公司的本质是知识产权壁垒，书中提到的技术壁垒只是一个方面，应该扩大到知识产权范围，因为知识产权包含的内容更广，所以一般企业难于模仿和复制，西方要保持持续的优势设置了范围更广的知识产权壁垒（不仅仅是专利、版权、商标权、软著权、技术秘密等），形成对先发者的优势保护，获得垄断利润和市场分割，大量投入研发，保持持续的领先地位。

西方的大建筑领域建设模式演变过程，对于复杂的工业工程，投资者的知识储备是远远不够的，只好聘请专业的机构进行工程全过程的咨询，这就是业主工程师的由来。随着工程建设项目越来越复杂，银行财团为了规避风险，聘请专业工程公司作为银行工程师，这就是自20世纪60年代兴起的现代项目管理起源。我国在引进西方全过程咨询模式时采用了工程监理制度，刚开始试点时采用全过程监理，但是慢慢地分割了整个监理过程，分化为设计监理、施工监理、设备制造监理。后来设计监理延伸为施工图审图公司，目前部分省市已经开始取消审图，为什么？因为咨询是全过程的服务，而且项目控制目标安全、质量、进度、费用必须在前端控制，而不是事后审查。我的观点是：提出不进行转型而专心做全过程咨询设计企业，是没有能力提供全过程服务的，只有经历过工程总承包的工程公司，才能够二者兼而有之，并根据客户的需求提供相应的服务。从ENR世界排名靠前的总承包商和工程设计咨询企业看，大部分是重合的。

行业支持大院恒者恒强，小院由于准入门槛低，大量扩张，中型院由于体制机制原因，逐渐消亡。

上海核工院　曹永振

2021年5月

李总：

非常感谢您的邀请。该书从建筑市场变化角度出发，审视设计企业的战略方向、业务选择、组织构建、团队组建等相关内容，分析透彻，使本人大受裨益。本人在企业主要负责投融资板块的相关工作，因此从实践角度出发，对本书相关内容提出以下几点浅见，望能进一步完善该书的整体内容。

改革的方向中，可以着重突出建筑行业本身的一体化交付趋势对企业业务链资源整合以及价值链融合的推动作用。

结合一般设计企业的轻资产模式和整体的规模体量较小等因素，本人认为设计企业的投资业务不应规模化发展，而应更加重视投资拉动下企业新业绩、新的经验的积累以及促进企业整体产业链的综合化、一体化发展。

书中区域拓展的部分提到“组织标准化”“薪酬体系一致”，实际情况是不同地方的分院机构，其业务量、业务能力、产能等均存在较大差异，在此种情况下，适用相同的薪酬体系对企业的整体发展是否有利，应进一步斟酌。

业务模式方面，建议增加全过程工程咨询方面内容的介绍。

北京城建设计集团　尹志国

2021 年 5 月

李总：

书稿阅读之后，有几点建议，供您们参考：

1. 关于名称，《设计企业战略透视》设计企业前加一个定语，比如工程、建筑业等。对设计企业这一概念建议在书中给予界定，明确研究范围，书中各部分内容口径似乎不一致；

2. 中国工程设计企业中，国有企业占比不低，重企业的资质管理模式不大可能取消，西方注重个人执业资格的模式只可能是辅助模式，在个人诚信体系没有完全建立之前，现有管理模式不会被打破；

3. 现在的工程设计企业因所处行业不同，发展模式、组织架构差异非常大，建筑行业和铁路等大型基础设施行业差别大，大型基础设施的设计讲求综合能力，分级管理的难度极大，战略选择上必然要选择规模的扩张，同时行业壁垒自然很高，关于 21 个行业的界限短期内不会有太大变化。

铁三院　李广厚

2021 年 5 月

李总：

非常幸运能赶在《设计企业战略透视》正式出版前一饱眼福，提前阅读攀成德专注工程行业的研究成果。

从2015年开始接触攀成德，期间多次合作，更多从中得到滋养，攀成德一直在用孜孜不倦的努力推动着行业的思考和进步，也在践行“一份激情可以激发另一份激情，一种力量可以催生另一种力量，一群人的信念和信心可以带给一个行业信念和信心”的理念，希望工程行业不断进步，企业和人不断成长。

针对本书中的观点，完全是怀着“吹毛求疵”的态度，结合自己浅薄的思考提出的，更多是希望借助攀成德的研究解答困惑，由于时间较紧，匆匆几天时间学习了本书，提出一些不成熟的建议，希望能带来帮助。

关于攀成德研究提出的“设计行业是被动行业”观点值得更深入探讨研究。未来从全流程综合服务商的角度，设计企业可从战略规划、投融资策略、工程建设、综合开发、运营管理等五大方面为政府或业主提供全过程服务，就有机会占据主动，包装、策划项目，而不再单纯被动，未来的趋势也应是如此。

建议开展国企改革中关于设计企业与施工企业的融合方面的研究，路径是否可行，目前看有很好的条件，但暂未看到实施的案例。未来会有何动作，作为国企决策层的顾虑有哪些值得深入研究。

中电建成都院水环境公司　吕文龙
2021年5月

李总：

《设计企业战略透视》（初稿第三版）已收悉，2020年在疫情期间学习了《建筑企业战略透视》，收获颇丰。2021年的姊妹篇在即将付梓印刷之际，有幸拜读，让人眼前一亮，其中部分观点更有耳目一新之感，在此预祝新书大卖！感谢贵司一直以来的信任和帮助。

市政西北院　张勇强、刘丰
2021年5月

致　谢

本书的出版首先要感谢设计行业和设计企业。二十年来，设计领域的企业和他们的管理者像大地给予我们营养，像老师、像兄长给予我们不断思考、不断提高的机会。这些企业和企业的管理者不顾工作的繁忙，和我们分享他们的困惑、他们的思考和他们的信念，为我们提供了源源不断的思想源泉，可以说本书的核心观点是来自他们的困惑和他们的烦恼，来自他们的思考和他们的实践，来自他们的理想和他们的信念，虽然本书不能一一列出他们的名字，但我们对他们的感谢之情却无以言表，他们是（不分先后次序）：

建筑设计类：

中建西南院
中建设计集团
中建三局设计院
同济大学建筑院
浙江大学建筑院
天津大学建筑院
清华大学建筑院
哈工大建筑院
华南理工大学建筑院
悉地国际
华阳国际
基准方中
天华集团
上海联创

中信设计
同圆集团
华蓝集团
启迪设计
中南设计集团
中衡设计集团
香港华艺设计
合立道设计集团
中国院
华东建筑院
中南建筑院
中国建筑标准院
中联西北院
北京市建筑院

浙江省建筑院
广东省建筑院
福建省建筑院
贵州省建筑院
山东省建筑院
四川省建筑院
陕西省建筑院
甘肃省建筑院
云南省设计院
重庆市设计院
深圳市建筑院
天津市建筑院

大土木设计类：

铁一院	中铁设计	中交公规院
铁二院	中铁华铁	中交一公院
铁四院	中铁上海院	中交二公院
铁五院	新疆铁道院	中国公路工程咨询集团
铁六院	中交铁道总院	中交水规院
中交一航院	广东省交通院	中水北方
中交二航院	湖南省交通院	中水东北
中交三航院	河南省交通院	中水淮河
中交四航院	四川省公路院	中水珠江
长江航道规划院	黑龙江省公路院	长江设计院
华设集团	安徽省交通总院	黄河设计院
苏交科	重庆轨道院	北京水利院
江苏中设	深圳交通中心	兵团设计院
数智交院	广西交通设计集团	三峡上海院
贵州省交通院	民航总院	水发设计集团
云南省交通院	民航新时代	河南水利勘测院
山东省交通院	甘肃工程咨询集团	

能源化工设计类：

中国能建西北电力院	中国电建中南勘测院	中煤天津院
中国能建东北电力院	中国电建北京勘测院	中煤科工北京华宇
中国能建华北电力院	赛鼎工程（原化二院）	山西省煤炭院
中国能建西南电力院	华陆科技（原化六院）	上海核工院
中国能建华东电力院	广东水电院	中核工程公司
中国能建广东电力院	云南水电院	国药工程公司
中国能建湖南电力院	浙江水电院	中国天辰
中国能建江苏电力院	甘肃水电院	东华科技

中国能建安徽电力院
中国电建上海电力院
中国电建成都勘测院
中国电建华东勘测院
中国电建贵阳勘测院
中国电建西北勘测院
中石化石油工程设计公司
寰球工程公司
陕西水电院
福建水电院
广西水电院
山西水电院
湖北水电院
中国煤科重庆设计院
昆仑工程公司
中石油管道局工程公司
中国五环
成达公司
中石化上海工程公司
中石化宁波工程公司
中石化南京工程公司
中石化洛阳工程公司
中石油天然气管道工程公司
中油（新疆）石油工程公司

工业设计类：

中冶京诚
中冶南方
中冶赛迪
中钢国际
中铝国际
中国恩菲
山东省冶金院
昆明有色冶金院
中国联合
中汽工程
东风设计院
中国瑞林
中国中元
中国启源
机械六院
机械九院
机勘院
中国电子院
十一科技
航天建设
中国五洲集团
中船九院
中国航空规划设计总院

市政设计类：

上海市政总院
上海城建总院
上海千年城设
上海隧道设计院
北京市政总院
北京城建设计集团
市政华北院
市政西北院
市政东北院
市政西南院
市政中南院
广州市市政院
天津市市政院
济南市市政院
潍坊市市政院
广州地铁设计院
中国电建市政院
福州城建院
杭州城乡建设设计院

外资工程公司：

福斯特惠勒（Foster Wheeler）中国　　日本鹿岛建设公司（Kajima）中国

感谢施设先生为本书作序，感谢在我们撰写本书的过程中，修龙先生给予的鼓励。

感谢给予我们支持的企业管理者、专家和朋友，他们是（按首字母排序）：薄曦先生、蔡玮良先生、曹永振先生、陈日飙先生、戴旻先生、丁小军先生、段林先生、郭庆华先生、郭松波先生、郭伟华先生、郝荣国先生、侯伟先生、黄超先生、蒋齐女士、蒋应红女士、雷翔先生、李缠乐先生、李飞先生、李广厚先生、刘源先生、柳玉进先生、欧阳小伟先生、时雷鸣先生、宋晖先生、孙忠诚先生、汪祖进先生、王建先生、王健先生、王树平先生、王文军先生、王伟江先生、夏雷先生、向建军先生、项明武先生、忻国樑先生、邢军先生、徐惠农先生、徐全胜先生、薛巍先生、杨剑华女士、杨卫东先生、杨忠胜先生、尹志国先生、张宝岭先生、张文斌先生、张勇先生、钟明先生、钟毅先生、周文连先生、周赢冠先生、朱文汇先生等。

感谢为本书的撰写提出了很多建议的网友们，他们是（按首字母排序）：蔡宁生先生、陈洪艳女士、陈健平先生、巩志海先生、林岳权先生、吕文龙先生、孟宪峰先生、施晓辉先生、徐忠耿先生、张勇强先生等。

感谢给予我们支持的协会、媒体和同行，他们的督促和鼓舞让我们没有一丝懈怠。他们是：中国勘察设计协会、广东省工程勘察设计协会、天津市勘察设计协会、山东省勘察设计协会、河南省工程勘察设计行业协会、安徽省工程勘察设计协会、湖北省勘察设计协会、深圳市勘察设计行业协会等。

感谢我们的同事，是同事们的研究和咨询实践使我们的思考更接近实际、更有深度，并在实践中得到修正和检验，他们是：陈南军先生、韩远翔先生、张子昉先生等。

中国联合成正宝先生花了大量的时间对本书进行了细致的审稿，并提出了一系列有价值的建议，本书作者对他致以衷心的感谢；范雨岑女士、张文琳女士、赵小朴女士、于明菲女士、李楚菁女士、徐陈华女士为本书做了部分的文字校对工作；成书过程中，中国建筑工业出版社的范业庶先生、王砾瑶女士做了大量幕后工作。在此一并感谢！

最后，我们也要向广大读者表示感谢，感谢你们购买和阅读本书。设计行业历史悠久、丰富多彩、博大精深，而我们水平有限、思考角度还不够多元、实践还不够丰富，对设计行业的理解和设计企业的管理难以达到全面、系统、深刻、实战的程度，恳请大家多提宝贵意见，我们也会将本书不断更新下去，在第二版及后续版本中不断完善，我们知道没有最好，只有更好，希望我们的思考能为中国设计行业贡献一份力量！

中国勘察设计行业太大，细分行业太多，实践极其丰富，但离引领世界大建筑业发展的“大国建造”还有差距，让我们一起努力，“路漫漫其修远兮，吾将上下而求索”。

作者

2021年夏　上海